古希臘思想起源至中世紀演變，羅素的西方哲學史

學簡史

拉底之前至經院哲學

U0070451

以《西方哲學史》的基礎上勾勒新意，
編撰而成的又一部全新哲學史入門書！
從泰利斯到維根斯坦，通俗易懂的西方哲學發展史

[英]
伯特蘭・羅素 著
(Bertrand Russell)

伯庸 譯

【古希臘哲學起源】哲學家們解釋世界本質的開創性概念
【前蘇格拉底哲學家】赫拉克利特、巴門尼德等對後世影響深遠
【雅典哲學黃金時代】蘇格拉底、柏拉圖、亞里斯多德的經典思想
【早期基督教與經院哲學】奧古斯丁和阿奎那的哲學思想融合與影響

# 目錄

# 前言

亞歷山大的詩人卡利馬科斯[001]（Callimachus）說：「一部大書就是一個大災難。」對此我抱有同感。我之所以敢把這本書寫出來，是因為就災難而言，這本書是不大的。前段時間，我寫過一部名叫《西方哲學史》（*A History of Western Philosophy*）的著作，與現在的這部主題相同。但我要在此說的是：《哲學簡史》是一本全新的書。

本書試圖寫成一部從泰利斯[002]（Thales）到維根斯坦[003]（Ludwig Wittgenstein）的故事概述，並對這些事蹟所涉及的歷史背景做出提示。為了說明問題，我在書中收集了許多與此相關的圖片。它至少顯示了這樣一個優點：它不受任何語種的約束。

至於說到會再出現一部哲學史著作，我想，基於兩個緣由。首先，同時顧及簡明和全面的哲學著作極少；其次，目前知識的專門化已成風尚，對於祖先的智慧已漸漸遺忘。本書的目的就是要挑戰這種數典忘祖的現象。

---

[001] 卡利馬科斯（約西元前 310 年 - ?），古希臘最博學的詩人和評論家之一，同時也是一位勤奮的目錄學家。初在亞歷山卓郊區講學，後任職於亞歷山卓博物館。他曾將著名的亞歷山卓圖書館所藏的大量手稿進行彙編，奠定研究希臘文學的基礎。據稱，其作品將近有八百篇，包括散文與詩歌、風格模仿等，對羅馬詩歌創作影響很大，但現存完整的不多。另有一說，認為他曾擔任館長，但尚無確證。—— 譯者注

[002] 泰利斯（約西元前 624 年 - 前 546 年），古希臘思想家、科學家、哲學家，古希臘最早的哲學學派 —— 米利都學派的創始人。他是希臘七賢之一，西方思想史上第一個有記載並留下名字的思想家。他還是古希臘及西方第一個自然科學家和哲學家，被稱為「科學和哲學之祖」。其弟子有阿那克西曼德、阿那克西米尼等。—— 譯者注

[003] 路德維希·維根斯坦（西元 1889 年 -1951 年），出生於奧地利，後入英國籍。哲學家、數理邏輯學家。他是語言哲學的奠基人，也是 20 世紀最有影響力的哲學家之一。其哲學著作主要有《邏輯哲學論》、《哲學研究》（*Philosophische Untersuchungen*）、《藍皮書和棕皮書：〈哲學研究〉》（*Blue and Brown Books*）等。—— 譯者注

# 前言

　　嚴格說來，西方的哲學就是希臘哲學，任何試圖割斷我們與往昔的這些偉大的思想家之間的血脈的思考都是不明智的。對於那些認為哲學開始於 1921 年的人，與他們進行希臘哲學的探討尤其必要。

　　哲學史的寫作，要麼是純敘述式的，要麼是夾敘夾議式的。本書採取的是後一種方式，但我要強調的是，不應該讓讀者因為某位哲學家的漏洞而對其不予理睬。康德 [004]（Immanuel Kant）說過，他不擔心被證明有錯誤，卻擔心被誤解。至少，我們應該在明白某些哲學家的思想之後，再將他們擱到一邊。

　　本書的資料收集歸功於我的編輯保羅・福爾克斯博士，他協助我挑選圖片、設計圖表，並協助我撰寫正文。

　　本書旨在考察哲學家們業已討論過的首要問題。如果讀者在讀完之後印象深刻，就達到了我寫作本書的目的。

伯特蘭・羅素

---

[004] 伊曼努爾・康德（西元 1724 年 -1804 年），德國哲學家、天文學家、星雲說的創立者之一、德國古典哲學的創始人，唯心主義者、不可知論者，德國古典美學的奠定者。他被認為是對現代歐洲最具影響力的思想家之一，也是啟蒙運動最後一位主要哲學家。── 譯者注

# 第一章

## 開篇

　　哲學家們究竟做了些什麼？這確實是個奇怪的問題，要回答這個問題，也許我們有必要先揭示他們沒有做什麼。

　　在這個世界上，我們對身邊的許多事物都已經十分了解了。比如蒸汽機的運轉方式，這屬於力學和熱力學知識。我們對人體結構及其功能也相當熟悉，這些是解剖學和生理學的研究對象。再比如星球的運行，我們也了解了不少，這就屬於天文學範疇。所有諸如此類有著明確定義的知識都屬於某種具體的學科。

　　但是，所有這些知識又全都被未知的領域包圍著。如果你越過邊界，走入這個未知的領域，你就從科學轉向了沉思，這種沉思活動是一種探索，其中就包含了「哲學是什麼」這個問題。正如我們在後面將讀到的那樣，從這個意義上說，科學的各個領域無不發端於哲學探索。一旦某種科學有了牢固的基礎，除了一些邊緣問題和方法問題，它會在發展中從不同程度上變得獨立。但是換個角度看，探索的過程不會這樣進行下去，它只是在不斷地前進，從而找到新的研究內容。

　　我們必須把哲學和其他的沉思活動區別開來，哲學本身既不打算為我們解除煩惱，也不是為了拯救我們的靈魂。正如希臘人所說的那樣，所謂哲學，也就是一種出於自身原因而進行的探險旅行。因此，原則上並不存在什麼教條、禮儀或神聖的問題，儘管個別哲學家可能會拘泥於教條，變得越來越固執。對於未知的事物，實際上有兩種態度：一是接受人們基於書本、神話或神靈啟示所做的宣告。二是自己親自走出去看一看，而這種方法正是哲學和科學的方法。

　　最後，我們可能還注意到了哲學的一個特性。如果有人問我們什麼是數學，我們可以告訴他一個辭典上的定義，出於辯論的需求，我們可以說數學就是關於數的科學，這樣說不僅可以避免非議，而且提問者也

很容易理解，儘管他可能對數學一竅不通。用這種方式，我們可以就任何一個具體的學科給出定義；但是，我們卻不能這樣定義哲學。對哲學所下的任何一個定義都會引起爭議，因為它僅僅是某一種哲學態度的展現。要弄清哲學究竟是什麼，唯一的途徑就是去研究哲學。而本書的主要目的也就是揭示以前的人們是怎樣研究哲學的。

人們常常會在心中產生很多問題，而這些問題又無法從科學領域找到答案；另外，那些有主見、善於獨立思考的人也不甘心輕易相信預言家提供的現成答案。哲學要做的事情正是探索這些問題，有時甚至是解決這些問題。

因此，我們可以試著問自己幾個這樣的問題：比如，生活的意義是什麼，如果真有的話；世界的存在是否有一個目的；歷史究竟要往哪裡發展；或者，以上問題是否毫無意義？

另外，還有這樣幾個問題：如自然界是否真的被規律支配著？還是因為我們願意看到萬物有一定的秩序，而認為本應如此？此外，還有一個普遍存在的疑問，那就是世界是否被分割成精神和物質這兩個不同的部分？如果是，它們又是怎樣發生關聯的？

關於人類，我們又該做何評價呢？是否就像天文學家所說的，人只是在一個渺小的星球上無助地爬行的一些塵埃？或者像化學家所說的那樣，人只是以某種奇妙的方式組合而成的一堆化合物？或者像哈姆雷特 [005]（Hamlet）所認為的那樣，人都有著高貴的理性和無限的潛能？又也許，人同時具備了上述所有的特點？

同時，還存在著關於善與惡的倫理問題。是否可以說某種生活方式

---

[005] 莎士比亞「四大悲劇」之一《哈姆雷特》（*Hamlet*）中的主角，丹麥王子。下面所引那句話見該劇第二幕第二場。——譯者注

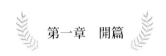

是善的，而另一種是惡的，或者無論採取哪種生活方式都無所謂？如果真的存在著一種善的生活方式，那麼它是什麼？我們是否可以從中有所收益？

是否存在著一種我們可以稱之為「智慧」的東西？或者是否所謂的智慧只是虛妄和瘋狂而已？

所有這些問題都讓人感到迷惘。我們當然不能透過實驗室的實驗來解決這些問題，而有獨立見解的人又不願意苟同那些兜售靈丹妙藥者的觀點。

對於這些問題，哲學史提供了盡可能詳盡的答案。

要想研究這個艱深的課題，我們就有必要了解過去時代的人們是怎麼思考這些問題的。這樣，我們才能更深地理解他們，因為處理哲學的方式成了他們生活方式的一個重要組成部分。這將最終引導我們學會怎樣生活，儘管我們從中學到的東西可能並不多。

沉思者雕像

# 第二章

## 蘇格拉底之前

當一個普遍性問題被人提出來時，哲學就產生了，科學也是這樣。最早表現出這種好奇心的是希臘人。我們現在所了解的哲學和科學都源自希臘人。希臘文明的出現，導致了思想活動的大繁榮，可以說，這是人類歷史上最宏大的事件之一。這樣的巔峰時期是空前絕後的，在短短的 200 年裡，希臘人在藝術、文學、科學和哲學領域都獲得了令人驚嘆的偉大成就，這些傑作匯聚成奔流不息的激流，最終形成了西方文明的普遍標準。

哲學和科學開始於西元前 6 世紀初米利都[006]的泰利斯。在此之前，究竟是什麼事件導致了希臘人天才的大爆發呢？我們必須盡力找到其中的答案。從 20 世紀以來，考古學獲得了很大的進展，藉助它的幫助，我們也許可以從各種零星材料中發現希臘世界的發展軌跡。

在世界所有的文明中，希臘文明是後起之秀。埃及和美索不達米亞文明要比希臘文明早好幾千年。這些農業社會在大河兩岸發展起來，其統治者或是神聖的君主，或是靠武力發跡的貴族，或是掌握多神教教義闡釋權的祭司特權階級，而占人口絕大多數的是那些種田的農奴。

埃及人和巴比倫人都曾經為後來的希臘人提供了某些知識，但誰也沒有發展出哲學和科學。其中的原因是否由於缺乏天賦或者社會環境，在這裡並沒有多大意義，儘管這兩點都在某種程度上產生了作用。最主要的是，宗教在智力的探險旅程中沒有發揮積極的作用。

埃及的宗教更多地關注人死後的生活。金字塔就是喪葬的紀念性建築，它的修建過程中用到了某些天文知識，以預測尼羅河洪水的爆發。作為管理者，祭司創造了象形文字，但卻並沒有為其他方面的發展提供

---

[006] 位於安納托力亞西海岸線上的一座古希臘城邦，靠近米安得爾河河口。今屬土耳其。它是在古希臘時代從事殖民的重要城邦，也是早期哲學家泰利斯、阿那克西曼德、阿那克西美尼的出生地。在荷馬的《伊里亞德》(*Iliad*) 也都有出現。—— 譯者注

多少有價值的遺產。

在美索不達米亞，強大的閃族帝國趕走了先前的蘇美人[007]，並取而代之。他們採納了蘇美人的楔形文字，在宗教方面，他們對今生的幸福更感興趣。無論是日月星辰的運行紀錄，還是巫術和占卜之類的活動，都為這一興趣所左右。

我們可以發現，貿易社會不久就出現了，其中最主要的成員是克里特居民，克里特人的文明直到最近才重現於世。他們可能來自小亞細亞沿海一帶，很快就在整個愛琴海諸島占據了主導地位。大約在西元前1500年，新的移民潮導致了克里特文明的繁盛。克里特人在克諾索斯和斐斯托斯興建了宏偉的宮殿，他們的船隊在地中海各地穿梭往來。

從西元前1700年起，頻繁的地震和火山爆發迫使克里特人開始向臨近的希臘和小亞細亞移民。克里特的手工藝人使大陸居民的文化發生了改變，在希臘，能證明這一點的最著名的遺址是阿爾戈斯的邁錫尼城，也就是傳說中的阿加曼農[008]（Agamemnon）的故鄉。荷馬（Homer）史詩記載的正是邁錫尼時代的歷史。西元前1400年左右，一場劇烈地震使克里特人遭到了毀滅性的打擊，其霸權和優勢也隨之突然結束了。

此前，希臘大陸已經連續遭到了兩次入侵，第一次是北部的愛奧尼亞人，時間大約是西元前2000年，這些人似乎逐漸和當地居民融為一體了。

---

[007] 約西元前4300年，蘇美人從中亞經波斯遷移到美索不達米亞南部。進入蘇美王朝時期後，興起了許許多多的大小城邦，楔形文字也被發明出來。而閃米特人（含希伯來人、亞述人、腓尼基人、阿拉伯人、巴比倫人等）則一直從敘利亞向美索不達米亞滲入，並於後來建立了巴比倫帝國和亞述帝國。──譯者注

[008] 希臘神話中的邁錫尼國王。特洛伊戰爭的希臘軍統帥，荷馬史詩《伊里亞德》把他描寫為勇敢的鬥士，傲慢而熱情，但搖擺不定，易洩氣。其妻子、王后克呂泰涅斯特拉（Clytemnestra）與人私通並將其謀殺。──譯者注

荷馬（雕像）

　　300 年後，亞該亞人也入侵希臘，這一次不同，他們成了統治者。整體而言，在邁錫尼時代和荷馬時代，統治希臘人的就是這些人。

　　克里特－亞該亞人在整個地中海有著廣泛的商貿往來。即使在西元前 1400 年的大地震中，克里特人的這種連結也沒有中斷。在西元前 1200 年左右威脅到埃及的「海洋民族」中，就有克里特人，也就是最早的非利士人，其定居地「巴勒斯坦」也因此而得名。

　　大約西元前 1100 年，更進一步的入侵造成了自然災害也無法產生的結果。在多利安人入侵的影響下，這個尚未開化卻又生氣勃勃的游牧民族征服了整個希臘和愛琴海，亞該亞人早在西元前 12 世紀初的特洛

伊戰爭中就傷了元氣，根本抵禦不了這種猛烈的進攻。海上霸權也落到了腓尼基人的手中。從此，希臘進入了默默無聞的時期。大約就在這個時期，希臘人從腓尼基商人那裡學會了閃語字母，隨後又增加了一些母音，使它變得越來越完善。

希臘本土的地形很複雜，氣候變化無常。貧瘠的山脈把國土分割開來，山谷之間的陸上交通十分困難，不同的社會區域只有在肥沃的平原上才能發展起來，當土地再也養活不了更多的人時，一些人就開始飄洋過海，尋找新的殖民地。

西元前 8 世紀中葉到西元前 6 世紀中葉，希臘人的城市零星地散落在西西里海岸、義大利南部和黑海。隨著殖民地貿易出現和發展，希臘人和東方的連結又重新恢復了。

在政治上，多利安以後的希臘發生了一系列有規則的變遷，首當其衝的是王權。權力逐漸落到了貴族手裡，接下來是非世襲的君主時代，最後，政權落到了公民手中，「公民」字面上的意思就是：民主。就這樣，君主政治和民主政治交替實施。只要能把全體公民召集到市集上，那麼純粹的民主就可以發揮作用。而在我們生活的這個時代，只有瑞士的一些小州才倖存著純粹的民主。

希臘最早、最偉大的文學豐碑應該是荷馬的作品。關於荷馬，我們所了解到的沒有一樣是確切的，甚至有人認為在荷馬之後有很多詩人都在用這個名字。不管怎樣，荷馬的兩部偉大史詩 ——《伊里亞德》（Iliad）和《奧德賽》（Odyssey）—— 似乎在西元前 800 年前後就已經寫成了。史詩中描述的特洛伊戰爭發生在西元前 1200 年，因此，我們可以從後來的多利安人那裡找到他們對祖輩事蹟的描述；也正是由於這個原因，這種描述中必然有很多不連貫或不一致的地方。從目前的版本來

看，史詩追溯到了西元前 6 世紀雅典的統治者庇西特拉圖（Pisistratus）的退位，在荷馬史詩中，其早期的暴行已經有所淡化，儘管還留有一些痕跡。史詩的確反映了當時思想開放的統治者的一些理性態度。我們知道，在邁錫尼時代，屍體是要埋葬的，而這一時期的屍體卻是火化的。在奧林匹亞的諸神廟裡，眾神濟濟一堂，認真修行。由於宗教對人們的行為不具有約束力，規矩繁多的社會習俗，如和陌生人友好相處，就變得強而有力起來。一些更原始的做法，比如處死囚犯並將其作為儀式上的獻祭，雖然偶爾也能看到，但已經非常少見了。整體而言，那一時斯的社會充斥著理性的氣氛。

從某個角度看，這是希臘人靈魂張力的象徵。一方面，存在著秩序和理性，而另一方面，又存在著無序和本能的衝動。前者產生了哲學、藝術和科學；後者出現在有著豐富儀式的原始宗教活動中，這類因素在荷馬史詩裡似乎受到了極大的抑制，到了後期，尤其是恢復了與東方的連結後，它再次大量湧現，這與人們崇拜戴歐尼修斯（Dionysus）或酒神巴克斯（Bacchus）（最初為色雷斯的神）有關。

對這種原始衝動的革新是由於受到了神話人物奧菲斯[009]（Orpheus）的影響，傳說他是被喝醉酒的瘋狂女祭司們肢解的。奧菲斯教義主張抑制慾望，重視精神的喜悅，它希望進入一種「神祕感應」或「天人合一」的狀態，以此來獲得用其他方式得不到的神祕知識。奧菲斯宗教透過這種形式，對希臘哲學產生了深遠的影響，最早是畢達哥拉斯（Pythago-ras）在自己的神祕主義學說裡吸納了這種觀念，隨後在非純粹科學的範

---

[009] 也譯為奧菲士。古希臘神話中的一位神奇的歌手和豎琴彈奏者，發明了音樂和作詩法。傳說他的父親是太陽神兼音樂之神阿波羅，母親是司管文藝的繆思女神卡利俄佩（Calliope）。這樣的身世使他生來便具有非凡的藝術才能。奧菲斯憑著他的音樂天才，在英雄的隊伍裡建立了卓越的功績。——譯者注

圍裡，它的各種觀點先後在柏拉圖[010]（Plato）和絕大多數希臘哲學家的書中找到了自己的位置。

柏拉圖

　　但是，甚至在奧菲斯的傳統中也存在著更原始的因素，這實際上是古希臘悲劇的發端。在古希臘悲劇中，那些被強烈的情感和熱情所折磨的人們總是能得到同情。亞里斯多德（Aristotle）很貼切地把悲劇稱為「感情（受到藝術的感染而引起的）淨化」。正是希臘人這種雙重性

[010] 柏拉圖（約西元前 427 年 - 前 347 年），古希臘偉大的哲學家，也是全部西方哲學乃至整個西方文化最偉大的哲學家和思想家之一，他和老師蘇格拉底、學生亞里斯多德並稱為古希臘三大哲學家。── 譯者注

格，最終使世界發生了翻天覆地的變化，尼采[011]（Nietzsche）稱這兩種因素為「阿波羅因素」和「戴歐尼修斯因素」。任何一個因素都不可能單獨使希臘文化發揚光大，在東方，主宰一切的是神祕主義因素。將希臘人從迷惘中拯救出來的是米利都學派。但是，寧靜本身和神祕主義一樣，是無法使思想發生演變的，還要有對真與美的熱烈探索才行，而奧菲斯的影響似乎正是提供了這種觀念。

蘇格拉底（雕像）

　　對於蘇格拉底（Socrates）來說，哲學就是生活的方式。值得注意的是，「理論」一詞最初在希臘語中有「觀光」的意思，希羅多德[012]（Herodotus）正是在這個意義上使用這個詞的。長盛不衰的好奇心以及熱烈而不帶偏見的探索，使古希臘人在歷史上獲得了獨一無二的地位。

---

[011] 尼采（西元 1844 年 -1900 年），德國近代詩人、哲學家，他宣告：「上帝死了！」徹底動搖了西方思想體系的基石，其高遠的「超人哲學」對 20 世紀人類精神生活產生了強大影響。主要著作有《悲劇的誕生》、《查拉圖斯特拉如是說》、《道德譜系學》（*Zur Genealogie der Moral*）、《快樂的科學》（*Die fröhliche Wissenschaft*）、《權力意志》（*Wille zur Macht*）等。——譯者注

[012] 希羅多德（約西元前 484 年 —— 前 425 年），古希臘作家。生於小亞細亞的哈利卡那索斯，因反對該城暴君被放逐，曾在埃及、巴比倫及黑海沿岸旅行，並長期寄居雅典和南義大利的圖利城。他把旅行中的所聞所見，以及第一波斯帝國的歷史記錄下來，著成《歷史》（*Histories*）一書，成就了其「歷史之父」的美名。——譯者注

古希臘是西方文明的源頭，其基礎就是始於 2,500 年前米利都的哲學和科學傳統，西方文明正是在這一點上有別於世界上其他主要文明。古希臘哲學的主導概念是「邏各斯[013]」（古希臘哲學術語），含有「言辭」和「量度」的意思，當然，還有一些別的意思。因此，哲學討論與科學探索是密不可分的。在這種關聯下產生的倫理學說發現了知識中的善，而這正是需要公正探討的論題。

亞里斯多德

前面說過，當普遍性的問題被人提出來時，哲學和科學就開始了，那麼，這類問題是以什麼形式被提出的呢？從廣義上講，對於漫不經心的觀察者來說，提出這類問題相當於在一連串雜亂的偶發事件中找到一種秩序。

想想秩序這種觀念最初是怎樣產生、為什麼產生的，是一件有趣的事情。亞里斯多德認為人是政治動物，不可能孤立生活，而要生活在一定的社會當中。即使是在最原始的水準上，秩序觀念也含有某種程度的組織形式。首先是社會秩序，當然，自然界的一些有規律的變化，如晝夜更替、四季輪換等，無疑在很早以前就被人發現了，這些變化只有被賦予一些有人情味的解釋，才能為當時的人們所理解。所謂天就是神靈，是自然的精神力量，這些都是人根據自己的想像創造出來的說法。

---

[013] 邏各斯，此詞最早見於赫拉克利特的著作中，意思是「普遍的準則」。後來逐漸蒙上了神祕色彩，也帶有更多重含義，用以指「宇宙理性」、「命運」、「神的理性」等。黑格爾指其為「概念」、「理性」、「絕對精神」。 —— 譯者注

要想生存，首先意味著人必須按自己的意願去征服自然。在運用我們現在稱為科學的方法去做到這一點之前，人們靠的是巫術。從基本觀念來看，兩者是相同的。巫術是一種嘗試，它試圖透過嚴格地執行儀式來獲取某種特定的結果，它基於對因果關係原則的認同，認為只要給出同樣的前提條件，就會出現同樣的結果。因此可以說，巫術是原始的科學。而另一方面，宗教恰恰相反，它企圖得到不符合規則的結果，它只有在出現奇蹟時才發揮作用，其中含有對因果關係的摒棄。兩種思考方式存在著很多差異，儘管我們經常發現它們在原始思維中混雜在一起。

　　在集體參與的各種公共活動中，被我們稱為語言的交流方式產生了。語言的根本目的在於實現人的共同目標，因此它的基本概念就是同意。而且，可以把這一概念視為邏輯的出發點。它源於這樣的事實：人們透過交流，最終達成了一致，儘管有時候不過是同意保留各自的意見。當出現無法達成一致的僵局時，毫無疑問，我們的祖先會用武力來解決問題，當你殺死對手後，他自然也就無法再堅持不同意見了。有時候也採取另一種辦法，那就是透過討論來解決問題，如果有可能討論的話。這種方法就是一種哲學和科學的方法。讀者可以自己得出結論，從史前時代至今，人類在這方面獲得了多大的進展。

　　在各個時期，希臘哲學都受到了許多二元論的影響，它們一直以不同的形式成為哲學家們寫作和爭論的主題。最根本的問題就在於對真與假的區別。在希臘人的哲學思想中，和真與假密切相關的是善與惡、和諧與衝突二元論，其次還有至今仍屬熱門話題的現象與本質二元論，同時，還有精神與物質的問題、自由與宿命的問題，甚至還有宇宙論的問題，如事物是「一」還是「多」，是單純還是複雜。最後，還有混亂與秩序、無限與有限二元論。

早期哲學家們對這類問題的處理方式是有指導意義的。一個學派可能會抨擊某個二元論的一個方面，緊接著，另一個學派則可能對此提出批評，並採納相反的觀點；最後，第三個學派也許會更進一步，找到某種妥協的觀點，以取代前面兩種觀點。黑格爾（Hegel）正是透過觀察前蘇格拉底哲學家之間對立學說的這種拉鋸戰，才建立了他自己的辯證法體系。

　　許多這類二元論都以某種形式相互連結，但我們可以用一種簡單的方式將其分割開來，以揭示哲學所研究的不同類型的問題是什麼樣子。真與假是邏輯學討論的對象；善與惡、和諧與衝突，表面上看是屬於倫理學的問題；現象與本質、精神與物質則是知識論或認識論的傳統問題；其他的二元論都在不同程度屬於本體論或存在論。當然，這樣的劃分並不是一成不變的，事實上，打破這些界限正是希臘哲學的一個典型特徵。

　　當米利都產生了第一個科學的哲學學派時，這座位於愛奧尼亞海岸的城市是生機勃勃的貿易中心。米利都的東南是賽普勒斯、腓尼基和埃及，北邊是愛琴海和黑海，越過愛琴海以西就是希臘大陸和克里特島。米利都的東面有利底亞，並透過利底亞與美索不達米亞帝國有著密切關聯。米利都人從利底亞人那裡學會了鑄造金幣。米利都的港口擠滿了各國商船，城裡的貨倉也堆滿了來自世界各地的貨物，人們把這種可以保值的貨幣用於流通，交換各種商品。因此，米利都的哲學家提出萬物由什麼構成的問題也就不奇怪了。

　　據說，米利都的泰利斯認為「萬物皆由水構成」，哲學和科學由此產生了。希臘人將泰利斯列為「七賢 [014]」之一。我們可以從希羅多德那裡

---

[014] 古代希臘 7 位名人的統稱，現代人了解較多的只有立法者梭倫（Solon）和哲學家泰利斯 2 人，剩餘 5 人一般認為是契羅（Chilon）、畢阿斯（Bias）、庇塔庫斯（Pittacus）、佩里安德（Periander、克萊俄布盧（Cleobulus），但無法確定。——譯者注

了解到，泰利斯曾預言過一次日食，據天文學家推斷，那次日食發生的時間大約在西元前 585 年，這也正符合他在世的時間（泰利斯生卒年不詳）。泰利斯雖然不大可能了解日食的原理，但他一定熟悉巴比倫人對日食現象所做的紀錄，因而能知道什麼時候會再發生。幸運的是，這種日食現象能夠在米利都看到，它不僅為編撰年表提供了便利，而且也使泰利斯本人出了名。另外，他是否在幾何學領域創立了三角形相似定理也同樣值得懷疑。但他在測量海上船隻或其他無法接近的目標的距離時，顯然運用了埃及人測量金字塔高度的「經驗測算法」。他還據此提出了「幾何原理具有普遍應用範圍」的觀點，因此我們說，是希臘人首創了這個普遍性觀點。

據說泰利斯認為磁石具有靈魂，因為它能夠使鐵移動。至於他認為萬物都具有靈魂這種進一步的論述，就更加值得懷疑了。這很可能是人們根據他的前一種說法，透過推理強加給他的。但這樣做其實沒有必要，因為只有當所有其他事物都沒有靈魂時，磁石具有靈魂的說法才有價值。

和泰利斯相關的故事還有很多，其中一些也許是真實的。據說有一次有人懷疑他的能力，他就透過壟斷橄欖油市場表現出了他的實踐才能。他所具備的氣象學知識使他能夠預見到橄欖將會大豐收，於是他提前租下了所有能弄到手的榨油機，到了橄欖成熟的時候，再以高價租出去，從而大獲其利。同時也向那些輕慢他的人證明：哲學家也能夠賺到錢，假如他們願意的話。

泰利斯最重要的觀點是「萬物皆由水構成」，這既不是匆忙一瞥得出的印象，也不是沒有觀察的純粹臆想。今天，我們把生成水的氫稱為一種化學元素，其他任何元素都能與它合成。這種「萬物歸一」的觀點

是一種非常可貴的科學假說。單就觀察而言，海邊的觀察使得這一假說看起來似乎更加合理。人們看到海水在太陽下蒸發，霧氣從海面升騰起來，形成雲，然後又形成雨降落到海裡。按這種觀點，大地就是以濃縮水的形式存在的。其中的細節可能來自非常奇特的想像，但它仍然是一個了不起的貢獻，因為它揭示了一種物質能夠在各種不同的聚合狀態中保持不變。

米利都的第二位哲學家是阿那克西曼德（Anaximander），他大約出生於西元前 610 年。他和泰利斯一樣，既是一位發明家，又是一位注重實踐的人。另外，他還是第一個地圖繪製者和黑海沿岸某個米利都殖民地的首領。

阿那克西曼德批評了他的前輩泰利斯的宇宙論。是啊，為什麼一定就是水呢？構成事物的基本要素不可能以事物本身的某種形式出現，它應該是一種與所有這些形式都不同的東西，也就是說，它是一種更基本的東西。因為物質的各種形式始終在相互衝突著，如冷與熱，溼與乾，它們總是不斷地此消彼長，也許在希臘人看來，它們處於「不公正」的狀態，也就是缺乏平衡。如果其中一種形式就是基本物質的話，那它可能早就戰勝別的形式了。亞里斯多德把起始物質稱為「物質因子」，阿那克西曼德則稱之為「無際」，也就是可以全方位擴展的無限物質，世界生於此，也將終於此。

阿那克西曼德認為地球是一個自由漂浮著的圓柱體，而人類就生活在其中的一個切面上。而且，他還設想我們的世界被無數別的世界包圍著。這裡所說的別的世界之一，就是我們現在所稱的銀河，每個世界的內部功能都被漩渦運動左右著，該運動將地球向地心吸引。天體就是被氣遮蔽的火輪。只有一點不同，我們可以把它比喻成腳踏車輪胎，未被

遮蔽的那一點就是氣嘴，我們當然還記得，那時的希臘人認為氣就是能夠使事物隱形的東西。

關於人類的起源，阿那克西曼德提出了一個非常「現代化」的觀點。他注意到年幼的人需要長期的照料和看護，從而得出這樣一個結論：如果最初的人也像今天這個樣子就不可能延續到今天。因此，他認為以前的人一定和現在的人不同，也就是說，人一定是從一種能夠很快做到自我供給的動物進化而來的。這種論證法就是歸謬法，即透過一個給定的假設推斷出一些明顯的錯誤。在他看來，既然人不可能延續到今天，這種假設（最初的人和現在的人一樣）就只能被推翻。如果這種說法是對的（我也這樣認為），即：假如最初的人和現在的人一樣需要長期照料才能長大，人類就不可能延續至今。那麼，我們可以很輕鬆地建立這樣的論點：其間一定發生了某種形式的進化。但阿那克西曼德並未對此感到滿足，他還進一步認為，人是由海洋中的魚類演變而來，他還以自己對化石遺跡和鯊魚餵養幼鯊的觀察來證明這一點。正是由於這個原因，他告誡我們不要吃魚。而我們的海洋同胞們是否也對我們懷有同樣深厚的感情，就不得而知了。

米利都第三位著名的哲學家是阿那克西美尼 [015]（Anaximenes）。我們除了知道他是三位哲學家中最年輕的一位之外，並不了解他所處的具體年代。從某種意義上說，他的理論和他的前輩相比是一種倒退。雖然他的思想不夠大膽，但從整體上來說卻更加禁得起檢驗。他和阿那克西曼德一樣，也堅持認為存在著一種基本物質，不過他是從具體的物質「氣」中發現這一點的。我們發現物質的各種形式都是透過聚散過程從

---

[015] 阿那克西美尼（約西元前 570 年 - 前 526 年），古希臘哲學家、米利都學派的第三位學者，是阿那克西曼德的學生。他繼承了前兩位米利都學派哲學家的傳統，也是該學派最後一位哲學家。── 譯者注

「氣」裡產生出來。既然這種觀點認為一切差異只是量的差異，那麼把某種具體的物質看做基本因子就應該是對的。「氣」構成了靈魂，賦予我們生命，也使世界得以延續。後來，這種觀點為畢達哥拉斯學派[016] 所採納。阿那克西美尼在宇宙論問題上走入了歧途，所幸的是，畢達哥拉斯學派在這方面繼承了阿那克西曼德的宇宙觀；而在其他方面，他們更喜歡借用阿那克西美尼的學說。從某種意義上說，他們是對的。阿那克西美尼是米利都學派最後一位代表人物，他繼承了該學派的所有傳統。此外，正是他的「聚散論」使米利都人的世界觀得到了真正的完善。

米利都哲學家的氣質與今天某些戴著哲學家頭銜的專家不同，他們從事的是城邦的實際事務，而且能夠親身感受各種突發事件。據說阿那克西曼德的理論還在一篇地理學論文中得到過廣義上的闡釋。這些早期論文的內容已經遺失，留存下來的題目大意是「論事物的物理本質」，可見，課題涉及的範圍很廣，論述也許不是很深入。後來的赫拉克利特（Heraclitus）無疑是反對這種「關於多種事物的知識」的。

對哲學而言，重要的不是給出的答案，而是提出的問題。從這個意義上說，米利都學派是名副其實的。由此，孕育了荷馬史詩的愛奧尼亞被稱為科學和哲學的搖籃也就不奇怪了。我們知道，荷馬時代的宗教帶著奧林匹亞特徵，而且始終如此。在那裡，神祕主義未能對社會產生很大的影響，科學思辨倒更有可能得以順利發展。雖然後來的許多希臘哲學學派紛紛接受了神祕主義，但我們應該記住，他們全都從米利都學派吸取了營養。

米利都學派和任何宗教活動都沒有關係，這確實是前蘇格拉底哲學

---

[016] 又稱「南義大利學派」，是一個集政治、學術、宗教三位於一體的組織。它產生於西元前 6 世紀末，由古希臘哲學家畢達哥拉斯所創立。西元前 5 世紀被迫解散，其成員大多是數學家、天文學家、音樂家。它是西方美學史上最早探討美的本質的學派。——譯者注

家的一個顯著特徵，他們全都獨立於盛行的宗教傳統之外，甚至像畢達哥拉斯這種並不反對宗教的學派都是如此。整體而言，希臘人的宗教活動和各個城邦的風俗有關，當哲學家們堅持自己的觀點，走自己的路時，可能會與所在城邦的國教發生衝突，這是很正常的，這種不幸的命運能夠在任何時候、任何地點輕易地壓服那些具有獨立思想的人。

離愛奧尼亞不遠就是薩摩斯島，儘管在地理位置上很近，但島上的傳統在某些方面卻比大陸的城邦更為保守。在薩摩斯島，昔日的愛琴海文明似乎更為完整地保存了下來。我們應該記住，這種地域的差異帶來了什麼樣的結局。整體來看，荷馬筆下的愛奧尼亞和早期的米利都學派並沒有認真思考過宗教，但薩摩斯島人卻從一開始就深受奧菲斯觀念的影響，這種影響最終移植到了從克里特－愛琴海時代留存下來的信念中。

奧林匹亞膜拜是一項沒有嚴格宗教教義的國家事務，而另一方面，奧菲斯教義卻具有神聖的經文，它透過灌輸信念的方式把信徒們聚集在一起。在這種背景下，哲學變成了一種生活方式，這種觀點為後來的蘇格拉底所繼承。

薩摩斯人畢達哥拉斯 [017] 正是這種新哲學精神的先驅。我們對他生活的年代和生活細節知之甚少。據說他在西元前 532 年曾經名噪一時。當時正好是波利克拉底（Polycrates）的君主統治時期，薩摩斯城可與米利都和其他大陸城邦相匹敵。西元前 544 年，波斯人占領薩狄斯後攻陷了薩摩斯，但薩摩斯的船隊仍在整個地中海往來穿梭。波利克拉底曾一度

---

[017] 畢達哥拉斯（約西元前 580 年 - 前 500 年），古希臘哲學家、數學家和音樂理論家。生於愛琴海中的薩摩斯島，自幼聰明好學，曾在名師門下學習幾何學、自然科學和哲學，並最早悟出萬事萬物背後都有數的法則在發揮作用。創立了帶有濃厚的宗教色彩的祕密學術組織畢達哥拉斯學派。── 譯者注

和埃及國王雅赫摩斯二世（Ahmose II）結為盟友，這就使得下面的故事有了發生的可能：畢達哥拉斯曾經遊歷埃及並在那裡獲得了數學知識。他之所以要堅持離開薩摩斯，是因為不能忍受波利克拉底的壓迫。他在義大利南部的一座希臘城市 —— 克羅頓定居下來，並建立了自己的社群。他在克羅頓生活了 20 年，直到西元前 510 年發生了反對學派的內亂，他才到梅達朋提翁隱居，在那裡一直住到去世。

我們知道，對米利都人來說，哲學是一種緊張的實踐過程，哲學家的確都是務實而善於行動的人。而在畢達哥拉斯那裡，一種對立的觀念出現了，也就是說哲學成了對世界的孤立的思索。這種觀念帶有奧菲斯教義的痕跡，畢達哥拉斯對生活的態度就展現了這種思想。如果我們把人按其生活方式分為三類，就像參加奧林匹克運動會 [018] 的三種人一樣，那麼層次最低的是那些小販；其次是參加比賽的人；第三種是觀眾，也就是書上所說的理論家，哲學家在一定程度上就是這種人。哲學的生活方式是唯一有可超越存在的偶然性並擺脫輪迴的途徑，按畢達哥拉斯的觀點，靈魂是受一系列輪迴的支配的，這類傳統與繁複的原始禁忌有關。我們會在柏拉圖的《理想國》（*Republic*）、畢達哥拉斯學派以及其他前蘇格拉底學派中再次發現生活方式的三分法。可以說，它是早期哲學家各種學說的綜合展現。

但另一方面，畢達哥拉斯學派又產生了一種科學傳統，具體地說就是數學傳統。畢達哥拉斯學派的真正繼承者是數學家。儘管在奧菲斯復興時出現了神祕主義因素，但宗教觀念並沒有改變該學派科學的一面。

---

[018] 古希臘人於西元前 776 年規定，每 4 年在奧林匹亞舉辦一次運動會（為了和平）。後來，運動會的規模逐漸擴大，並成為顯示民族精神的盛會，優勝者獲得月桂、野橄欖和棕櫚編織的花環。從西元前 776 年到西元 394 年，歷經 1,170 年，共舉行了 293 屆。西元 394 年被羅馬皇帝狄奧多西一世（Theodosius I）禁止。 —— 譯者注

科學本身是不會變成宗教的，即使對科學生活方式的追求帶有一些宗教色彩。

畢達哥拉斯可能發現了被我們稱為「音程」的簡單的數的關係。一根調和琴弦按其長度平分，可以獲得八度音；同理，如果長度減為四分之三，則會發出四度音；如果減為三分之二，則發出五度音；四度音和五度音合在一起又可得到八度音，即 $4/3 \times 3/2 = 2/1$。因此，這些音程與調和級數的比值 2:4/3:1 相一致。據說調和弦的三個音程可以與人的三種生活方式相類比。雖然這種比較是一種思辨，但調和弦肯定在希臘哲學思想中發揮了核心作用。平衡意義上的和諧概念就像適當調高或調低音程一樣，所有這些觀點都可以在畢達哥拉斯的發現中找到源頭。其中不少內容我們將在柏拉圖的學說中看到。

畢達哥拉斯「萬物皆數」觀點的產生，很可能與他在音樂中的發現有關。根據這一觀點，如果我們想認識身邊的世界，就必須找出事物中的數；一旦了解了數的結構，我們就能控制整個世界。這的確是一個非常重要的觀點。雖然它的意義在古希臘人文主義時代之後遭到了暫時的埋沒，但是在文藝復興時期，人們開始重新對古代資料產生興趣時，它就得到了更多的認同。這是近代科學觀念的主要特徵之一。我們可以從畢達哥拉斯那裡首次發現，他對數學的興趣最初並不是出於實踐需求。埃及人掌握了數學知識，但只是用它來建造金字塔或丈量土地；希臘人則是「為了探索」而開始了對數學的研究。用希羅多德的話說，畢達哥拉斯是他們當中最重要的研究者。

畢達哥拉斯發明了排列卵石或符點的計算方法。這種方法確實以各種形式存在了很長一段時間，拉丁文中的「計算」就有「擺弄石子」的意思。與此相關的是他對算術級數的研究。如果我們把卵石排成行，第

一行放一個，下面的每行都比上一行多放一個，於是我們就得到了一個「三角形」數。它的特殊意義還在於 1 ＋ 2 ＋ 3 ＋ 4 ＝ 10 這種四行三角形數裡面。與此相似，連續奇數之和可以得出一個「正方形」數；而連續偶數之和則可以出現一個「長方形」數。

在幾何學研究中，畢達哥拉斯發現了一個著名的定理，就是直角三角形弦的平方等於另外兩邊的平方之和，雖然我們不知道他是怎麼證明這一點的，但在這裡，我們再次找到了與「經驗測算法」相反的普遍性方法的實例。但是，這個定理的發現卻向學派出了一道極大的難題，因為它有一個推論是正方形對角線的平方等於邊長平方的 2 倍，但卻沒有任何一個「正方形」數能夠被分解為兩個相等的正方形數；因此，這個問題無法用我們現在稱為「有理數」的方法來解決。對角線是不可能用邊來實際測量的，要解決這個問題，我們就要用到後期畢達哥拉斯學派所提出的「無理數」。顯然，這個「無理」可以追溯到這樁早期數學醜聞中，傳說當時有一個學派成員因為洩露了祕密而被沉入大海淹死。

至於世界觀，畢達哥拉斯則在米利都學派的基礎上，加進了自己的數的理論。前面所說的用於排列計數的數字被稱為「界石」，自然是因為它起源於對田地邊界的測量或字面意義上的「幾何」。拉丁文「界石」（Tern）在字面上有同樣的意思。按照畢達哥拉斯的說法，無限的氣將各種基本單元分隔開，而單元又為無限提供了量度，進一步說，無限相當於黑暗，而有限相當於火，顯然，這種觀念來自對天空和星辰的觀察。畢達哥拉斯和米利都人一樣，認為存在著許多世界，儘管從他的數學觀來看，他不大可能認為有無限多的世界。他在阿那克西曼德的觀點之上進一步提出，地球是一個球體，從而摒棄了米利都人的漩渦理論。但是這還不夠完善，後來的薩摩斯人又在這個基礎上提出了太陽中心說。

醉心於數學的畢達哥拉斯提出了我們以後將碰到的理念論或共相論。一個數學家在證明一個三角形命題時，它所涉及的並不是任何正在談論的畫在某個地方的圖形，而是只有他心目中才有的東西。於是，可知事物與可感事物的區別就產生了。而且這個已確定的命題永遠都是完全正確的。

　　從這個觀點到下述觀點只有一步之遙：只有可知事物才是真實、完美和永恆的；而可感事物只是表象，是有缺陷和暫時的。這些都是畢達哥拉斯學說的直接推論，從此，這些觀點一直支配著哲學和神學思想。

　　我們還應該知道，畢達哥拉斯的信徒們的主神是阿波羅。儘管在他們的信仰中有奧菲斯因素，但是歐洲的理性主義正是靠了這種阿波羅傾向，才與東方的神祕主義區分開來。

　　由於受到早期畢達哥拉斯學派的影響，原有的奧林匹亞宗教被一種新的宗教觀念所取代。色諾芬尼[019]（Xenophanes）可能生於西元前 565 年的愛奧尼亞，他對傳統的諸神進行了猛烈的抨擊。西元前 540 年，當波斯人入侵愛奧尼亞時，他逃到了西西里島。他的主要目標是想徹底推翻奧林匹亞神廟中根據人的形象塑造的諸神。同樣，他也反對奧菲斯復興時的神祕主義，並且嘲笑畢達哥拉斯。

　　這種哲學傳統的下一個代表人物也是愛奧尼亞人，他就是愛菲斯的赫拉克利特。大約西元前 6 世紀末，赫拉克利特的事業達到了頂峰。我們對他的生平幾乎一無所知，只知道他出生於一個貴族家庭。不過他一些遺作的殘篇卻流傳了下來，我們從中不難看出，他為什麼會被人看做

---

[019] 色諾芬尼（約西元前 565 年 - 前 473 年），古希臘哲學家、詩人、歷史學家、社會和宗教評論家，伊利亞派的先驅。他拒絕相信許多標準的神像，而且不認為神的思想和外形像人一樣。他一段經典的嘲笑名句是：如果牛能想像神，那牠們的神一定像牛。此外，他還認為，在內陸甚至高山上發現海貝殼是海陸變遷的證據。—— 譯者注

難以捉摸的人，他的一些觀點常常以預言的形式表達出來，其殘稿簡潔、高雅，到處是生動的隱喻。說到永恆的生死輪迴，赫拉克利特說：「時間是一個下跳棋的孩子，而支配權就在他的手中（即時間支配著一切）。」當他以輕蔑的態度奚落遲鈍的人時，會毫無顧忌說出刻薄的話：「傻子即使聽到了別人的談話也會像聾子一樣無動於衷：即使他們在場，也跟不在場一樣。」、「如果人們的頭腦不能理解別人的語言，那麼眼睛和耳朵對於他們來說只是一種無用的擺設。」

為了提醒我們，要想獲得有價值的成就，就需要付出很大的努力，赫拉克利特說：「尋覓金子的人即使挖了很多土也不會有很多收穫。」由於這項工作過於艱難，有的人會半途而廢，他挖苦他們就像「驢子（笨蛋）寧要草料，不要黃金」。此外，他還預示了後來蘇格拉底在一句名言中表述過的思想，告誡我們不要對自己擁有的東西沾沾自喜，蘇格拉底的名言是：「孩子在成人的眼裡是幼稚的，成人在上帝的眼裡也是幼稚的。」

對赫拉克利特的理論作更深的研究，有助於我們更明確地理解這些格言，儘管赫拉克利特缺少他的愛奧尼亞前輩們對科學的興趣，但他的理論還是以愛奧尼亞學派和畢達哥拉斯的思想為基礎的。阿那克西曼德曾經說過，相互爭鬥的對立雙方最終將歸於無限，以調和彼此的侵犯。赫拉克利特從畢達哥拉斯的和諧概念出發，發展出一個新的理論，這也是他對哲學的卓越貢獻，他的觀點是，真實世界在平衡調節中包含了對立的傾向。根據不同的量度，在對立雙方的衝突的背後，世界存在著一種潛在的和諧。

通常，這種普遍性概念不是輕易顯露出來的，因為「自然喜歡隱藏自己」。的確，他在某種意義上似乎堅持認為，和諧的東西肯定不是立刻

能夠引人注目的。「潛在的和諧優於公開的和諧」。實際上，人們往往會忽視和諧的存在，「人們不知道事物是怎樣實現對立統一的。這是一種對立的、緊張的和諧，就像弓與七弦豎琴一樣」。

因此，衝突就是使得世界保持生機的原動力。「荷馬說過，『如果神靈和人之間再也沒有衝突該多好啊！』但他錯了。他沒有看到他是在祈求宇宙的毀滅，要是他的禱告能夠被聽見的話，萬物都將消亡。」我們應該從邏輯學的角度，而不是按照軍事準則來理解他的「戰爭乃萬物之父」的論斷。

這種觀點是想要強調「火」這種重要而基本的物質。他在原則上而不是在細節上，繼承了米利都學派的思想。

他說：「萬物皆可比做火，火亦能比做萬物；猶如貨物可以換黃金，黃金也可以換貨物一樣。」這種商業性的比喻闡釋了該理論的觀點。一盞油燈的火苗看上去是固定不變的，但在整個過程中，油不斷地被吸取，然後轉換為火焰，油煙隨著燃燒而落下，因此，世界上一切事物的發展都是這種轉換的過程，沒有什麼東西能夠保持原樣。「人不能兩次踏入同一條河流，因為在你面前流動的總是新的河水。」正是由於這種解釋，後世的作家們才把「萬物流變」的名言歸於赫拉克利特。蘇格拉底還給赫拉克利特及其信徒起了一個綽號，叫「流動者」。

我們有必要把赫拉克利特的這一名言與其另一名言進行對比，後者是：「我們既踏入又沒有踏入同一條河流，我們既存在又不存在。」表面上看，這句話似乎與他的前一句名言不大一致，但這只是同一理論的不同表達而已。線索就在於它的後半部分。「我們存在又不存在」這聽上去有些令人費解，其實它的意思是，我們的存在既是穩定的，又時刻在變化著。用柏拉圖後來創造的話來說就是，我們的存在是一種不斷的形

成。還是以河流為例，如果我今天踏入泰晤士河，明天再踏入一次，雖然我踏入的都是泰晤士河，但第二次的河水已經與第一次不同了，我想這種觀點再清楚不過了。另一種說法也論述了這種觀點，即「上坡路與下坡路是同一條路，沒有什麼區別」。我們都觀察過火苗的情況：油被吸上燈芯，煙塵落在地上，兩者都是燃燒過程的一部分。首先，我們必須從字面上來理解這種觀點。一條坡路既向上又向下，是上坡路還是下坡路，取決於你怎麼走，赫拉克利特的對立理論提醒我們，那些表面上看來有衝突的因素，實際上卻代表了事物的本質部分。關於這一點，最鮮明的一個表述就是「善惡一體」。這當然不是說善惡是一回事；相反，就像一個人不可能設想一條沒有下坡的上坡路一樣，我們也不可能在不理解惡的情況下去理解善的概念。如果你將坡剷平，在消除了上坡路的同時，你也就消除了下坡路；對人來說，善惡也是如此。

看來，「萬物流變」的理論其實不是什麼新思想，阿那克西曼德就曾經提出過十分類似的觀點。但是，赫拉克利特對事物為什麼會保持同一的解釋卻領先了米利都學派一步。量度的主要概念源自畢達哥拉斯。儘管事物在不斷地變化，但由於保持了適當的量度，因此仍能維持原樣，這一點無論是對於人還是對於世界都是正確的。

自然界的事物根據量度而發生轉化。同樣，在人的靈魂中也有著乾與溼的變化。溼的靈魂如果沒有火的抑制，就會墮落，而且有毀滅的危險；這一點大概可以透過觀察醉酒的人得到驗證。另一方面，「乾的[020]靈魂是最智慧、最優秀的靈魂」，儘管我們不應該錯誤地對它過分讚譽。過量的「火」和過多的「溼」一樣，也會扼殺靈魂。但毀滅於火似乎讓人覺得更為光彩，因為「死得越壯烈，美名就越盛」。我們可以想到，這

---

[020] 在英語中，「乾的」也有「禁酒」之意，此處作者是一語雙關。 —— 譯者注

是由於火是永恆的物質，「這個世界對於萬物都是一樣的，既不為人而創造，也不為神而創造；它在過去、現在和將來都只是一團永恆的火，按照某種量度燃燒和熄滅」。

自然的種種演變過程無不遵循各自的量度。正如阿那克西曼德所說的那樣，「不公正」不是因為對立雙方的衝突，而是因為對量度的漠視，「太陽不會超出它的量度，否則愛林尼神（正義神的侍女）就會有所覺察」。但是量度並不是絕對嚴格的，只要它沒有超出界限，它實際上可以在一定範圍內波動。這可以用來說明某些週期現象，如日夜更替、人的清醒與睡眠以及其他類似的變化。將這種量度波動概念和畢達哥拉斯的無理數理論相連起來看，是一件很有趣的事情。後者的連續近似值有時大於或小於精確值。但我們不知道早期的畢達哥拉斯學派是否發展了這種方法，儘管它在柏拉圖時代已經聞名遐邇。我們不是很有把握將這種知識歸功於赫拉克利特。

赫拉克利特和色諾芬尼一樣，也藐視當時的奧林匹亞教和奧菲斯教。儀式和獻祭並不能使人變得善良。他清楚地看到了宗教儀式活動膚淺而原始的特性。「為了淨化靈魂，他們徒勞地往自己身上塗抹鮮血；就像一個跳進泥坑的人企圖用汙泥洗淨雙腳一樣。任何人看到這種行為，都肯定會說他是瘋子。」善是不可能以這種方式得到的。

但是，智慧卻可以透過掌握事物的基本規律來獲取。這個規律就是對立雙方的和諧，雖然它無所不在，人們卻未能認識它。「我所說的規律，人們也許聽說過，也許沒有，但他們都未能掌握它。因為，雖然萬物都由此產生，但人們從未體驗過。即使他們去感受我所闡釋的這些話語和行為，即使我分門別類地將事物一一區分開來，並剖析其中的緣由，他們也無法理解其真諦。」

如果我們無法認識這個規律，那麼任何學習都是毫無用處的。「學習了很多事物並不等於學會了理解那些事物」。這種觀點我們將在黑格爾的著作中再次看到，赫拉克利特則是最早提出它的人。

　　要想擁有智慧，就必須掌握基本規律，這個規律適用於一切事物。我們必須遵循基本規律，就像城市必須依法行事一樣。是的，我們甚至必須更為嚴格地遵循它，因為共同的規律具有普遍性，而不同的城市可以有不同的法律。因此，赫拉克利特堅持共同性的絕對特徵，反對當時基於對不同民族的不同習俗進行對比而建立起來的相對主義概念。他的學說與詭辯家的實用主義觀點相對立，後來，畢達哥拉斯在其論述中將它說成「人是萬物的量度」。

　　儘管這種普遍規律或「邏各斯」無所不在，但許多人卻對此視而不見，他們自以為是，好像人人都有個人的智慧似的。人們愚蠢地認為共同規律絕不是公眾的意見，赫拉克利特因此有些瞧不起公眾。他是一位貴族，他主張最優秀的人物擁有權力。「愛菲斯人 [021] 應該把所有的成年人都吊死，讓孩子們來管理城市，因為他們放逐了他們當中最優秀的人赫爾謨多羅（Hermodorus），並且聲稱『我們不需要最優秀的人，如果有，就把他趕走，趕到別人那裡去』。」

　　赫拉克利特本人也非常自命不凡，也許我們可以原諒他這一點。除了有些偏執，他確實是一位很有影響的思想家。他總結了前人的主要觀點，並對柏拉圖產生了至關重要的影響。

　　赫拉克利特的流變學說提到了萬物皆包含某種運動的事實。希臘哲學的下一個轉捩點又把我們帶到了另一個極端，那就是對運動的徹底否定。

---

[021] 指愛菲斯居民。愛菲斯，呂底亞古城和小亞細亞西岸希臘的重要城邦。位於愛琴海岸附近巴因德爾河口處。古代為庫柏勒大神母（安納托力亞豐收女神）和阿提米絲（Artemis）的崇拜中心。——譯者注

迄今為止，我們所談到的一切理論都具有這樣的特徵：每一種學說都試圖用某種單一的規律解釋世界。雖然不同的學說提出了各不相同的解決辦法，但它們都涉及萬物產生的基本規律。但是，那時還沒有任何人對這種普遍性觀點做過批判性的驗證。第一個批判者是巴門尼德（Par-menides）。就像對許多其他哲學家一樣，我們對他的生平也缺乏了解。巴門尼德是義大利南部的伊利亞人，他建立了「伊利亞」學派。他事業的巔峰是在西元前 5 世紀上半葉。如果我們認可柏拉圖的說法，那麼就會知道，巴門尼德曾和他的弟子芝諾（Zeno）訪問過雅典，兩個人大約在西元前 450 年的某個時候，見到了蘇格拉底。在希臘所有的哲學家中，只有巴門尼德和恩培多克勒 [022]（Empedocles）用詩歌的形式闡述出理論。巴門尼德的詩篇和許多早期哲學家的作品一樣，也取名為《論自然》（*On Nature*）。全詩分為兩部分，前一部分叫做「真理之道」，裡面包含了我們感興趣的邏輯理論；後一部分叫做「輿論之道」，他在裡面提出了實質上屬於畢達哥拉斯學派的宇宙論，不過他非常明確地指出，我們必須把一切都看做虛幻。雖然他曾經是畢達哥拉斯學派的一個追隨者，但當他最終闡釋自己的批判觀點時，卻拋開了畢達哥拉斯學派的理論，因此，他在這部分詩篇中有意收錄了畢達哥拉斯學派的各種錯誤，而他就是從這些錯誤中走出來的。

　　巴門尼德從所有前輩理論的一個共同弱點開始了他的批判。他在「萬物皆由某種基本物質構成」和同時存在的虛空觀點之間找到了這個弱

---

[022] 恩培多克勒，西元前 5 世紀的古希臘哲學家，西西里人。他認為萬物皆由水、土、火、氣四者構成，再「愛」與「衝突」或合成或分裂。「愛」使所有元素聚合，「衝突」使所有元素分裂。他還認為宇宙本身在絕對的愛和衝突之間來回擺動。他跟巴門尼德一樣用韻文寫作，也只留下斷片，相傳其兩部作品名為《論自然》（*On Nature*）和《淨化》（*Purifications*）。他的生平極富神話色彩，相傳他為證明自己的神性，投進埃特納火山而亡，但是火山卻將他的青銅涼鞋噴射出來，顯示他的不誠實。另一說是他跳進火山，向他的門徒證明他的不朽；他相信他在經火焚燒之後會作為神回到人間。後世騷人墨客常以此為詩材。　——譯者注

點。對於物質，我們可以說它「存在」；對於虛空，我們則說它「不存在」。早於他的所有哲學家都犯了一個錯誤，那就是說「它」不存在，好像真有「它」似的。赫拉克利特甚至還說過「在同一時間既存在又不存在」的話。巴門尼德的不同在於，他僅僅斷定了「它的存在」。也就是說，不存在的東西是不會被想到的，因為人不可能思考「無」。不能被想到的東西是不存在的，而存在的東西是可以被想到的。這就是巴門尼德觀點的主導思想。

我們可以由此立刻得出一些推論來。「它存在」意味著世界充滿了物質。虛空是完全不存在的，無論是世界的外部還是內部。而且，一個地方必然和另一個地方擁有同樣多的物質，否則我們就不得不說，在密度較小的地方，「它」就不存在，但這是不可能的。「它」一定在任何方面都相等，也不可能到達無限，因為這會意味著「它」是不完整的。「它」是永恆的，是不可創造的；「它」既不會被某種物質消解，也不會產生於某種物質，因為沒有任何別的東西和「它」在一起。這樣，我們所看到的世界就是一個堅固的、有限的、均勻的球體物質，沒有時間，沒有運動和變化。這對於我們的常識來說確實是一個可怕的打擊，但它是純粹的物質一元論的邏輯論斷。假如我們的感知受到冒犯，人們必然會將感性經驗當做幻覺拋棄，這正是巴門尼德所希望的。透過將一元論推向極致，他迫使後來的思想家不得不尋找新的出發點，巴門尼德的球體理論對赫拉克利特的觀點進行了闡釋，也就是說，如果衝突消失，世界也會隨之消失。

值得一提的是，巴門尼德的批判並沒有妨礙人們正確理解赫拉克利特的理論，因為萬物皆由火構成的觀點並不是赫拉克利特理論的真正實質。他的理論是透過隱喻產生作用的，火焰以多變的方式表現了以下的

重要觀點：沒有任何事物是靜止的，一切都處在發展中。在前面，我們已經談到赫拉克利特如何解釋「它存在又不存在」這樣的論斷，事實上，赫拉克利特學說已經隱含了對巴門尼德語言上的形上學批判。

巴門尼德的理論在語言形式上，簡單地說就是這樣的：當你在想或說的時候，你想到或說到了某種東西，那麼，一定有某種獨立的、永恆的東西供你思考或談論。你可以在許多不同的場合做到這一點，因此，想到或說到的東西一定是永遠存在的。如果它不存在，也就不可能發生變化。在這個觀點中，巴門尼德忽略了一點，那就是他永遠也不能否定任何事物，因為這樣一來就會迫使他自己承認「它不存在」。另外，假如真是這樣的話，他就再也無法斷定任何東西都永遠存在了，這樣，一切言說和思想都成了不可能的事。除了「它存在」，沒有任何事物存在，這是一個空洞的恆等式。

不過，他的理論中也有一個重要的觀點，就是如果我們能夠運用某個可理解的詞語，它就一定具有某種含義，而這種含義必定在某種意義上是存在的。如果我們還記得赫拉克利特的話，就不會出現自相矛盾的問題。當問題變得很明確時，我們會發現沒有人真的認為「它不存在」，而只是「某種類型的不存在」。因此，當我說「草不是紅色的」時，並不是在說草不存在，而是說它與那些紅色的東西不是同一類型。如果我找不出別的紅色物品做例子，如汽車，那我就的確不能說「草不是紅色的」。赫拉克利特的觀點就是，今天是紅色的東西也許到了明天就變成了綠色，你是可以把一輛紅色的汽車漆成綠色的。

於是，詞語在什麼條件下才有意義的普遍性問題就產生了。這個問題過於複雜，在此就不作討論了。然而巴門尼德對變化的否定卻為後世的所有唯物主義理論提供了泉源。巴門尼德以「它」來表示存在，而

「它」後來被稱為「物質」，唯物主義者認為萬物就是由這種不變、不滅的物質構成的。

在所有的前蘇格拉底思想家中，巴門尼德和赫拉克利特建立了兩個極端對立的理論。值得一提的是，除了柏拉圖，原子論者也綜合了這兩種對立觀點。他們從巴門尼德那裡借用了不變的基本粒子，從赫拉克利特那裡獲得了絕對運動的概念。這是首次對黑格爾辯證法有所啟發的經典例子之一。這的確是一種思想進步，這種進步源自對各種觀點的綜合，也是對於極端論點進行執著探索的必然結果。

要批判巴門尼德，就必須對「世界由什麼構成」的問題給出新的解決辦法。阿克拉加斯的恩培多克勒找出了新答案。我們對他的生平也同樣知之甚少。他的巔峰期在西元前 5 世紀上半葉。在政治上，他站在多數人一邊，傳統的說法認為他是一位民主領袖。同時，他身上帶著一種與畢達哥拉斯的奧菲斯影響有關的神祕色彩。和巴門尼德一樣，恩培多克勒最初非常迷戀畢達哥拉斯的說教，後來又與之分道揚鑣。至今還流傳著一些關於他的離奇故事，據說他會呼風喚雨、控制天氣，毫無疑問，他用所掌握的醫學知識，曾經成功地控制了塞利努斯的一次瘧疾流行。出於感激，人們把這件事鑄在城市的金幣上作為紀念。據說他把自己當做天神，他死的時候，有人說他升了天，有人說他跳進了埃特納火山口 [023]，儘管這種說法很不可信 —— 任何稱職的政治家都不會跳進火山口。

為了在伊利亞學說和平時的感知經驗之間達成妥協，恩培多克勒採

[023] 埃特納火山是歐洲最大、最高、最活躍的火山，也是世界最著名的火山之一。它位於義大利南端、地中海最大的島嶼西西里島的東北角，南距島首府卡塔尼亞 29 公里，為一座黝黑的獨立錐形體。該火山海拔 3,520 公尺，周長 129 公里。主要火山口海拔 3,323 公尺，直徑 500 公尺。周圍還有 200 多個較小的火山錐。據文獻記載，埃特納火山已有 500 多次爆發歷史，被稱為世界上噴發次數最多的火山。 —— 譯者注

納了所有過去嘗試過的基本物質，並將其增加到四種，稱之為事物的「根」，亞里斯多德則稱它為「元素」，這就是著名的「水、氣、火、土」四元素理論。這個理論幾乎左右了化學領域兩千年之久，甚至在今天的日常用語中還殘存著其中一些痕跡，如我們所說的「暴風驟雨（其英文字面含義為『諸元素的憤怒』）」。這一理論實際上揭示了兩組對立的「乾與溼、熱與冷」之間的本質。我們也許能注意到，要想對付巴門尼德的批判，僅僅增加基礎物質的種類是不夠的，還必須有某種能夠以不同方式混合基礎物質的東西才行。於是，恩培多克勒提出了愛與衝突的兩個動力原則，它們唯一的作用就是統一和分裂物質。由於當時還沒有產生非物質動因的概念，愛與衝突也只能被視為物質。所以它們自身被認為是物質的或實際存在的，並且和另外四個加在一起，構成了六元素。這樣，當四元素分裂時，衝突就出現在它們中間；而當四元素統一時，愛就把它們合在一起。我們也許在無意中已經發現，有些東西可以證明「動因必須是物質」這種觀點。儘管這種觀點還值得商榷，但它仍是近代科學的觀點，即動因必須在某處有一個物質泉源，即使是在它不發揮作用的地方。

阿那克西曼德已經提出動因是「氣」，儘管我們不知道他的依據是什麼。恩培多克勒找到了不同的依據，因為他發現了「氣」是物質這一事實，他是透過水漏壺實驗發現的。需要說明的是，他的前輩們所說的「氣」與他所說的「以太」都是希臘單字。後者在 19 世紀後半葉贏得了新的科學地位，當時的電磁理論要求為波的傳播提供介質。

在改進這些理論的過程中，恩培多克勒保留了伊利亞理論中的很多東西，如基本物質是永恆不變的，而且它本身不能被進一步解釋。這也是科學解釋的一個重要原則，拿一個大家熟悉的例子來說，人們用原子

來解釋化學現象，這些原子本身必然是不能被再解釋的，要想解釋它們，人們必須認為它們是由更小的粒子構成的，而這些更小的粒子則不能被再解釋。

　　就像前面說過的「存在與否」的問題，沒有任何事物能從「不存在」中產生，也沒有任何事物能夠變成「不存在」。所有這些都屬於純粹的伊利亞唯物主義。我們也許能看到，恩培多克勒對唯物主義學說進行修正後提出的一般觀點未能化解對巴門尼德的批判。他的觀點是，如果你認為有變化，你就必須承認有虛空。因為，如果變化是可能的，那麼從原則上說，僅僅增加物質的數量是不夠的，一定空間裡的一定數量的物質同樣可能逐漸減少，直到消失。因此，巴門尼德在否定虛空的同時也否定了變化，這倒是十分正確的。恩培多克勒並沒有真正解決這個難題。我們將在後面看到原子論者是如何解決這個問題的。

　　恩培多克勒知道光的傳播需要時間，也知道月光是反射的。儘管我們不清楚他是怎樣獲得這些知識的。他的宇宙觀建立在以外部的「衝突」和內部的「愛」結合其他元素推動世界的循環理論上。「衝突」不斷地排擠「愛」，直到其他元素分離，「愛」也不見了蹤影；然後再反過來，世界又回到起點。

　　與這種循環論相關聯的是他的生命觀。在循環的最低階段，當「愛」侵入球體時，各種不同的動物紛紛產生；當「衝突」消失後，就遵循「適者生存」的原則，任由各類事物自由發展組合；當「衝突」出現時，分化就開始了，我們人類的世界處在這個過程的高級階段，更多地為「適者生存」的進化原則所支配。

　　最後，我們必須注意到恩培多克勒對醫學和生理學的興趣。他從畢

達哥拉斯學派的弟子——克羅頓的阿爾克邁翁（Alcmaeo）醫生[024]那裡，吸取了下述理論：健康就是對立因素之間的適當平衡；如果其中一個因素占了上風，就會出現疾病。同樣，他還接受了氣孔理論，即整個人體透過氣孔進行呼吸，正是這些氣孔使我們有了感性知覺。特別是他的視覺理論，在很長的時期裡都處於主導地位。該理論提出了這樣的觀點：視覺是所視物體中流出來的東西與眼裡發出的光交會的結果。

恩培多克勒的宗教觀念繼承了奧菲斯傳統，與其哲學相去甚遠，因此我們不必在這裡多作停留。然而，讓人感興趣的是，在他的宗教著作中，似乎提出了某些與其世界觀不一致的觀點。這種差異是常見的，特別是在那些沒有對自身信仰進行批判性驗證的人當中更是頻頻出現。要同時接受兩種相互矛盾的觀念，確實不大可能；但有的人就喜歡今天相信這個，明天又相信完全相反的另一個，而從不懷疑其中可能存在著不一致的地方。

現在要說到的故事將把我們帶回到西元前 5 世紀，許多只能在前蘇格拉底哲學中討論的問題，實際上在蘇格拉底時代也出現了，因此我們常常不可避免地在某些方面有些重複。為了說明彼此的相互關聯，我們不得不常常超越純粹的編年史界限。這是一個困擾著一切歷史研究的難題，因為歷史不會考慮為編年史的作者們提供便利。

過一會，我們還將更加具體地提到雅典。現在，我們必須對西元前 5 世紀希臘的社會政治背景作簡單的介紹。儘管波斯戰爭使希臘人對自己的語言、文化及國家之間的關聯有了更深刻的理解，但是城邦仍然是利益的中心。除了所有操希臘語的人共同的傳統外，每個城市都持續地

---

[024] 西元前 6 世紀，阿爾克邁翁醫生曾進行人體解剖，指出腦是思想和感覺器官。他被認為是第一個以科學精神從事解剖的人。——譯者注

保持著各自的地方習俗。荷馬史詩算是他們的共同遺產，但是斯巴達與雅典 [025] 的區別，就像監獄和操場的區別一樣大，它同樣有別於科林斯或提佛 [026]。

　　斯巴達的發展將自己帶到了一個獨特的轉捩點。由於人口膨脹，斯巴達人被迫向外擴張，征服了附近的邁錫尼部落，並將他們變成奴隸民族，結果，斯巴達國家逐漸成為一個軍事帝國。它的政府設有一個公民大會，大會選舉出元老院，並任命兩名執政官或監察官。另外，還有兩位國王，他們來自不同的貴族家庭，不過實權掌握在執政官手中。斯巴達教育的全部目的就在於培養出嚴守紀律的士兵。斯巴達以窮兵黷武聞名於整個希臘，的確，它有一支令人生畏的軍隊：列奧尼達一世（Leonidas I）和他的三百士兵在溫泉關頑強抵抗薛西斯一世（Xerxes Ⅰ）統率的波斯軍隊，這肯定算得上最值得紀念的歷史功績之一。斯巴達人不是感情脆弱、病態的民族，他們紀律嚴明，善於抑制個人情感。為了不削弱種族的活力，他們遺棄畸形嬰兒。孩子們很小的時候就得離開父母，到類似於兵營的機構裡接受訓練。女孩的待遇基本上和男孩一樣，當時的婦女在多數情況下享有平等的社會地位。柏拉圖的許多理想國的觀念都是受到了斯巴達範例的影響。

　　科林斯城位於地峽之上，主導著貿易和商業。它由一個寡頭統治，曾參加過斯巴達領導下的伯羅奔尼撒聯盟。科林斯人雖然偶爾也參加波斯戰爭，但他們沒有行使過領導權，他們對做生意更有興趣。科林斯並不以出政治家和思想家而聞名，倒是以娛樂場所著稱於世。它是希臘所有的殖民

---

[025] 二者均為古希臘著名城邦。這兩個城邦操著相同的語言，其制度和思想卻有天壤之別：斯巴達人崇尚國家和紀律，雅典人則追求自由和民主。——譯者注
[026] 二者均為古希臘城邦。其中科林斯位於伯羅奔尼撒半島的東北，臨科林斯灣。它是希臘本土和伯羅奔尼撒半島的連接點，又是穿過薩羅尼科斯和科林西亞灣通向愛奧尼亞海的航海要道。既是交通要地，又是戰略重地。提佛坐落在雅典西北部的玻俄提亞平原上。——譯者注

地中最有名的大都市之一，在它與西西里島的敘拉古之間，沿科林斯海灣有一條受到保護的航道，它與廣義上的大希臘有著活躍的貿易往來。

在西西里島，希臘人的近鄰是強盛的迦太基的腓尼基城。在薛西斯入侵希臘的同時，迦太基人也在西元前 480 年試圖侵犯該島。但是資源豐富的敘拉古在領袖的領導下，挫敗了這種企圖，正如希臘大陸在偉大君主的領導下，一次又一次消除了被征服的危險一樣。

在西元前 5 世紀的發展過程中，雅典逐漸取代了科林斯，這無疑是伯羅奔尼撒戰爭 [027] 的導火線，然而正是災難性的敘拉古戰役使雅典最終敗北。

在雅典西北部的玻俄提亞平原上，坐落著古城提佛，伊底帕斯（Oedipus）的傳說就和這座城市有關。西元前 5 世紀，提佛也是由一位貴族寡頭統治著。它在波斯戰爭 [028] 中所發揮的作用不值一提。在戰前，提佛人與列奧尼達一世並沒有分裂，但當薛西斯率領波斯軍隊入侵國土時，他們卻在普拉提亞站到了波斯人一邊。為了懲罰他們的背叛行為，雅典人剝奪了他們在玻俄提亞的領導權，並且從此以後有些蔑視提佛人。但是，隨著雅典的勢力不斷成長，斯巴達和提佛結成了聯盟，與之抗衡。在伯羅奔尼撒戰爭中，儘管提佛周圍的鄉村遭到了波斯軍隊的蹂躪，但他們還是堅持與雅典為敵。然而當斯巴達人獲得勝利時，他們卻改變立場，轉而支持雅典。

在希臘，絕大多數城邦都控制著它們的周邊地帶。那些生活在鄉村

---

[027] 以雅典為首的提洛同盟與以斯巴達為首的伯羅奔尼撒聯盟之間的一場戰爭。從西元前 431 年一直持續到前 404 年，最後斯巴達獲勝。這場戰爭結束了希臘的民主時代。幾乎所有希臘的城邦都參加了這場戰爭，其戰場幾乎涉及了整個當時希臘語世界。在現代研究中也有人稱這場戰爭為古代世界大戰。 —— 譯者注

[028] 西元前 6 世紀至前 4 世紀，波斯國王薛西斯（Xerxes）對亞洲、北非、黑海北部沿岸地區和巴爾幹半島各民族進行的征服性遠征。 —— 譯者注

的人耕種田地，而政府的權力卻集中在城裡。公民們都有機會參與公共事務，而且這種參與意識十分普遍，一個不關心政治的人會受人鄙視，會被人稱為「白痴」。在希臘語中，這是「自私自利」的意思。

　　希臘的土地不適合大面積耕種，當人口激增時，他們就必須從外地進口糧食。這種供給的主要來源就是黑海沿岸附近的那些地方，幾個世紀以來，希臘人在那裡建立起了大量的殖民地。作為交換，希臘人向外出口橄欖油和陶器。

蘇格拉底之死

　　希臘人強烈的個性展現在他們對法律的態度上。在這方面，他們非常獨立，完全不同於同時代的亞洲人。在亞洲，統治者的權威來自法律，他們的法律是神授的；而希臘人認為法律是人制定的，而且是為人服務的，如果某項法律不再符合時代的需求，就可以透過一致同意的方式加以修正；但是，只要這項法律得到了公民的共同支持，那就必須遵守。在守法方面，最經典的範例就是蘇格拉底拒絕逃避雅典法院對他的死刑判決 [029]。

---

[029] 大約西元前 399 年，蘇格拉底因「不敬國家所奉的神，並且宣傳其他的新神，敗壞青年」的罪名被判死罪。在收監期間，他的朋友買通了獄卒，勸他逃走，但他決心服從國家的法律，拒絕逃走。 —— 譯者注

希臘人在法律上的獨立性，也意味著不同的城市有不同的法律，人們無法以和平的方式解決城市間的爭端，因為沒有統一的權威標準。

　　內部的相互忌妒和破壞性的個人主義，使得希臘人之間存在著嚴重的分歧，國家也一直無法實現穩定。希臘曾先後為亞歷山大和羅馬所征服。但是，它擁有一種允許其作為文化整體留存下來的制度和理想。我們在前面說到過它的民族史詩，除此之外，還有別的一些文化關聯。所有希臘人都敬畏科林斯海灣北部山頂上的德爾菲神廟[030]，並且以某種方式遵守德爾菲的神諭。

　　德爾菲是阿波羅神的膜拜中心，而阿波羅神象徵著光明與理性。在古代傳說中，阿波羅（Apollo）殺死了代表黑暗的神蟲培冬（Python），人們因此修建了德爾菲神廟來紀念他的功績。阿波羅神為希臘各神的各種成就提供保護，同時，阿波羅崇拜還含有一種與淨化儀式相關的倫理傾向。阿波羅神自己也不得不為戰勝培冬時染上的癘氣贖罪，現在他又向那些以血跡玷汙自身的人們提供幫助。只有一種罪不能得到寬恕，那就是弒母罪。不過有一件事成了雅典人自信心增強的一個明顯的徵兆，那就是他們在艾斯奇勒斯[031]（Aeschylus）的悲劇中發現，俄瑞斯忒斯（Orestes）有這種罪名，卻被雅典娜（Athena）和阿瑞俄帕戈斯法庭宣判無罪。另一座主要的阿波羅神廟位於德羅河島上，該島曾是愛奧尼亞部落的一個宗教聚會點，還一度是德羅斯聯盟的金庫所在地。還有一種

---

[030]　世界聞名的古蹟，位於距雅典 150 公里的帕那索斯深山中。1987 年聯合國教科文組織將之列入《世界遺產名錄》。它主要由阿波羅太陽神廟、雅典女神廟、劇場、體育訓練場和運動場組成，其中最有名的是太陽神阿波羅的神廟。古希臘人認為，德爾菲神廟是地球的中心，是「地球的肚臍」。—— 譯者注

[031]　艾斯奇勒斯，古希臘悲劇詩人，西元前 525 年出生於希臘阿提卡的埃琉西斯。與索福克里斯和尤里比底斯一起被稱為是古希臘最偉大的悲劇作家，有「悲劇之父」「有強烈傾向的詩人」的美譽。代表作有《被縛的普羅米修斯》（Prometheus Bound）、《阿加曼農》（Agamemnon）、《復仇女神》（Eumenides）等。—— 譯者注

偉大的泛希臘風俗，就是在西伯羅奔尼撒舉行的奧林匹克運動會，運動會每4年舉辦一次，而且在舉辦期間，任何其他活動，包括戰爭，都得停下來。再沒有比獲得奧林匹克比賽的勝利更偉大的榮譽了。優勝者將戴上桂冠，其所在城市還要在自己的奧林匹亞神殿裡立一尊雕像以茲紀念。第一次競賽是在西元前776年，從那以後，希臘人就用奧林匹克運動會的4年週期來計算年代。

　　奧林匹克運動會是希臘人重視身體價值的一個生動證明，也是強調和諧的一個典型特徵。人既要有肉體又要有思想，兩者都必須受到訓練。值得我們牢記的是，希臘思想家與我們現代社會那種繼承了中世紀學究傳統的象牙塔裡的知識分子有著本質的區別。

希臘奧林匹亞遺址

　　最後，我們還必須多費點筆墨來講講奴隸制度。人們常說希臘人不善於實踐，因為怕實踐會弄髒他們的手，於是把這種消遣遺留給了奴隸們。再沒有什麼比這樣的總結更容易誤導人的了。有證據清楚地說明事

實並非如此，這些證據就是關於他們科學成就的紀錄和雕塑，還有建築遺跡。無論如何，對奴隸的重要性是不應猜想過高的，即使那種認為紳士不必動手的勢利觀念真的存在。是的，在勞林山銀礦工作的奴隸們遭受著非人的待遇，但整體而言，城市裡的奴隸並沒有遭到有意的殘酷對待，其中一個原因就是，奴隸太有價值了，特別是當他還精通某項手工藝的時候。許多奴隸最終都成了自由人。大規模的奴隸制出現在西元前 5 世紀後的希臘。

知識實驗和發明的突然大量湧現，也許是西元前 5 世紀最令人驚嘆的事件了，無論在藝術領域還是哲學領域都是如此。19 世紀的雕塑在形式上還在生搬硬套埃及原型，而現在卻突然貼近了生活。在文學方面，舊的形式主義傳統變成了生動活潑的希臘戲劇。一切都在擴展，似乎沒有什麼是希臘人做不到的。這種強大的自信心在索福克里斯 [032]（Sophocles）的《安蒂岡妮》（Antigone）的著名開場白中表現得尤為充分：「雖然存在著很多強大的生物，但牠們誰也比不上人強大。」到了後來的時代，這種豪情消失了，但是在近代文藝復興時又得到了恢復。在義大利人文主義者阿伯提 [033]（Alberti）的作品中，我們可以看到有關人的地位的極為相似的觀點。

這個充滿勃勃生機的時代並沒有冷靜客觀地評價自身，過分的自信很容易使人產生毀滅性的傲慢。正是那個世紀的後期，蘇格拉底開始提醒人們注重善的形式。

---

[032] 索福克里斯（西元前 496 年 - 前 406 年），古希臘劇作家，和艾斯奇勒斯、尤里比底斯並稱古希臘三大悲劇作家。大致生活於雅典奴隸主民主制的全盛時期，在悲劇創作領域相當高產，一生共寫過 123 個劇本，如今只有 7 部完整地流傳下來。他於 27 歲時首次參加悲劇競賽，即戰勝了著名的艾斯奇勒斯，並保持這一榮譽 20 餘年。—— 譯者注

[033] 阿伯提（西元 1404 年 -1472 年），文藝復興時期義大利的建築師、建築理論家、作家、詩人、哲學家、密碼學家，是當時的一位通才。他將文藝復興建築的營造提高到理論高度。著有《論建築》（De re aedificatoria），是當時第一部完整的建築理論著作。—— 譯者注

這就是希臘文明達到無與倫比的高度的歷史背景，它以和諧的宗旨為基礎，雖然受到內部衝突的破壞，但這卻最終使它顯得更加偉大。儘管它從未發展成一個強而有力的泛希臘化國家，但它征服了所有曾經占領過希臘國土的人，直到今天，它還保持著西方文明的整體框架。

　　第一位到雅典來生活的哲學家是阿那克薩哥拉（Anaxagoras），從波斯戰爭結束到那個世紀的中葉，他在那裡住了將近 30 年，但他卻是一位克拉佐美納伊的愛奧尼亞人。阿那克薩哥拉繼承了米利都的愛奧尼亞學派的興趣，他的家鄉在愛奧尼亞人起義時被波斯人占領，他大概就是隨著波斯軍隊一起來到雅典的。據史料記載，他在雅典當了一名教師，還和伯里克里斯（Pericles）成了朋友。甚至有人說，尤里比底斯（Euripides）曾經是他的學生。

　　阿那克薩哥拉關心的主要是科學和宇宙論方面的問題。我們至少知道一個證據可以證明他是一位敏銳的觀察家。西元前 468 年至西元前 467年間，有一塊體積很大的隕石墜入了埃果斯波達莫斯河。他無疑正是以這個現象作為部分依據，提出了星辰由發光的灼熱石塊構成的觀點。

　　雖然他在雅典結交了一些有權勢的朋友，但還是引起了狹隘的雅典保守者的厭惡。獨立的、非大眾化的思想在多數時代都是危險的。當它與那些自以為是的人的偏見相牴觸時，就可能給「異教徒」們帶來一種實實在在的危險。阿那克薩哥拉年輕時曾經傾向於波斯人這一事實，使得情況變得更為複雜。直到 2,500 年後的今天，這種情況也似乎並沒有多大的改變。無論如何，阿那克薩哥拉因被指控不敬神和歸順波斯而受到了審判。至於他受到了什麼樣的懲罰以及他怎樣逃脫，我們不得而知。也許是他的朋友伯里克里斯從獄中劫走了他，並迅速將他轉移到了別的地方。

從此以後，他在蘭薩庫斯定居下來，並且繼續講學，直到去世。特別值得稱道的是，該城的居民對他的活動持一種更開明的態度。阿那克薩哥拉肯定是歷史上唯一一個死後受到學校每年放假紀念的哲學家。他的教誨被載入課本，他的部分遺作在一些別的資料中保留了下來。後來，蘇格拉底同樣被指控犯了不敬神的罪，他對法官說，他所堅持的這種不合傳統的觀點實際上是阿那克薩哥拉的觀點，任何人只要花一個古希臘銀幣都可以買到阿那克薩哥拉的書。

　　阿那克薩哥拉的學說，正如他之前的恩培多克勒一樣，是一種消化巴門尼德批判的新嘗試。恩培多克勒認為基本物質是對立雙方的各個部分：熱與冷、乾與溼。與此相反，阿那克薩哥拉認為這樣的各個部分是按一定比例存在於一切微小物質之中的，不管它有多麼小。為了證明這一點，他求助於物質的無限可分性。正如他指出的那樣，僅僅將事物分成更小的事物，並不能使我們最終獲得不同的事物。因為巴門尼德已經證明：不能存在的東西是無論如何也不能被劃分的，也不可能透過劃分把事物變得不存在。物質無限可分的假設是非常有趣的，他首次提出了這一觀點。它的錯誤在這裡並不重要，重要的是無限可分的概念適用於空間。

　　原子論者似乎從這裡找到了一個起點，後來提出了虛空的概念。就其最大限度的正確性而言，假如我們認可這種假設，那麼阿那克薩哥拉對恩培多克勒的批判到此為止是最為合理的。

　　各種事物之所以不同，是因為對立雙方的某一方占了較大的優勢。阿那克薩哥拉可能會由此認為，從某個角度看，雪是黑色的，除非白色占了優勢。這在某些方面帶有赫拉克利特的特徵。對立雙方結合在一起，一切事物都可以轉變為別的事物。阿那克薩哥拉說，「世上的事物都

不是分離的，也不是用斧子從彼此間砍下來的」，他還說，「除了理性，每一個事物裡都包含著一部分別的事物，但也有一些事物包含著理性」。

這裡所說的理性或智力就是取代恩培多克勒「愛與衝突」的活動原則。理性仍然被認為是一種物質，儘管它十分罕見，十分微妙。理性不同於其他物質，因為它是純粹的，不含任何雜質的。正是理性在驅動著事物運動，對理性的擁有還能使生命體與非生命體區分開來。

關於世界的起源，阿那克薩哥拉提出了與近代思辨有某些類似的觀點，即理性在某處產生漩渦運動，由此聚積能量；各種不同的事物按照它們量的多少進行分離，沉重的大石頭被地球旋轉著拋了出去，而且拋得比別的物體更遠，由於運動速度過快，它們開始發光，這就解釋了天體的性質。和愛奧尼亞一樣，他認為存在著許多個世界。

關於知覺，他創造性地提出了知覺取決於對比反差的生物原則。因此，視覺就是光闖入了與之對立的黑暗中；過於強烈的感覺會引起痛苦和不適。這些觀點至今仍在生理學中盛行。

阿那克薩哥拉在某些方面提出了比前輩們更為精確的理論，至少有一些線索可以說明他試圖努力獲得虛空的概念。儘管他常常想使理性成為一種非物質因素，但他似乎做得不大成功。和恩培多克勒一樣，他最終也未能實現對巴門尼德的根本性批判，然而，他的無限可分設想卻在解釋世界由什麼構成方面象徵著新的進步。儘管這離「無限可分性屬於空間」的認識還有一段距離，但這段路程是留給原子論者來完成的。

我們要是想像阿那克薩哥拉是一位無神論者，那就錯了，但他的神靈觀念是哲學性的，與雅典的國教並不一致。正是這種非正統觀點使他受到了不敬神的指控，因為他把神與理性（一切運動的原動力）等同起來。這樣的觀點必然會引起政府的關注和不滿，因為它很自然地對現有

儀式活動的價值提出了質疑，因而在這方面觸犯了政府的權威。

　　我們也許永遠也不會知道為什麼畢達哥拉斯和他的學派在西元前510年被驅逐出克羅頓。不過我們能夠看出學派在什麼地方可能與正直的公民們發生衝突，要知道，畢達哥拉斯確實在干預政治，正如希臘哲學家們習慣的那樣。儘管整體而言，很多人對哲學家持一種寬容和漠不關心的態度，但當他們提出批評意見時，顯然攪亂了職業政治的局面。最讓統治者惱火的是，哲學家暗示他們其實並不像自己以為的那樣聰明。克羅頓人無疑正是出於這樣的原因，燒毀了畢達哥拉斯的學校。但是，為此而焚燒學校或人的行為恰恰證明了他們對非正統觀念的無奈。災難的結局雖然是原來的學校被毀，但是這些非正統觀念卻使那些返回希臘的倖存者們的活動更加廣為人知。

　　我們已經知道，伊利亞學派的創始人最初是畢達哥拉斯學派的一名追隨者。後來，伊利亞哲學家芝諾對畢達哥拉斯數字論進行了破壞性攻擊。因此，了解這種理論的內容是十分重要的。數被認為是由單元構成，單元又由點來表示，點則具有空間度，這種觀點是說，一個單元會占據一個位置，即它具有某些度，無論是什麼樣的度。這種數的理論在處理有理數時是很有效的，因為總是可以以這種方式選擇一個有理數作為單元，任何一個有理數都是單元的整倍數。但是，當我們遇到無理數時，這種理論就失靈了。無理數是無法用這種方法測量的。值得注意的是，「無理」是從希臘語譯過來的詞，它的本義是「不可測量」，而不是「沒有理性」。為了克服這種困難，畢達哥拉斯冥思苦想，發明了一種用連續的近似值找出這些難以捉摸的數字的方法。我們在前面說到過這種連分數的解釋。在這種數列中，我們可以透過遞減數的量，使近似值大於或小於精確值，但是在本質上，這個過程是無限的。無理數的目標是

這個過程的極限。這種觀點使我們能夠像接近極限一樣，獲得有理數的近似值。這一特性實際上與現代極限的解釋是一致的。因此，數的理論可以按照這些方法設計出來，但是離散數與連續量之間的根本混淆被單元的概念掩蓋了。這一點直到畢達哥拉斯將此理論應用於幾何學時才暴露出來。其中有哪些難題，我們將在討論芝諾的批判時讀到。

畢達哥拉斯在數學方面的另一主要遺產是他的理念論。後來，蘇格拉底吸收和進一步發展了這一理論。如果柏拉圖的話可信，那麼這種理論也受到了伊利亞學派的有效批判。我們已經初步知道了這種理論的數學起源。拿畢達哥拉斯的定理來說，要想絕對精確地畫出一個直角三角形，並在它的每個邊畫出正方形，然後測量它們的面積，這完全是徒勞。就算畫得再精確，也不可能完全精確，實際上永遠也做不到這一點。這樣的圖形是不能證明其定理的，因為要想證明它，我們需要有一個不能被畫出來、而只能被想像的完全精確的圖形。任何實際的圖形必然在一定程度上忠實地反映了我們腦子裡的圖像，這就成了理念論的一個包袱，也成了晚期畢達哥拉斯學說中著名的一部分。

我們已經知道畢達哥拉斯是怎樣從調和弦的發現中提出和諧原則的。在這個基礎上，他還提出了健康就是對立面之間的某種平衡的醫學理論。後期畢達哥拉斯學派進一步發展了這一理論，並將和諧概念應用於靈魂，按照這種觀點，靈魂是肉體的一種和諧。這樣，靈魂就成了肉體有序狀態下才具有的一種功能。如果肉體組織壞掉，肉體分解，靈魂也就隨之消失。我們可以把靈魂看做某件樂器上張開的弦，將肉體看做安裝弦的骨架。如果骨架遭到破壞，那麼弦就會鬆弛，失去和諧。這種觀點和早期畢達哥拉斯學派在這個問題上的概念有所不同：畢達哥拉斯似乎相信靈魂的輪迴，而其後來的信徒們卻認為靈魂必會像肉體一樣消亡。

在天文學方面，後期畢達哥拉斯學派提出了一個十分大膽的假說。根據這個假說，世界的中心不是地球，而是一團作為中心的火，地球是圍繞這團火轉的一顆行星。不過我們看不見這團火，因為我們所處的地球這一面始終背向該中心。他們認為太陽也是一顆行星，它的光芒是對中心火的反射。這個假說向著後來阿里斯塔克斯[034]（Aristarkhos）提出的「日心說」邁進了一大步。但是，畢達哥拉斯學派提出的理論在形式上卻存在著如此多的難點，以至於亞里斯多德又重新堅持地球是平面的觀點。由於亞里斯多德在其他問題上的權威，這個觀點竟然取代了正確的觀點，在後來的時代裡盛行，而該理論的來源卻被人們遺忘了。

在事物構成理論的發展上，畢達哥拉斯看到了許多早期思想家所忽視或誤解的一個特徵，那就是虛空的概念。如果沒有虛空，則不可能對運動做出滿意的解釋。在這方面，後來的亞里斯多德再一次退步，他認為「自然憎恨虛空」。而原子論者則認為，他們必須尋找物理學理論發展的真實脈絡。

同時，畢達哥拉斯學派試圖吸收恩培多克勒所獲得的成就。當然，他們的數學觀不允許他們把這些元素當做終極元素。於是他們達成了一種妥協，這就奠定了物質構成的數學理論基礎。現在，他們認為元素是由規則的、立體狀的粒子構成的。在柏拉圖的《蒂邁歐篇》（Timaeus）中，這一理論得到了進一步的發展。「元素」一詞本身很可能就是由後期畢達哥拉斯學派的思想家們創造出來的。

在這方面，任何一位唯物主義者也不曾對巴門尼德的批判做出過完

---

[034] 古希臘文獻學家，曾任亞歷山卓圖書館的館長。於西元前 3 世紀首次測算太陽和月球對地球距離的比例，包括太陽、月球和地球大小之比，又提出太陽是宇宙中心和地球繞太陽運轉的主張。此外，他還確定了八大詞類：名詞、動詞、分詞（兼有名詞動詞的特點）、冠詞、代詞、前置詞、副詞和連詞。——譯者注

全令人滿意的應戰努力。不管伊利亞學說本身有什麼樣的缺陷，事實依然存在著，僅僅增加基本物質的種類是無法找到解決辦法的。巴門尼德的信徒們提出的一系列論據，強而有力地說明了這一點。他們當中最重要的一位哲學家就是伊利亞的芝諾，他大約生於西元前 490 年，是巴門尼德的同鄉和追隨者。我們除了知道他對政治感興趣外，還知道一個重要的事實，就是他和巴門尼德曾經在雅典會晤過蘇格拉底。這是柏拉圖說的，我們沒有理由懷疑。他前面已經說過，伊利亞學說產生了一個令人吃驚的結論，因而很多人都在試圖彌補這種唯物論。芝諾試圖論證，如果伊利亞學說都違背了常理的話，那麼其他聲稱能夠打破這一僵局的理論只能產生更加奇怪的難題。芝諾沒有直接為巴門尼德辯護，而是使對手陷入自相矛盾的境地。他從對手的假設入手，運用演繹論證法來證明對手的假設裡包含了不可能的結論，從而說明這樣的假設無法成立，在事實上予以推翻。

這種論證法和我們討論阿那克西曼德的進化論時提到的歸謬法很相似，但有一個重要的不同。一般歸謬法會這樣論證：既然結論在事實上錯了，那麼必然有一個前提在事實上也錯了。

在另一方面，芝諾試圖證明，從一個給定的假設中，人們可以推出兩個相互矛盾的結論，也就是說這些結論不僅在事實上不真實，而且也不可能，因而他論證說，產生這種結論的假設本身也是不可能的。這種論證法不用在結論和事實之間作任何比較就可以進行下去。從這個意義說，它在問與答的範圍內是純粹辯證的。芝諾是第一次系統地運用了辯證法的人，而辯證法在哲學中具有非常重要的作用。蘇格拉底和柏拉圖從伊利亞學說中繼承了它，並按各自的方式加以發展。正是從那時起，辯證法在哲學中占據了顯著的地位。

　　芝諾論證主要是為了顛覆畢達哥拉斯的單元概念。與此相關的是，他還提出了否定虛空和否定運動可能性的論證。

　　我們先看一看他是如何論證單元概念的謬誤性的。芝諾說：任何存在的事物必然具有某種量值。如果完全沒有量值，它就不可能存在。同樣，事物的每一部分也具有一定量值。他還繼續提出，這種說法一時或一直都是正確的。這是一種介紹無限可分性的簡單辦法；不能說任何部分是最小的，否則，事物那麼多，這些部分將不得不同時既是大的又是小的。實際上，它們必須小得沒有尺寸，因為無限可分性表示了事物的部分是無限多的，這就要求單元沒有量值，因而所有單元的總和也沒有量值。但同時，單元又必須有某種量值，因此事物的大也是無限的。

　　這個論證很重要，它說明畢達哥拉斯數的理論在幾何學中失敗了。如果我們在思考一條線，那麼按照畢達哥拉斯的理論，我們應該能說出線裡面存在著多少個單元。顯然，如果我們用無限可分性來假設，單元理論立即就會瓦解。同時，我們還應該知道很重要的一點，就是它並不是證明了畢達哥拉斯的錯誤，而是證明了不能同時既接受單元理論又接受無限可分性；換言之，它們是不相容的，必須拋棄其中一個 —— 由於數學需要有無限可分性，所以畢達哥拉斯的單元理論必須拋棄。另一個值得注意的問題就是歸謬法本身。一個有意義的單一命題是不會產生不相容的直接結論的，只有當它和別的命題結合在一起時，才可能產生矛盾。這就是說，在兩個不同的論證中，當其中一個的附加命題與另一個的附加命題不相容時，矛盾才會產生。現在，我們就有兩個論證：第一，事物是很多的，單元沒有大小，因而事物沒有大小；第二，事物是很多的，單元有大小，因而事物在尺寸上是無限的。兩個不相容的附加前提就是：單元沒有大小和單元有一定大小。顯然，在任何一種解釋中，結

論都將是荒謬的。因為每個論證的前提都有錯誤，錯的正是畢達哥拉斯的單元理論。

為了替巴門尼德反對虛空的理論進行辯護，芝諾提出了一個新的論證：如果真的存在空間的話，那它必然包含在什麼東西裡面；這只能意味著還有更多的空間，由此類推，多到無窮。但是芝諾並不甘願接受這種「退步」，於是他得出一個結論：不存在空間。這實際上是否定了「空間是一個空容器」的觀點。按照芝諾的觀點，我們絕不可能把物體和它所處的空間區分開來。顯然，容器理論與巴門尼德的球體理論是相牴觸的。因為，假設世界是一個有限的球體，那麼就意味著它存在於虛空之中。芝諾在此試圖維護老師的理論，但令人懷疑的是，當他談到一個有限的球體時，如果球體之外什麼也沒有，那他的話是否還有意義呢？

這種可以一再重複的論證叫「無限迴歸」，它並不總是引出矛盾的結論，事實上，現在已經沒有人反對這樣的觀點了：任何空間都是更大空間的一部分。對芝諾來說，之所以會出現矛盾，是因為他想當然地認為「存在是有限的」，因此他才會陷入這種「謬誤性的無限迴歸」。

實際上，這種謬誤性的迴歸論證就是某種形式的歸謬法，它揭示了論證的基礎與別的某個真命題是不相容的。

芝諾最著名的論證就是關於運動的四個悖論，其中最重要的是阿基里斯（Achilles）與烏龜的故事。在這裡，他再一次間接地為巴門尼德的理論做了辯護。但由於他們自己的理論也無法解釋運動，於是他把失敗推給了畢達哥拉斯學派，讓他們去尋找更好的解決辦法。他的論證是這樣的：如果阿基里斯與烏龜賽跑，那麼他永遠也不可能超過對手。假設烏龜在跑道上先跑一段距離，那麼當阿基里斯跑到烏龜的起點時，烏龜將跑到更前面的某個位置；而當阿基里斯追到那個新位置時，烏龜又

跑到了稍前一點的某個位置。這樣，每當阿基里斯接近烏龜的前一位置時，這個討厭的小傢伙又已經跑到前面去了。

當然，阿基里斯會離烏龜越來越近，但他永遠也不可能超越牠。我們應該知道，芝諾的論證是直接針對畢達哥拉斯學派的。因此他利用了該學派的假設，即一條線是由很多單元或點組成的。這就等於說，無論烏龜跑得多慢，牠在賽跑前就已經跑了一段無限長的距離。這是另一種論證方式，前提就是事物在尺寸上是無限的。

儘管我們不難發現這個結論的錯誤之處，但很顯然，作為畢達哥拉斯單元理論的反對意見，他的論證是無懈可擊的。我們只有拋棄了單元觀點，才能提出一個顯示該結論錯在哪裡的無限級數理論。比如，一個級數裡包含了許多個以某個常數遞減的項，就像比賽中各連續路程的長度一樣，我們可以由此算出阿基里斯將在什麼地方追上烏龜。我們把這樣一個級數之和定義為某個數，無論有多少個項，無論項有多大，它們的總和都絕不會超過級數之和。但是，如果有足夠多、足夠大的項相加，那麼它們的和就會越來越接近級數之和。對一個給定的級數來說，我們無須證明就可以指出，必定有一個，而且只有一個這樣的數。賽跑中涉及的這種級數就是幾何級數。今天，任何熟悉初級數學的人都能夠處理好這個問題。但我們不要忘了，正是由於芝諾的批判性工作，才使充分的連續量理論有了發展的可能；該理論是和數的基礎，如今對我們來說卻像孩子的遊戲一樣簡單了。

芝諾的另一個悖論（有時被稱為「跑道論」）揭示了辯證攻擊的另一面。論證是這樣的：我們絕不可能從跑道的一邊跨到另一邊去，因為這意味著我們必須在有限的時間內越過無限多的點。說得更明瞭一些，就是我們在到達任何一點之前，必須先到達半個點的位置，由此類推，沒

有窮盡。因此，我們永遠也不可能起跑。這一論證，加上阿基里斯與烏龜的論證，說明了已經起跑的人永遠也不可能停下來，從而推翻了一條線上包含著無限多單元的假說。

透過假設一條線包含著有限的單元來進行彌補。我們先以三條長度相等的平行線為例，它們都由同樣多的有限的單元構成。讓其中一條在原地不動，另外兩條則以相同的速度向相反方向移動。透過這種方式，當兩條移動的線經過靜止的那條線時，三條線並位於在一起。兩條移動線之間的相對速度是任意一條移動線與靜止線之間相對速度的 2 倍。現在，根據進一步的假設來論證，即時間和空間都是由許多單元構成的，那麼透過計量在給定時間內經過某一給定點的距離點數，就可以計算出速度來。當一條移動線經過靜止線長度的一半時，它就經過了另一條移動線的全長。因此，後一時間就是前一時間的兩倍。但是，為了到達相互並列的位置，兩條移動線得花同樣的時間。於是兩條移動線的速度似乎是它們實際移動速度的 2 倍。這個論證有點複雜，因為我們通常不是從距離上，而是從時間上思考速度的。但它確實是對單元理論的極合理的批判。

最後是關於飛矢的悖論。飛行中的箭在任何時候所占的空間都和它自身體積相等，因此它是靜止的，而且是永遠靜止的。這就是說運動甚至不可能開始，但前一個悖論說的卻是運動總要比實際速度快。芝諾正是用這一論證否定了畢達哥拉斯的離散數量理論，並為連續量理論打下了基礎，這也正是維護巴門尼德連續球體理論所必須做的。

伊利亞學派另一位重要哲學家是薩摩斯的麥里梭（Melissus），他和芝諾是同時代的人。關於他的生平，我們只知道他是薩摩斯起義時期的一位將軍，在西元前 441 年打敗了一支雅典艦隊。麥里梭對巴門尼德理

論的一個重要方面進行了修正。我們知道，芝諾為了維護老師的尊嚴，不得不一再堅持否認虛空。但是，把存在說成是一個有限的球體，也是不可能的。因為這暗示著球體之外還有別的什麼東西，或者說還存在著虛空。一旦否認了虛空，我們將被迫把物質世界看成在所有方向上都是無限的。這就是麥里梭得出的結論。

麥里梭在為伊利亞學派的「太一」理論作辯護時，幾乎預見到了原子論。他辯論說，假如事物是很多的，那麼每一事物本身必定像巴門尼德的「太一」一樣。因為任何事物都不可能形成或消亡，所以唯一可以成立的理論就是把巴門尼德的球體分解成許多小球體，這樣，很多事物才能產生，而這正是原子論者至今仍在繼續進行的課題。

芝諾的辯證法主要是破壞性地攻擊了畢達哥拉斯的觀點，同時也為蘇格拉底的辯證法，特別是為我們後面將遇到的假說方法奠定了基礎。而且，他首次針對某個具體問題，系統性地運用了嚴密的論證。伊利亞學派可能對畢達哥拉斯的數學深有研究，因而他們希望在該領域看到這種方法得到應用。遺憾的是，很少有人知道希臘數學家們分析時所用的實際方法。但是顯然，西元前 5 世紀後半葉數學的迅速發展，與論證的既定原則的出現有關。

我們怎樣才能從根本上解釋這個變化無常的世界呢？顯然，解釋的真正本質是它自身的基礎不能變化無常。最早提出這個問題的是早期的米利都學派，我們已經了解到，後來的學派逐漸對這個問題進行了修正。後來，另一位米利都派哲學家對此作了最後的回答，他就是留基伯 [035]（Leucippus）。我們除了知道他被譽為「原子論之父」外，不知道

---

[035] 留基伯（約西元前 500 年 - 前 440 年），古希臘唯物主義哲學家，原子論的奠基人之一。他是德謨克利特的老師，率先提出原子論（萬物由原子構成）。其學說受到泰利斯、芝諾、恩培多克勒、阿那克薩哥拉等四位思想家和哲學家的影響。── 譯者注

他還有哪些重要成就。原子論是伊利亞學說的直接產物，麥里梭幾乎是偶然間發現它的。

留基伯的理論在「一」和「多」之間達成了妥協。他採用無數粒子作為組成部分的概念，每個粒子都具有巴門尼德球體的特徵：堅固、立體、不可再分。這就是「原子」，就是那些不可分割的東西。它們總是在虛空裡運動著。所有原子的成分都被假設為相同，但在形態上可以有所不同。所說的這些粒子不可分割的特性，是指無法用物理方式將它們分解，它們所占的空間在數學上當然可以無限地分割下去。我們之所以無法用普通方法看見原子，是因為它們極其微小。現在，我們可以對事物的形成和變化進行解釋了，正是由於原子的種種重新組合，世界才有永遠變化的一面。

如果原子論者使用巴門尼德的語言，那他們就不得不說「不存在」和「存在」同樣真實。換言之，空間之類的東西是存在的。至於那究竟是什麼，就不好說了。我認為在這方面，今天的人們並不比古希臘人進步了多少。我們真正有信心說出的一切就是，在某種意義上，幾何學是適用於虛空的。唯物主義早期的困難正是在於他們堅持認為萬物應該是有形的。巴門尼德也許是唯一對虛空概念有明確理解的人，當然，他否認了虛空的存在。同時，必須了解的是，「不存在的是存在的」在希臘語裡並不等於措辭上自相矛盾。以下事實就是線索：在希臘語中，有兩個表示「不」的詞，一個是範疇性的，如陳述句「我不喜歡……」；另一個是假設性的，用以表示命令、願望等。這個假設性的「不」出現在伊利亞人的短語「不存在」裡面。要是範疇性的「不」用在「不存在的是存在的」這句話裡，當然就會使人莫名其妙。由於英語裡沒有這種區別，因此難免要在這裡說一些題外話。

人們經常會問，古希臘人的原子論是透過觀察得出的呢，還是黑暗中的意外收穫？他們除了哲學上的沉思以外，有沒有做別的基礎工作？這個問題的答案不像我們想像的那麼簡單。一方面，正如上面所說，原子論顯然是常識與伊利亞學說之間唯一可行的妥協，伊利亞理論是對早期唯物主義的邏輯批判。另一方面，留基伯是一位米利都人，熟知其偉大同胞及前輩們的各種理論。他自己的宇宙論就說明了這一點，因為他並沒有追隨畢達哥拉斯學派，而是接受了阿那克西曼德早期的觀點。

　　在某種程度上，阿那克西美尼的「聚散論」顯然是以觀察下述現象作為基礎的，如霧氣在光滑的地面上凝聚等。因此，這是把伊利亞學派的批判吸收到粒子理論裡的結果。原子應當服從於永恆運動的說法很可能也出自同樣的觀察，或者是對塵埃在一束陽光裡飛舞的觀察。無論如何，阿那克西美尼的理論並沒有發揮真正的作用，除非我們思考的是一大批密集的粒子。因此，那種認為希臘的原子論只是猜想的看法顯然是不對的。當近代的道耳吞（John Dalton）重振原子論時，他清楚地理解了古希臘人在這個問題上的觀點，並且發現該觀點還為他觀察化學物質按固定比例結合提供了某種解釋。

　　另外，還有更深層的理由可以證明原子論不是偶然產生的，這涉及對本身邏輯結構的解釋。我們為什麼要對事物做出某種解釋？那是為了證明所出現的現象在怎樣的情況下才是事物構型變化的結果。因此，如果我們想對某個物體的變化做出解釋，就必須指出所假設的各種成分（這些成分本身不被解釋）排列組合的變化。只要不調查原子本身，那麼原子的解釋功能就不會受到影響。如果我們要探究原子本身，那麼原子就成了經驗探索的目標，而產生解釋作用的實體則成了次原子微粒，這次又輪到次原子微粒不能被進一步解釋了。法國哲學家 E· 邁爾森（Émile

Meyerson）曾對原子論的這個方面作過非常詳盡的論述。因此，這樣的原子論是符合因果解釋的結構的。

德謨克利特（Democritus）進一步發展了原子論。他是阿布德拉人，事業的巔峰期大約是在西元前 420 年。他的特殊之處在於，他將事物的本質和表象進一步區分開來。因此，按照他的原子觀，我們所處的世界實際上是由運動的原子組成，而我們正在以各種方式體驗它。這就產生了很久以後才被稱為本初性和從屬性的區別。一方面存在著形狀、大小、物質，另一方面存在著色彩、聲音、味道等。那麼從屬性就必須根據原子自身具有的本初性來加以解釋。

在我們探討的過程中，還將多次遇到原子論，我們將在適當時候討論它的局限性。在這裡，我們只是指出原子論並不是異想天開的結果，而是經過 150 年才發展起來的、對米利都人的問題所做出的一個嚴肅的回答。

原子論除了對自然科學產生了重要作用之外，還產生了一個新的靈魂理論：和其他一切事物一樣，靈魂也是由原子構成的。靈魂的成分比別的原子更加精細，並且遍布全身。後來，伊壁鳩魯 [036]（Epicurus）及其門徒根據這個觀點，得出了這樣的結論：死亡就意味著瓦解，個人的不朽是不存在的。幸福作為生命的終極目標，就存在於靈魂的平衡狀態之中。

隨著西元前 5 世紀各哲學學派的發展，出現了一些在某種意義上處於哲學邊緣的人，他們通常被稱為詭辯家。蘇格拉底輕蔑地說他們是把無理說成貌似有理的人。我們很有必要了解這種運動的形成以及它在古

---

[036] 伊壁鳩魯（西元前 341 年 - 前 270 年），古希臘哲學家、無神論者，伊壁鳩魯學派的創始人。他成功地發展了阿瑞斯提普斯的享樂主義，並將之與德謨克利特的原子論結合起來。其學說主要宗旨就是要達到不受干擾的寧靜狀態。 —— 譯者注

希臘社會發揮了什麼樣的作用。

　　哲學辯論的背景不斷變化著，人們很難看出真理到底在哪一方。務實的人沒有時間去聽那些沒有結果的爭論，他們僅僅希望問題得到積極的解決，一個沒有定論的問題只會遭到他們的詛咒。整體而言，這種狀況為詭辯家提供了用武之地，因為哲學家們相互衝突的理論使人很難相信他們的知識是可信的。此外，與其他民族廣泛交流的經歷說明，不同民族的習俗之間存在著不可踰越的障礙。希羅多德曾經說過一個軼聞：在波斯大帝的宮廷裡，各地部落的代表們會聚一堂，當他們聽說了其他部落的喪葬習俗後，都感到萬分恐懼。因為有的部落常常將屍體火化，而有的則把屍體吃掉。希羅多德在結論中引用了品達[037]（Pindar）的話：「習俗乃萬物之王。」

　　詭辯家們感到擁有知識是不可能的，所以宣稱知識並不重要，重要的是有價值的意見。當然，這裡面也包含著一定的真理，因為在處理實際事務時，成功確實是壓倒一切的想法。蘇格拉底對此提出了相反的觀點。詭辯家們感興趣的是徹底的實踐，而蘇格拉底卻認為這不夠，他認為沒有經過審驗的生活是沒有價值的。

　　在一個時期裡，希臘幾乎沒有什麼系統教育，正是詭辯家們承擔了系統教育的任務。他們都是專職教師，工作是巡迴講課或指導。他們為蘇格拉底所厭惡的行為之一就是收學費。人們也許覺得蘇格拉底在這個問題上有點不公平，因為即使是空談家也要吃飯啊。值得注意的是，直到今天，學術傳統仍然認為薪資是一種能讓教授們忘掉物質問題的聘用費。

---

[037] 品達，古希臘抒情詩人。出身貴族，以寫合唱頌歌著稱。辭藻華麗，格律嚴謹。傳世作品有40多首，內容大多為讚美希臘諸神和奧林匹克競技的獲勝者，宗教氣息濃厚。歐洲文學中的品達體頌歌，即因他而得名。── 譯者注

詭辯家們在講課時各有重視的科目。他們最值得稱道的活動只是提供了某種文字教育，但也有一些人在講授具有實踐價值的科目。隨著西元前 5 世紀民主制度的擴大，演講的能力變得日益重要起來，修辭學教師也就應運而生了。同樣，政治學教師會教學生們如何在集會上處理事務。還有辯論學教師，他們能把壞的說成好的，這種技巧在被告必須為自己辯護的法庭上十分有用，教師們會告訴學生如何歪曲論證，進行反駁。

　　把辯論與辯證區分開來是十分重要的。辯論者的目的是獲勝，而辯證者則是要努力發現真理。實際上，這就是辯論和討論的區別。

　　雖然詭辯家們在教育上承擔了重要的使命，但他們的哲學觀點不利於對真理的探索。因為他們對知識持否定態度，他們的觀點是令人絕望的懷疑主義。這種思想可以用普羅達哥拉斯[038]（Protagoras）的一句名言來概括：「人是萬物的尺度，是存在的事物存在的尺度，也是不存在的事物不存在的尺度。」因此每個人的觀點對自己來說都是真實的，人與人之間的分歧不可能用真理來判定是非。難怪詭辯家塞拉西馬柯[039]（Thrasymachus）會把「正義」定義為「強者的優勢」。

　　普羅達哥拉斯雖然放棄了對真理的探索，但出於實用的考量，他似乎還同意一種意見比另一種更好，儘管這種立場容易在被人們問到兩種意見哪一種更好時，立刻就會回到絕對真理的概念上去。無論如何，普羅達哥拉斯都是實用主義的創始人。

---

[038] 普羅達哥拉斯，西元前 5 世紀希臘哲學家，智者派的主要代表人物。約生於西元前 490 年 - 前 480 年之間，大約活了 70 歲。他出生在阿布德拉城，多次來到當時希臘奴隸主民主制的中心雅典，與民主派政治家伯里克里斯結為至友，曾為義大利南部的雅典殖民地圖里城制定過法典。一生旅居各地，收徒傳授修辭和論辯知識，是當時最受人尊敬的「智者」。—— 譯者注

[039] 柏拉圖對話中一個真實的人物，是柏拉圖《理想國》中正義理論的反對者，他認為「正義不是什麼別的，只不過是強者的利益罷了」。—— 譯者注

　　下面這個有趣的故事可以說明人們是怎樣看待詭辯家的。普羅達哥拉斯自信地認為自己的授課簡單明瞭，連傻瓜都能聽懂。他告訴一個窮學生，可以等他接到第一個訴訟案、賺到收入後再支付學費。但那個年輕人學完後卻不去開業。於是普羅達哥拉斯就把學生告上法庭，要求他支付學費。普羅達哥拉斯在法庭上說，這個學生必須付他學費，如果學生勝訴，就按原來的協定付款，如果敗訴，則按判決付款。沒想到他的學生卻說：「如果我勝訴，按照判決就不用付款；如果敗訴（即沒有獲得訴訟收入），按協定也不用付款。」

　　「詭辯家」一詞本身就有點「智者」的含義。由於蘇格拉底也是一位教師，這就難怪當時的人們會不加區分地把他也稱為詭辯家。我們已經說過，這種劃分是錯誤的。但直到柏拉圖時代，人們才正確地意識到這種差異。從某種意義上說，哲學家和詭辯家會引起人們相似的反應也是很自然的。自遠古以來，那些沒有哲學頭腦的人對哲學持著十分奇怪而多變的態度。他們一方面會把那些溫和而善良的哲學家當做無害的傻瓜或怪人 —— 他們走路望著天，問一些傻裡傻氣的問題，對人們真正關心的事不管不顧，對明智的公民應該參與的事務很淡漠；另一方面，哲學的思索又確實對既定慣例和習俗有一種深刻而不定的影響。這時候，哲學家被懷疑是企圖顛覆傳統與習俗的「異教徒」，他們沒有無條件地同意那些在別人看來已經足夠好的習慣和觀點。一旦哲學家對人們珍視的信仰提出疑問，那些不習慣這種態度的人就會感到不安，並作出憎惡和敵視的反應。蘇格拉底因此被等同於通常的詭辯家，尤其是傳授巧辯術的教師，從而被指控進行了反傳統的教學。

# 第三章

## 雅典

　　希臘哲學史上最偉大的三個人物都與雅典有關。蘇格拉底和柏拉圖出生於雅典，而亞里斯多德早年在雅典學習，後來又在雅典講學。因此，在我們討論他們的作品之前，先對他們生活過的城市作一番了解是有好處的。西元前 490 年，雅典人在馬拉松平原上孤軍擊敗了大流士（Darius the Great）的野蠻游牧部落。10 年後，希臘人又聯合起來摧毀了薛西斯的陸軍和海軍。斯巴達的一支後衛部隊在溫泉關讓波斯人遭受了重大傷亡。隨後，在雅典領導下的希臘艦隊在薩拉米斯又對敵人的海軍給予致命打擊。次年，波斯人在普拉提亞遭遇了最後的失敗。

　　但是雅典也因此荒蕪了。波斯人燒毀了城市和廟宇，那裡的人民已經四散而逃。於是，一次偉大的重建拉開了序幕。雅典在戰鬥中一馬當先，曾是戰爭的領導者，現在危險過去了，它又成了和平時期的領袖。希臘大陸的人民得救之後，接下來就是讓愛琴海諸島恢復自由。在這方面，斯巴達軍隊幾乎派不上什麼用場，因此在海灣圍困波斯大王的使命就交給了雅典海軍。這樣一來，雅典人就控制了愛琴海。以德洛斯島為中心而締結的德洛斯聯盟，最終成了雅典帝國，金庫也從德洛斯遷到了雅典。

　　雅典因共同的事業而蒙受了損失，因此它認為它的廟宇應該用公共資金來修復，這也是十分合理的事情。於是雅典人修建了擁有帕德嫩神廟及其他建築物的新「山頂之城」衛城，其遺址一直保存到今天。雅典成了希臘最重要的城市，它是藝術家和思想家匯聚之地，也是航運和商貿中心，雕塑家菲迪亞斯[040]（Phidias）為新神廟創作了大量雕像，尤其是雅典娜女神的巨像高聳於衛城，俯視著神殿的前廳和臺階。歷史學

---

[040] 菲迪亞斯（約西元前 480 年 - 前 430 年），雅典人。古希臘的雕刻家、畫家和建築師，被公認為最偉大的古典雕刻家。其著名作品為世界七大奇蹟之一的宙斯巨像和巴特農神殿的雅典娜巨像，雖然兩者均已被毀。—— 譯者注

家希羅多德從愛奧尼亞的哈利卡納蘇斯來到雅典定居，並且寫出了他的波斯戰爭史。希臘悲劇就是從參加過薩拉米斯戰役的艾斯奇勒斯開始，才進入繁榮階段的。艾斯奇勒斯在《波斯人》（*The Persians*）一劇中講述了薛西斯的戰敗，主題不是出自荷馬史詩，這在他的創作史中還是第一次。悲劇作家索福克里斯和尤里比底斯在有生之年還目睹了雅典的衰落，喜劇詩人阿里斯托芬（Aristophanes）也是如此，他那辛辣尖刻的諷刺不放過任何人。修昔底德（Thucydides）是第一位科學的歷史學家，他記錄了斯巴達和雅典的偉大戰爭，在波斯戰爭和伯羅奔尼撒戰爭之間的數十年裡，雅典在政治和文化上達到了巔峰。後人曾用一個人的名字來為這個時代命名，這就是伯里克里斯。

伯里克里斯出身貴族。他的母親是改革家克利斯提尼（Cleisthenes）的姪女，克利斯提尼開創了使雅典的政治體制更為民主的事業。阿那克薩哥拉曾經是伯里克里斯的老師。伯里克里斯逐漸擺脫了當時盛行的迷信，養成了含蓄而穩健的性格，而且有點蔑視平民。但正是在他的領導下，雅典的民主政治才得以完全成熟。當時，類似上議院的雅典最高法院已經喪失了大部分權力，除了審判殺人罪，其全部作用已被 500 人議會、市民大會和法庭所取代。這些機構所有的成員都是享受俸祿的國家官員，全部透過簡單抽籤選舉產生。新的社會服務制度在一定程度上改變了舊的傳統美德。

伯里克里斯具有成為領導者的天賦。西元前 443 年修昔底德被放逐後，伯里克里斯每年都被選為將軍之一。由於深受人民愛戴，這位極具魄力的演說家和能幹的政治家使同僚們黯然失色，伯里克里斯幾乎像獨裁者一樣統治著雅典。修昔底德後來在提起伯里克里斯時期的雅典時寫道，民主只是虛有其名，雅典實際上是被第一公民統治著。只是在伯羅

奔尼撒戰爭爆發前的幾年裡，民主黨派才開始要求更多的權力。直到那時，人們才了解到限制公民權所帶來的惡果，以及無節制地大興土木所造成的財政吃緊。由於斯巴達不滿雅典的帝國作風，戰爭爆發了，從西元前 431 年持續到了西元前 404 年，最後以雅典的徹底失敗而結束，伯里克里斯本人死於西元前 429 年戰爭爆發之初，也就是瘟疫襲擊雅典的西元前 430 年。雅典雖然在政治上衰落了，但它作為文化中心卻長盛不衰。直到今天，它仍然是人類努力追求的一切偉大、美好目標的象徵。

　　現在，我們來談談雅典人蘇格拉底。也許他是一位人盡皆知的哲學家。我們對他的生平了解不多，他大約出生於西元前 470 年，是雅典公民，幾乎一貧如洗，也不想努力賺錢。他最大的消遣就是和別人討論問題，並為年輕的雅典人講授哲學，不過他不像詭辯家那樣收取學費。喜劇家阿里斯托芬 [041] 曾在《雲》（*The Clouds*）一劇中取笑他，因此可以斷定他是雅典全城皆知的人物。西元前 399 年，他被指控從事了違背雅典人傳統的活動，被判處服毒自盡的死刑。

　　至於別的細節，我們必須依賴他的兩位學生 —— 色諾芬尼將軍和哲學家柏拉圖的著作了。其中柏拉圖的著作更重要。他在幾篇談話錄中向我們展示了蘇格拉底的生活和言論。我們從《會飲篇》（*Symposium*）中了解到蘇格拉底很容易進入失神狀態。他會在某個地方突然停住，有時陷入沉思達數小時之久。同時他又有著強壯的體格，據說他在服兵役期間，比別人更能忍受嚴寒和酷熱，也更能忍飢耐渴。我們還知道他在戰場上很英勇，有一次冒著極大的危險救了他的朋友阿爾西比亞德斯（Al-

---

[041] 阿里斯托芬（約西元前 446 年 - 前 385 年），古希臘「喜劇之父」，雅典公民。生於阿提卡的庫達特奈昂，一生大部分時間在雅典度過，與哲學家蘇格拉底、柏拉圖有往來。相傳寫有 44 部喜劇，現存《阿卡奈人》（*Acharnenses*）、《騎士》（*The Knights*）、《和平》（*Peace*）、《鳥》（*The Birds*）、《蛙》（*The Frogs*）等 11 部。　—— 譯者注

cibiades）的命，當時阿爾西比亞德斯已經負傷倒地。無論在戰爭時期還是和平時期，蘇格拉底都是一個無所畏懼的人，這一點直到他臨終時也沒有改變。他長相一般，不修邊幅，穿著又皺又破的短袖長袍，而且還總是打著赤腳。他做任何事都很從容，對自己的身體有著驚人的控制力。雖然他很少喝酒，但一旦痛飲起來，卻能讓同伴們癱倒在桌子下，而自己卻毫無醉態。

從蘇格拉底身上，我們發現了晚期希臘哲學中斯多葛學派[042]和犬儒學派[043]的先兆。和他一樣，犬儒學派不關心世俗利益；而斯多葛學派則喜歡把德行作為眾善之首。除了年輕時代，蘇格拉底並不過多地進行科學思考，而主要思考善的問題。在柏拉圖早期的一些對話錄中，蘇格拉底在這一點上的表現尤為突出，我們發現他在致力於倫理學術語的定義。《卡爾米德篇》（Charmides）提出了什麼是適度，《呂西斯篇》（Lysis）提出了什麼是友誼，《拉凱斯篇》（Laches）則提出了什麼是勇氣。雖然他沒有向我們提供那些問題的最終答案，但卻向我們表達了提出那些問題的重要性。

他本人的主要思想在這裡得以顯示。儘管他總是說自己無知，但他並不認為知識是不能獲得的東西。我們恰恰應該努力去尋求知識，因為蘇格拉底認為一個人犯錯誤或犯罪的原因正是無知。一個人只有懂得了知識，才不會犯過失。因此，無知是罪惡的首要根源。為了達到善的境

[042] 斯多葛學派，希臘時代一個有極大影響的思想派別，被認為是自然法理論的真正奠基者。它的創始人是芝諾，由於他講學的地方是在公共建築下面的柱廊，故希臘人稱之為斯多葛。其代表人物有愛比克泰德、馬可·奧理略（Marcus Aurelius）、塞內卡（Lucius Annaeus Seneca minor）等。——譯者注
[043] 犬儒學派，古希臘一個哲學學派，由蘇格拉底的學生安提尼創立，這個學派的信奉者被稱為犬儒。該學派否定社會與文明，提倡回歸自然，清心寡慾，鄙棄俗世的榮華富貴；要求人克己無求，獨善其身，近似中國的道家。最著名的犬儒學派人士是安提西尼的弟子第歐根尼。——譯者注

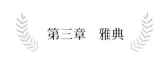

界，我們必須具備知識，所以善也就是知識。善與知識的關聯成了整個希臘思想的一個代表。基督教的倫理觀是與此完全相反的，它認為重要的是有一顆純淨的心，而無知的人心靈可能更純淨。

蘇格拉底試圖透過討論來澄清這些倫理學問題。這種以問答的方式來發現事物的方法被稱為辯證法，蘇格拉底很擅長辯證法，儘管他不是最早使用這一方法的人。根據柏拉圖的對話錄《巴曼尼得斯篇》（*Parmenides*）的紀錄，蘇格拉底年輕時曾見過芝諾和巴門尼德，並且了解了這種辯證法，後來他又傳授給了別人。柏拉圖的對話錄表示，蘇格拉底是一位具有幽默感、尖刻和機智的人。使他出名、並且令人畏懼的就是他的反諷。「反諷」是一個希臘詞，字面意思有點像英語裡的「有意識的非充分陳述」。因此，當蘇格拉底說自己無知的時候，就是在運用反諷，儘管在玩笑的背後總是隱藏著某個嚴肅的觀點。蘇格拉底無疑熟知希臘所有的思想家、作家和藝術家的成就。但是當我們面對浩瀚無邊的未知領域時，我們知道的就太少了，簡直就像一無所知。一旦清楚了這一點，我們確實可以說自己無知。

《申辯篇》（*Apology*）是蘇格拉底行為的最佳紀錄，它向我們展示了審判蘇格拉底的情形。這是他為自己所作的辯護，或者確切地說，是柏拉圖後來根據回憶記下的話，它不是一字不差的報導，而是蘇格拉底有可能說的一些話。這種報導方式並沒有什麼不同尋常之處，歷史學家修昔底德就曾很直率地使用過這種方式。因此，《申辯篇》可算是一篇歷史作品。蘇格拉底被指控為不信國教的異端，而且還以授課方式毒害年輕人。這完全是一個虛假的誣告。政府反對他是因為他和貴族派別的關聯，他的絕大多數朋友和學生都屬於這個派別。由於有大赦法，法院難以在這項指控上有所作為，所以就讓民主派政客阿尼圖斯（Anytus）、

悲劇詩人邁雷托士（Meletus）和修辭學教師呂康（Lycon）充當正式起訴人。

　　訴訟一開始，蘇格拉底就充分運用了他的反諷才能。他說指控他的人犯了強辯罪，所發表的言論華而不實。他自己已經年過七十，以前從未上過法庭，因此請求法官們容忍他不合法律程序的演說。蘇格拉底在這時還提到了一些更狡猾、更陰險的控告者，因為他們躲在幕後，更加難以捉摸。這些人一直到處宣稱蘇格拉底是「一位智者，通曉天文地理，能把壞的說成好的」。蘇格拉底回答說，他不是科學家，不像詭辯家那樣為了錢而講課，也不知道詭辯家們到底懂得些什麼。

　　那麼，人們為什麼要稱他為智者呢？因為德爾菲的神諭曾經說過，沒有人比蘇格拉底更有智慧。他也曾設法證明神諭是錯誤的，於是他找到那些公認的聰明人，向他們提出問題。他問過政治家、詩人、手藝人，發現他們沒有一個人能夠說清自己在做些什麼，沒有一個堪稱聰明。在指出別人無知的同時，他也替自己大量樹敵。終於，他明白了神諭的深意：只有神才是最有智慧的，人的智慧是微不足道的。在人當中，像蘇格拉底這樣有智慧的人卻看到了自己智慧的渺小。因此，他一生都在揭穿那假裝有智慧的人，儘管這樣做讓他成了窮人，但他必須去執行神諭。

　　蘇格拉底在質問原告邁雷托士的時候，迫使他承認整個國家除了蘇格拉底，所有的人都在使年輕人進步。但是和好人在一起應該比和壞人在一起更好，因此他不可能故意毒害雅典人，假如他無意中做了，邁雷托士應該糾正他，而不是控告他。蘇格拉底還被指控樹立了自己的新神，但邁雷托士同時又嚴屬地指責他不信神靈，這種說法顯然是自相矛盾的。

這時，蘇格拉底告訴法庭，說他的使命就是執行神的旨意，研究自己和別人，即使是冒著與國家衝突的危險。蘇格拉底的這種態度告誡我們，「對忠誠的分裂」正是希臘悲劇的主題之一。他說自己是一隻令國家厭惡的牛虻，並且說有一個來自內心的聲音始終在指引著他，它禁止，而從不命令他去做什麼。正是這種聲音阻止他參與政治，因為沒有人能夠在政治中保持長久的誠實。原告們沒有提出讓他的任何一位學生出庭作證，他也不會帶著自己哭哭啼啼的孩子們來乞求憐憫，他應該說服法官，而不是乞求恩惠。

當法庭做出有罪判決時，蘇格拉底發表了一番措辭尖刻的演說，提出願意為此支付 30 米尼的罰金。這當然遭到了拒絕，死刑被再次確認。在最後陳詞中，蘇格拉底警告那些控告他的人，說他們將為自己的罪行遭受嚴重的懲罰。隨後，他轉向他的朋友們，告訴他們所發生的一切不是罪惡。不必害怕死亡，死亡就像無夢的睡眠，或者像另一個世界的生活，在那裡，他可以不受干擾地與奧菲斯、繆思（Muses）、海希奧德（Hesiod）以及荷馬[044]交談，而他們肯定不至於殺死一個提問者。

由於去德洛斯作年度宗教訪問的船隻因風暴而推遲返航，而在它返回之前是不宜處決死囚的，因此蘇格拉底在喝下毒酒之前，在獄中被關了一個月。在這期間，他拒絕了越獄逃走，《斐多篇》（Phaedo）中說，在臨終前的最後幾個小時，他還在和朋友及門徒們討論永生的問題。

當你讀完這本書後，將會發現沒有哪位哲學家占有柏拉圖和亞里斯多德那樣大的篇幅，這是由於他們在哲學史上占有獨特的地位。首先，他們是前蘇格拉底各學派的繼承者和系統的整理者，他們發展了那些思想，並且使許多未能被早期思想家充分揭示的問題變得明晰起來。另

---

[044] 四人均為古希臘早期詩人。——譯者注

外，他們在各個時期都對人類的想像力產生重大的影響。西方的思辨論證無論在哪方面發達起來，背後都有柏拉圖和亞里斯多德的影子。最後，與他們之前或之後的任何思想家相比，也許他們對哲學做出了更多實質性的貢獻。他們幾乎在所有的哲學問題上都發表過一些有價值的言論。今天，任何試圖在學術上有所獨創而忽視雅典哲學的人，都要冒極大的風險。

柏拉圖一生經歷了雅典的衰落和馬其頓的興起。他生於西元前 428 年，也就是伯里克里斯去世的第二年，因而他是在伯羅奔尼撒戰爭中長大的。他活了 80 多歲，死於西元前 348 年。他有著貴族的家庭背景和成長環境。其父阿里斯通（Ariston of Athens）的祖先可追溯到古代雅典的王室，他母親培里克瓊（Perictione）則來自長期活躍於政壇的家族。在柏拉圖還是個孩子的時候，他的父親就去世了，母親隨即改嫁給他的叔叔畢利蘭伯，畢利蘭伯和伯里克里斯既是朋友又是同黨，柏拉圖的性格似乎就是在繼父家中形成的。有了這種背景，就難怪他會對公民的政治責任抱有堅定的信念。他不僅在《理想國》一書中鮮明地表達了這些看法，而且還親身實踐。在他的早年，他似乎有可能做一個詩人，而且多少被認為應該從事政治活動。不過這種雄心在蘇格拉底被處死之後突然消失了。這個恐怖的政治陰謀在這個年輕人心頭留下了難以磨滅的印象。沒有人能在黨派政治的圈子裡保持長久的獨立和正直。從此，柏拉圖最終決定一生致力於哲學研究。

蘇格拉底是柏拉圖家族的老朋友，柏拉圖很小的時候就已經認識他了。蘇格拉底被處死後，柏拉圖和蘇格拉底的一些其他追隨者逃到了梅加臘避難，一直住到輿論平息。這之後，柏拉圖似乎外出旅行了多年，到過西西里、義大利南部，甚至還可能去過埃及，但我們對他這一時期

的情況所知甚少。無論如何，我們發現他在西元前 387 年又在雅典出現了。這時他創辦了一所學校，學校在雅典西北部離城很近的一個小樹林裡。這塊土地與傳奇英雄阿卡德摩斯（Academus）有關，因此學校取名為「阿卡德米（學院）」。學校的組織結構效仿了義大利南部畢達哥拉斯學校的模式，柏拉圖在旅行中曾與該學校有過往來。阿卡德米是中世紀以後出現的大學的前身。作為一所學校，它存在了 900 多年，比任何同類機構都要長久。到了西元 529 年，它才被查士丁尼大帝[045]（Justinian the Great）關閉，因為這種古典傳統的存在有違他的基督教原則。

　　阿卡德米的各種科目與畢達哥拉斯學派的傳統科目大致相同。算術、平面幾何、立體幾何、天文學、聲學、和聲學是教學的基本內容。也許是由於與畢達哥拉斯學派的密切關聯，阿卡德米很重視數學。據說學院的入口處有一塊銘文，提醒那些不喜歡這些學科的人不要入學。學生們接受這些學科的教育長達 10 年的時間。教育過程如此漫長，是為了把人們的注意力從紛雜的經驗世界引到世界背後永恆不變的架構上來，用柏拉圖的話說，就是從形成轉向存在。

　　不過這些科學並不是獨立的，它們最終都要服從於辯證法原則，對這些原則的研究正是教育的真正特點。從現實的意義上看，即使到了今天，這仍然是教育的真正目的。大學的作用不是把盡可能多的事實塞進學生的大腦，而應該是引導學生養成批判和觀察的習慣，以及理解與所有問題相關的原則和標準。

　　我們不可能了解到阿卡德米的組織細節，但是透過一些文字線索，

---

[045] 查士丁尼大帝，東羅馬帝國（拜占庭）皇帝，西元 526 年 -565 年在位。他曾經鎮壓平民起義，征服汪達爾王國、東哥德王國，主持建造聖索非亞大教堂以及位於帝國西部義大利拉芬納的聖維託教堂。統治期間，幾乎恢復了昔日羅馬帝國的光輝。編纂了歐洲歷史上第一部系統完整的法典《國法大全》，包括《查士丁尼法典》、《查士丁尼法學總論》、《查士丁尼法學彙纂》以及《查士丁尼新律》。—— 譯者注

我們可以推測它一定在很多方面都類似於近代的高等教育機構。學院配有科學儀器和一座圖書館，除了授課，他們還舉辦研討會。

由於有了這樣一所學校來提供教育，詭辯家的生意很快就衰落了。當然，為了使學院維持下去，來這裡學習的人必然得捐獻點什麼。但在那時候，錢並不是真正重要的問題。因為除了柏拉圖十分富有，足以忽視這些問題外，更重要的是由於學院的辦學目的是為了訓練人們理性地進行獨立思考。學生們不必將所學直接用於實踐，這與詭辯家的目的完全相反，後者除了通曉世事外，再無其他要求。

亞里斯多德屬於阿卡德米的第一批學生，也是該學院最著名的學生。他少年時就前往雅典，到該學院求學，並在那裡住了將近 20 年，直到柏拉圖去世。我們從亞里斯多德那裡得知，他的老師授課前從來不備課。我們還從其他的資料中了解到，在專題研討會或小組討論會上，老師會提一些問題讓學生們去解決。他們的對話紀錄就是書面的哲學論文，這些論文所針對的不是學生，而是更廣泛的受過教育的公眾。柏拉圖從未寫過一本教科書，也一直不肯將他的哲學思想整理成某種體系。他似乎覺得世界實在過於複雜，以至於無法將它壓縮到一個預先設計好的書面模子裡去。

在阿卡德米成立 20 年的時候，柏拉圖再次出國。西元前 367 年，敘拉古的統治者狄奧尼西奧斯一世（Dionysius I of Syracuse）去世，他的兒子狄奧尼西奧斯二世（Dionysius II of Syracuse）繼位。這位 30 歲的年輕人似乎不夠老練，沒有足夠的經驗來掌握像敘拉古這樣重要國家的命運。實際掌權的是他的姐夫狄翁（Dion of Syracuse），狄翁是柏拉圖熱心的朋友和崇拜者。他邀請柏拉圖去敘拉古的目的，是想讓他檢驗一下狄奧尼西奧斯的本事，並把他培養成一個見多識廣的人。要使這樣一個計

畫獲得成功的可能性並不大。但柏拉圖同意試一試，一方面當然是由於他和狄翁的交情，另一方面由於這是對阿卡德米聲望的一種考驗。同時這也確實給了柏拉圖一個機會，看看他的教育理論對統治者是否有效。這種科學教育能否把一個政治家變成更聰明的思想家，確實值得懷疑，不過柏拉圖顯然認為這是可能的。如果西部的希臘人要想在日益強大的迦太基勢力面前站穩腳跟，那麼在西西里有一位有能力的統治者是十分重要的。假如一些數學訓練能使狄奧尼西奧斯變成這樣的強者，那麼可算成就不小，而且即使失敗了，也不會有什麼損失。

剛開始，柏拉圖獲得了一些進展，但是好景不長，狄奧尼西奧斯沒有長期堅持學習的毅力，而且，他是一個令人厭惡的陰謀家。由於忌妒狄翁在敘拉古的影響和他與柏拉圖的友誼，他放逐了狄翁，讓他流亡他鄉。這時候，柏拉圖再留下來也不可能有什麼作為了，於是他就返回了雅典的阿卡德米。儘管遠在雅典，他仍然盡力設法挽回，但已經沒有用了。西元前 361 年，他再次來到敘拉古，為挽回局面作最後一次努力。他花了近一年時間來制定一些切實可行的措施，試圖把受到迦太基威脅的西西里的希臘人團結起來，但結果告訴我們，保守派的敵意是無法踰越的障礙，起初甚至危及到柏拉圖的生命，但最終他還是於西元前 360 年想辦法離開敘拉古，回到了雅典。後來，狄翁靠武力恢復了他在敘拉古的地位。不過，儘管柏拉圖向他提出過忠告，他仍然是一個失策的統治者，他在某個時候被人暗殺了。雖然柏拉圖竭力勸說狄翁的追隨者採取原有的策略，但他的忠告沒有引起重視。最後，西西里的命運正如柏拉圖所預見的那樣，為外國所征服。

柏拉圖於西元前 360 年回到雅典後，繼續在阿卡德米授課和寫作，作為一位勤勉的作家度過了他的一生。在所有的古代哲學家中，柏拉圖

是唯一把自己的作品近乎完整地傳給我們的人，前面所說的對話錄並沒有被他當成哲學的正式論文和技術性論文。柏拉圖清楚地看到，如果像過去許多哲學家所做的那樣，追求建立一套體系來取代所有其他體系，這種嘗試必然會面臨重重困難。另外，在所有哲學家中，他的獨一無二還在於，他既是一位偉大的思想家，又是一位偉大的作家。柏拉圖的作品說明他是世界文學史上的傑出人物之一。遺憾的是，這種獨特性至今在哲學界仍然十分少見。有很多哲學著作冗長浮華、枯燥乏味或譁眾取寵。在一些地方幾乎形成了這樣一種傳統，那就是哲學作品一定不肯流暢、明快地表述，而要在文體上搞得晦澀難懂才算高深。這的確令人遺憾，因為它嚇跑了那些喜歡哲學的外行。當然，我們也不能想當然地認為柏拉圖時代受過教育的雅典人就一定能讀懂他的對話錄，並且馬上就能理解其哲學的重要性。這就像不能期望一個不懂數學的人打開一本微積分幾何書，就能夠比以前懂得更多。但不管怎樣，你是能夠讀懂柏拉圖的，而大多數其他哲學家的就不一定了。

除了對話錄，柏拉圖的一些書信也留存了下來，這些書信主要是寫給敘拉古的朋友們的。作為歷史文獻，這些書信也很有價值，不過缺少了他特有的哲學趣味。

我們必須講講蘇格拉底在對話錄中所充當的角色。蘇格拉底自己從未寫過任何東西，因此，他的哲學思想主要是透過柏拉圖流傳的。同時，柏拉圖在後期的著作中又提出了自己的理論，所以我們必須弄清楚對話錄中，哪些是柏拉圖的觀點，哪些是蘇格拉底的觀點。這項工作雖然有些棘手，但並非不可能。比如，在我們透過獨立證據判斷出的後期對話錄裡，柏拉圖批判了蘇格拉底的某些早期觀點。過去常常有人認為對話錄裡的蘇格拉底只不過是柏拉圖的代言人，柏拉圖透過這種文學手

法，把當時碰巧符合他思想的種種觀點提了出來。但這種說法是不尊重事實的，而且已經不再盛行了。

　　柏拉圖在哲學方面的影響可能比任何其他人都大，作為蘇格拉底和前蘇格拉底各學派的繼承者，作為阿卡德米的創辦者和亞里斯多德的老師，柏拉圖處於哲學思想的核心地位。無疑正是由於這個原因，法國邏輯學家 E. 戈博才會這樣寫下這樣的評語：「柏拉圖的哲學不是某種形上學，而是唯一的形上學。」如果我們搞清楚蘇格拉底和柏拉圖的區別，就可以更確切地說，正是柏拉圖式的蘇格拉底學說對哲學產生了深遠的影響。柏拉圖哲學憑其自身的魅力再次復興是前不久的事。在科學領域，這種復興可以追溯到 17 世紀初期，而在哲學領域，則就在我們這個時代。

　　要研究柏拉圖，很重要的一點，就是要牢記數學所發揮的中心作用。這是柏拉圖區別於蘇格拉底的特徵之一，蘇格拉底早就對科學和數學失去了興趣。在以後的時代裡，由於人們不能很敏銳地掌握柏拉圖的理論，就把他嚴肅的哲學研究當成了神祕的數字販賣。遺憾的是，這種不正常的現象並不像人們希望的那樣少見。當然，對邏輯學家來說，數學仍然是他們特別感興趣的一個領域。我們現在必須要考察一下對話錄中所涉及的一些問題。要說出這些作品的文學價值不是一件容易的事，好在這畢竟不是我們主要關心的問題。不過即使是翻譯，我們還是保留了必要的文采，以此顯示哲學不必非搞得不可卒讀才有價值。

　　說到柏拉圖，人們馬上就會想到理念論。蘇格拉底在幾篇對話錄中提出了這個理論。但到底是蘇格拉底提出的，還是柏拉圖提出的，則是一個長期有爭議的話題。

　　《巴曼尼得斯篇》雖然是一篇晚期的對話錄，但它卻記載了蘇格拉底年輕時的一件事，而那時候柏拉圖還沒有出世。我們從中發現蘇格拉

底試圖堅持理念論，以反對芝諾和巴門尼德。我們還在另一些地方發現蘇格拉底與一些顯然熟悉其理論的人交談（理念論發端於畢達哥拉斯學派）。我們來看看《理想國》對它的解釋。

我們先從這個問題開始：什麼是哲學家？從字面上看，哲學家就是愛好智慧的人。但並非每個有求知慾的人都算哲學家，因此這個定義的範圍必須縮小為：哲學家就是愛好真理本身的人。藝術品收藏家愛種種美的事物，但他並不因此就成為哲學家。哲學家愛的是美本身。如果說愛美的事物的人是在夢想，那麼愛美本身的人就是清醒的。愛藝術的人只有意見。而愛美本身的人卻有知識。正如巴門尼德所說，知識必須有一個對象，而對象必須是某種存在的事物，否則就不會有知識。知識是固定、明確的，它是擺脫了謬誤的真理；而意見則可能是錯誤的。但由於意見既不是存在的知識，也不是子虛烏有，所以正如赫拉克利特所說的那樣，它一定是既存在又不存在的。

蘇格拉底由此認為，我們透過感知所了解的一切個體事物，都具有相反的特性。一尊單獨的美麗雕像也包含著某些醜的方面。從某種角度看，個體事物是大的；從另一個角度看，它又是小的。這一切都是意見的對象。而我們並不能透過感知掌握這樣的美和這樣的大，它們作為知識的對象，是永恆不變的。蘇格拉底結合巴門尼德和赫拉克利特的觀點，提出了他的理念論或形式論，這一新的理論是兩位早期思想家都沒有的。在希臘語中，「理念」就是「圖畫」或「樣式」的意思。

理念論既有邏輯學的一面，又有形上學的一面。在邏輯學方面，我們可以將某一類個體對象和這一類的共同名稱區分開來。因此，「馬」作為共同名稱，指的就不是這匹馬或那匹馬，而是任何一匹馬。它的含義與作為個體的馬以及發生在這些馬身上的各種情況都沒有關係。它不存

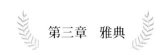

在於空間，也不存在於時間，而是永恆的。在形上學方面，理念論意味著某個地方存在著一匹「理想」的馬，這匹馬是獨一無二的，也是永恆不變的，這就是共同名稱「馬」的含義。個體的馬之所以是馬，是由於它們歸屬於或部分歸屬於「理想」的馬。理念是真實和完全的，而個體則是一種表象，是有缺陷的。

　　為了便於我們理解理念論，蘇格拉底概括性地提出了著名的洞穴比喻：沒有哲學思想的人就像洞穴裡的囚徒，他們戴著鐐銬，不能轉身。在他們的後面有一堆火，前面有一堵白牆，隔斷了空空的洞穴。牆就像布幕一樣，他們從上面看見了自己的影子以及他們與火之間的物體的影子。但由於無法看到別的東西，他們就以為影子是真實的。最後，有個人掙脫了枷鎖，摸索著爬到洞口。他在那裡第一次見到了陽光，陽光正普照著真實世界的蓬勃事物。然後他又回到洞穴裡，把他的發現告訴同伴們，並試圖證明他們在洞裡見到的東西只不過是現實的模糊影子。但是，由於見到了燦爛的陽光，他有些頭昏眼花，發現自己此時更難辨別影子了。他試圖指引同伴們走向光明，可是在同伴們看來，他似乎比以前更加愚蠢了，因此要說服他們的確不是一件容易的事。如果我們在哲學上是門外漢，那麼我們就像這些囚徒一樣，只能看到影子或事物的外表。但是，當我們懂得了哲學的時候，我們就能在理性與真理的陽光下看清周圍的事物，這就是實在。這樣的陽光賦予我們真理和求知的力量，代表著善的理念。

　　如前面所說，這裡的理論主要是受了畢達哥拉斯學派的啟發。不管怎樣，它也不能算柏拉圖成熟期的觀點，以下的事實似乎可以充分證明這一點：在他後期的對話錄中，理念論先是被推翻，後來則完全消失了。《巴曼尼得斯篇》的核心主題之一就是批判這個理論。巴門尼德與芝諾見過蘇格拉底的說法並非完全沒有依據，不妨把它看做歷史事件，儘管他

們當時的談話內容不大可能由對話錄來記載。另外，他們的談話是符合各自的性格的，他們所表達的觀點也與我們從其他獨立資料所了解到的相一致。我們還記得，巴門尼德年輕時曾受過畢達哥拉斯學派的影響，後來又徹底擺脫了該派的說教。因此理念論對他來說並不是新觀點，要想批駁年輕的蘇格拉底對這一理論的闡釋，他是可以找到現成論據的。

首先，巴門尼德指出，蘇格拉底可以把「形式」（即形式論）用於數學對象和善、美之類的概念，卻不肯把它用於元素和一些微小事物，這是沒有道理的，因為這將導致一個更為嚴重的問題。蘇格拉底形式論的主要難點就是怎樣才能把形式與個體事物相連起來，畢竟形式只有一個，而個體事物卻很多。為了解釋這種連結，蘇格拉底使用了參與的概念，但令人費解的是，個體事物是如何參與到形式中去的。顯然，整體形式是無法出現在每一個個體事物裡的，因為那樣的話它就不可能成為一種形式。或者說，每個個體事物都含有形式的一部分，但這樣一來，形式也就不能說明任何問題了。

更糟糕的還在後面。為了解釋形式與所屬個體事物之間的關聯，蘇格拉底被迫提出了參與概念，而這個被許多事例證明了的概念本身就是一個形式。但我們肯定會馬上提問，這個形式（參與概念）是怎樣在與原來形式相關聯的同時，又和個體事物相關聯的？這樣一來，我們需要的似乎就不只這兩種形式了，於是我們就陷入了惡性的無限迴歸。即每當我們提出一個形式，試圖彌補缺口時，就會出現兩個新的缺口。因此彌補缺口就像服海克力斯[046]（Hercules）式的勞役一樣，始終沒有逃脫

---

[046] 海克力斯是希臘神話中最著名的英雄之一。他是主神宙斯與阿爾克墨涅之子，受到宙斯的妻子赫拉的憎惡。後來，他完成了 12 項被譽為「不可能完成」的偉績，還解救了被縛的普羅米修斯，隱藏身分參加了伊阿宋的英雄冒險隊並助他獲得金羊毛。他死後靈魂升入天界，被招為神並成了星座。 —— 譯者注

的機會。這就是著名的第三者論證，它是由於在一個特殊的事例中，所討論的形式是人的形式而得名。蘇格拉底試圖迴避難題，於是又說形式就是樣式，而個體事物與之相類似。但這還是解釋不了第三者論證。因此，蘇格拉底始終無法解釋各種形式是怎樣與它們的個體事物相關聯的。實際上，這一點是可以直接證明的，因為我們已經假設形式是不可感知的，而是可以理喻的。在它們的領域裡，關聯只能在它們彼此間發生，個體事物也是如此。這就是說，形式似乎是不可知的。如果形式的確不可知，那麼它們自然就是多餘的，也不可能再解釋任何事物。由此，我們也許可以換一種說法提出這個問題：如果形式只是其本身，而與我們的世界無關，那麼它們就是空洞、沒有意義的；另一方面，假如它們與我們的世界有關，那它們就不屬於它們自己的世界。因此，形上學的形式論是不能成立的。

在後面，我們將看到柏拉圖本人是怎樣解決共相問題的。在這裡我們只須注意蘇格拉底的學說禁不起嚴密的驗證。在《巴曼尼得斯篇》中，這個問題沒有繼續被追究下去。巴門尼德轉到了另一個問題上，他指出，即使在蘇格拉底的形式領域之內，也不是所有的解釋都令人滿意。芝諾對此作了詳細的辯證批判，證明了蘇格拉底關於各種形式彼此分離的觀點是錯誤的，這也為柏拉圖找到解決辦法打下了基礎。

但是，還有一個困難，這個困難將使我們回到畢達哥拉斯學派提出的最初的理念論。我們知道，理念論的另一面來自數學中關於論證對象的解釋。當數學家提出某個三角形定理時，顯然不是在考慮任何能夠被畫在紙上的實在圖形，因為任何這樣的圖形都有缺陷，不屬於數學研究的範疇。無論人們如何嘗試畫出一條精確的直線，它也永遠不會完全精確。由此得出的結論是，完美的直線屬於另一個世界，於是我們就有了

以下觀點，即形式屬於與感知對象不同的存在層次。

　　看上去，這個觀點並非完全沒有道理。比如，認為兩個感知對象近乎相同，但又不完全相同；也許它們趨向於相同，卻又永遠達不到相同，這種觀點似乎不是完全沒有道理。不管怎樣，要想斷定它們完全相同，即使不是不可能，也是極為困難的。另一方面，我們以兩個不同的事物為例。這時候我們總是一眼就能看出它們的不同。因此似乎是不相同的形式才在感知世界裡十分明瞭地展示了自己。如果不用形式論術語來系統性地闡述這一點，而是採用通常的方式，那我們就會很自然地說，兩個事物幾乎相同，但又不完全相同。不過這種說法沒有什麼意義。因此，這種批判很直接地推翻了形式論。

　　也許有人會問，既然理念論已經被伊利亞學派破壞性地批判過了，為什麼蘇格拉底還要繼續堅持呢？他一定非常了解這種批判的威力。不過，也許我們把這個問題倒過來看要更加中肯一些。正因為蘇格拉底在智慧方面遇到了諸多難題，他才會退避到倫理學和美學問題中去。不管怎樣，人的善是不能用我們感知頭髮顏色的方式來發現的。但即使在這一領域，蘇格拉底也逐漸對參與理論有些不滿起來，儘管他從未提出過其他新理論。但這也給了我們一個暗示，那就是答案絕不能從事物裡找到，而要在對事物的論證中獲得。柏拉圖正是朝著這個方向繼續對共相問題做出努力的。

　　蘇格拉底在《斐多篇》中曾經順便提到過這個問題，儘管他沒有把問題的這一方面繼續展開。而柏拉圖在《泰阿泰德篇》（ *Theaetetus* ）和《詭辯家篇》（ *Sophist* ）中也再次提出了這個問題。

　　《理想國》也許是柏拉圖最著名的對話錄了，它包含了後世思想家們（直到我們這個時代）從事的許多探索的預見。對話錄就是因為書中討論

了一個理想國的建立而得名。我們現在要描述的就是這種國家的政體。我們知道，在希臘人看來，國家就是一座城市。希臘語「政體」一詞就說明了這一點，它的大意就是「城鎮」，其含義還包括一座井然有序的城市所具備的一切社會機構。這篇對話錄的希臘語標題就是「政體」。英語裡的「政治」一詞就是從這裡來的。

柏拉圖把理想國裡的公民分為三個階級：管理者、士兵、平民。管理者是少數菁英分子，他們單獨行使政治權力。國家建立之初，由立法者來任命管理者，而且其職位可以由親屬世襲。低階層中的優秀孩子可以被提拔進入統治階級，而統治階級中能力低下的後代也可以被貶為士兵或平民。管理者的任務就是去執行立法者的意志。為了確保他們這樣做，柏拉圖制定了一整套的計畫，規定他們必須如何接受教育和如何生活。他們將受到精神與肉體兩方面的培養。精神方面有「音樂」，即繆思女神[047]主管的任何一種藝術；肉體方面有「體操」，即不必列隊練習的運動。「音樂」或文化方面的訓練是為了培養出有教養的人，英國人所理解的「紳士」概念，就是從柏拉圖那裡產生的。受教育的年輕人必須做到舉止高雅而英勇。為了實現這個目標，書籍必須經過嚴格的審查。詩人的書必須查禁：荷馬和海希奧德把諸神描寫成喜歡爭吵、放縱慾望的樣子，這不利於人保持對神的敬意。神所創造的不應該只是世界上的非邪惡事物，而是整個世界。另外，他們的詩篇中有的章節容易激起人們對死亡的恐懼和對叛逆行為的讚美，或者懷疑惡人會得勢而好人卻會遭殃。所有諸如此類的東西都應該查禁。包括那種狹義的音樂，也應該審查，只有那種能激發勇氣和倡導節制的調式、韻律才允許存在。

[047] 繆思女神，即希臘神話中的藝術與青春之神，歐洲詩人常以她比做靈感與藝術的象徵，即第六感女神。實際上是天神宙斯的九個女兒，她們在希臘神話中被統稱為繆思女神，每人分管從繪畫到音樂等諸多藝術中的一種，傳說這些女神最能激發藝術家的創作靈感。——譯者注

管理者必須過清心寡慾的生活，這樣他們就不用求醫，在他們年輕的時候，必須與庸俗的東西隔離開，而到了一定年紀又要學會抵制恐懼和誘惑。只有那些能夠同時應付恐懼和誘惑的人才適合做管理者。他們的住所很小，只擁有一些維持個人生存的東西。他們分組用餐，吃最簡單的食物。男女完全平等，所有女人都是全體男人共同的妻子。為了保證他們的數量，統治者會在一些節日，用抽籤的方式選定一組合適的男女，讓他們聚在一起繁衍後代。孩子出生後馬上就被抱走，在子女和親生父母之間互不知曉的方式下集體養育成人。未經許可而生育孩子屬於非法，畸形或劣質嬰兒將被拋棄。這樣一來，個人情感就變得越來越微弱，而集體精神會逐漸強大起來。最優秀的孩子被選出來接受哲學教育，這些懂得哲學的人最終將適合做統治者。

　　如果是出於公共利益考慮，政府就有權撒謊。尤其是它將反覆灌輸「忠實的謊言」，即告訴公眾，這個美麗的新世界是神授予的。兩代人之後，人們將毫不懷疑地接受這個謊言，至少普通百姓是如此。

　　最後，我們來看看對正義的定義。自從柏拉圖提出他的理想國概念以來，這個定義就是所有的討論得以展開的理由，因為他認為首先在一個大的範圍討論正義可能會容易些。當每個人都只專心做自己的事情時，正義就會占據支配地位。只有每個人都從事屬於自己職責的工作，而不去干涉別人的事，國家機器才能從容而高效地發揮作用。「正義」一詞在希臘語中，是與和諧概念相關聯的，是與每一部分各司其職、整體平穩運行相關聯的。

　　從這本書裡，我們的確看到了一幅可怕的國家機器藍圖，在這樣的國家裡，作為個體的人幾乎消失殆盡。《理想國》中描述的烏托邦正是阿道斯‧赫胥黎（Aldous Huxley）的《美麗新世界》（*Brave New World*）這

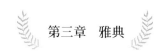 

一類幻想的源頭；而且它無疑鼓舞過很多當權者，這些人處在主導社會變革的地位，卻全然不顧可能給人帶來的苦難。

在這種觀點盛行的任何地方，都必然會產生這樣的結果，即人被迫去適應預先設計好的制度。即使是今天，在某些地方，「國家應該是公民的僕人，而不是相反」的觀點仍然被視為異端。國家與公民之間如何達成平衡，這是一個複雜的問題，我們不必急於在此得到答案。總之，《理想國》中所描述的理想世界，使許多持反對意見的人對柏拉圖貼上了種種駭人聽聞的標籤，因此我們必須考察它所闡述的政治理論的準確含義。

首先，我們必須知道，柏拉圖在政治事務中的後期發展出現過逆轉。這一點我們過一會再作考察。《理想國》裡的理想社會與其說是柏拉圖式的，不如說是蘇格拉底式的，它似乎是在畢達哥拉斯學派理想的直接啟發下形成的。這就是問題的關鍵所在。理想國實際上是一種用合理的方式治理國家的科學家式的觀點。作為一種科學家的模式，它極有可能會誘使一位社會改革家去進行重大變革，因為他可能會天真地相信自己正在做一件科學的事。如果聽任科學家們去做，這種事他們是做得出來的。同時，理想國的概念也鼓勵了這種認識。因為理想國畢竟只是一個為了討論某些問題而設想的模式。很顯然，蘇格拉底正是出於這種動機才提出建立理想國的，關於這一點，我們看看這個人間天堂的某些極端措施就知道了。另外，我們還應該考慮到某種程度上的反諷因素。比如，沒有人真的想去查禁詩人，也沒有人真的希望在性愛方面實行徹底的共產主義。當然，理想國的某些設想是來自對斯巴達實情的考察，但它畢竟只是模式，並不意味著它將作為一個切實可行的計畫，去建立一座實際的城市。當柏拉圖後來參與敘拉古的政治時，他也並沒有試圖

按這種模式去建立一個理想國。我們知道，他的目標是十分穩妥和實際的，他只想改變一位被寵壞了的王子，使他有能力處理一個重要城邦的事務。柏拉圖沒有獲得成功則又另當別論，但這個例子足以說明教育並不是人們所想像的那種靈丹妙藥。

在後期的對話錄中，柏拉圖曾兩次談論了政治問題。在《政治家篇》（Statesman）中，我們讀到了他對城市裡可能存在的各種政治體制的解釋。出現什麼樣的體制取決於統治者的數量和統治方式。既有可能是君主制或寡頭政治，也有可能是民主制；每種制度既可以按照法律原則發揮作用，也可以拋開這些原則，總共可出現六種不同的組合。假如沒有法律原則，由於不存在統一的目的，被多數人掌握的權力就會產生最少的罪惡。另一方面，如果有法律原則，那麼民主制就是最糟糕的制度，因為這種情況下要辦成任何事情，都需要有一個共同的願望。既然這樣，那麼君主制就成了首選。

還存在著實行混合政體的可能性，就是從六種簡單政體中提取某些因素加以組合。柏拉圖在他最後一部作品《法律篇》（Laws）中說，我們這個世界似乎找不到哲學家式的君王，我們所能採取的最佳方式就是在法律原則下，把個人統治與眾人統治相結合。《法律篇》對如何組織這種政體以及如何選舉官員都作了十分詳盡的指導。同時他在教育問題上，也對我們現在所說的中等教育的時間安排與內容，給予了大量的詳細說明。在希臘化時代，文法學校是年輕人接受教育的一個必經階段。《法律篇》就為這類教育機構奠定了基礎。

前面已經分析過，《理想國》的政治理想並不意味著要付諸行動。在這方面，柏拉圖後期的思想是截然不同的。他對政治和教育持一種非常現實的態度。其中許多觀點都被後世不經意地接受，但它們的源頭卻很

快被人遺忘了。《理想國》中的體系正好相反，作為一種體系，它曾經被普遍地誤解，但它那些驚人的條款卻不只一次找到了熱心支持者，結果使那些人類的「豚鼠」（實驗動物）深受其害。正是出於這個原因，柏拉圖有時被說成是這些人的先驅，他們起初是不理解他，後來又為他的力量所征服，爭先恐後地走上歧途。

儘管如此，我們還是要承認，即使是柏拉圖本人，也在他的政治思想中表現出了一定的局限性。在這方面，他也有普通希臘人對野蠻民族的疏遠情緒。這是一種自我意識中的優越感，或者只是一種從至高無上的希臘文化中產生的思考方式，我們很難在這一點上做出判斷。

不管怎樣，柏拉圖在《法律篇》中仍然認為，在建立一座新城市（這是這篇對話假設的主題）時，為了避免被對外貿易及交流所腐蝕，人們應當在遠離大海的地方選址。當然，這樣做會帶來一些困難，因為一定程度的貿易活動是必需的，總得讓那些沒有獨立收入的人以某種方式謀生吧。尤其是在談到他所設想的文法學校的教師時，柏拉圖認為必須付給他們薪水，因此他們必須是外國人。

這種政治上的封閉態度，最終使得希臘世界沒有能力在更大的範圍上建立一個有生命力的組織。他們所設想的這種政治生活是靜態的，而他們周圍的世界卻在飛速變化著。這就是希臘人政治觀念的主要弱點所在，以帝國形式出現的羅馬最終將建立一個世界性的大國。如果說羅馬人缺乏希臘人的創造力，那麼，他們也沒有受到城邦式的極端個人主義的影響。

在政治理論方面，我們可以把蘇格拉底式的理論與柏拉圖後來發展的理論區分開。不過一般說來，仍有一些社會理論的特徵為兩人所共有，比如他們對教育本質的看法。當然，他們的態度僅僅是在證明希臘

的探索傳統而已。我們回顧一下就知道，科學和哲學研究都是在師生之間能夠密切合作的學校或社團裡進行的。有一個重要的真理似乎一開始就被意識到了，至少是被模糊地理解了，那就是學習並不是一個傳播知識的過程。當然，其中有些東西確實是必須傳播的，但教師既不是唯一發揮作用的人，也不是最重要的人，和那個時代相比，這一點在今天尤為明顯。因為那時的書面資料遠比現在少，找起來更困難，而我們今天則有理由說，任何一個有閱讀能力的人都可以從圖書館收集資訊。和過去相比，教師更不應該僅僅是知識的傳播者了。這種觀念要歸功於古希臘的哲學家，他們早就明白了真正的教育應該如何進行。教師該做的就是引導，引導學生自己領悟知識。

但是，獨立思考並不是一下子就能學會的。它必須靠自己的努力，同時還要有好老師的協助，後者可以指導這種努力，這也就是我們今天大學裡有的指導的研究方法。可以說，學校所發揮的恰當作用就是要達到這樣的效果：培養獨立思考的習慣和不帶成見與偏見的探索精神。如果一所大學不能完成這項任務，那麼就說明它降到了只會灌輸的水準。同時，這種失敗還會導致更加嚴重的後果，因為在獨立思考消失的地方（無論是因為缺乏勇氣，還是缺乏訓練），獨裁的惡習就會肆無忌憚地擴散開來。壓制批評意見是一個嚴重的問題，它比很多人想像的要嚴重得多。這種情況一旦出現，既不能在社會上確定一個有生氣的統一目標，又會強加給國家政體某種枯燥、脆弱的共性。遺憾的是，那些執政者和負責人並沒有強烈地意識到這一點。

因此，教育就是讓學生在教師的指導下學會獨立思考。事實上，愛奧尼亞學派在辦學之初就是這樣實踐的，畢達哥拉斯學派也對此有清楚的認識。法國哲學家 G· 索雷爾（Georges Eugène Sorel）曾經指出，哲

學最初的含義並不是愛智慧，而是「朋友們的智慧」。這裡所說的朋友當然是指畢達哥拉斯學派的弟兄們。無論這個定義是否正確，它至少強調了科學和哲學是作為傳統，而不是作為孤立的個人探索發展起來的。同時我們還清楚了蘇格拉底和柏拉圖強烈反對詭辯家的原因，因為詭辯家只是提供一些實用的知識，他們的教導──如果還能稱之為教導的話──是淺陋的。也許他們能夠在某些方面指導別人對不同情況做出適當反應，但這種知識的堆砌是缺少基礎的，也是沒有經過檢驗的。當然，這也並不是說一個真正的教師就能使每一個學生都獲得成功。事實上，教育過程的一個顯著特徵就是它需要師生雙方的共同努力。

　　蘇格拉底認為，這種教育理論與另一個概念有關，這個概念可以追溯到早期的畢達哥拉斯學派。在《美諾篇》（Meno）中，學習的過程被稱為「回憶」，也就是對過去知道的、後來又被忘卻了的存在事物的回憶。這就需要前面說的那種共同努力。回憶概念的基礎，就是靈魂要經歷一系列進入或脫離肉體的交替狀態的觀點，顯然，這個觀點與畢達哥拉斯學派所堅持的輪迴學說有關。靈魂脫離肉體後就像在睡眠中一樣，這就解釋了為什麼當我們醒著時（或者說靈魂進入肉體時），以前學過的東西也必然會醒來。蘇格拉底曾試圖透過對美諾的一名小奴隸提問來證實這一點。這個小奴隸除了日常希臘語知識外，幾乎沒有受過任何教育。但是蘇格拉底僅僅提了一些簡單的問題，就成功地誘導這個男孩按照給定的一個正方形，畫出了一個 2 倍大的正方形來。我們應該承認，把這個故事作為回憶論的證據並不能完全令人信服。因為蘇格拉底已經把圖形畫在了沙地上，而且每當男孩出現偏差時，他就指出來。另外，這卻是一次對教育情景的準確描述。正是按照這個例子所提出的方式，即教師和學生相互作用，共同努力，才產生了真正的學習過程。從這個

意義上說，學習可以被描述成某種辯證的過程，這也正是「學習」一詞的希臘語本義。有意思的是，這裡所描述的教育理論，不僅在學習和哲學中，還在日常口語中留下了痕跡，比如我們常常會說到某個人對某個問題的興趣被喚醒或激發出來。這個例子說明了語言發展過程中的一個普遍現象。日常語言是以往一點一滴的哲學思考的歸宿，假如那些傾向於提倡日常用語的人能夠偶爾回憶起這一點，雖然有點超出探索原則，倒也不失為一件好事。

蘇格拉底運用回憶理論，目的是為了證明靈魂的不朽。《斐多篇》描述了這種觀點，儘管有人會認為那個例子算不上成功。但不管怎樣，後期畢達哥拉斯學派捨棄了輪迴理論，這還是值得關心的。如前所述，他們接受了一種新的觀點，這種觀點以和諧概念為基礎，並在事實上導致了相反的結論，即靈魂最終會消亡。關於回憶過程的教育作用，我們也許還注意到了精神分析療法正是完全基於對過去的記憶重新覺醒的概念。儘管它包含著某些更神祕的因素，但比起以休謨[048]（David Hume）的觀點為基礎的聯想心理學來，精神分析療法更加正確地掌握了教育與療法之間的關聯。從廣義上說，教育在蘇格拉底眼裡就是靈魂療法。

教育的過程就是引導人通往知識的過程，因此也是引人向善的過程。這樣，無知就可以被看做自由之路上的某個階段，生活的自由正是透過知識與洞察力來實現的。我們在黑格爾的哲學中也能看到類似的觀點，根據他的描述，自由就意味著人們對必然性的理解。

---

[048] 大衛·休謨（西元 1711 年 -1776 年），蘇格蘭哲學家，出身於貴族家庭，學過法律，經過商。後研究哲學並著述。西元 1752 年至 1761 年，曾進行過英國史的編撰工作。休謨的主要著作有：《人性論》（*A Treatise of Human Nature*）、《人類理解研究》（*An Enquiry concerning Human Understanding*）、《道德原則研究》（*An Enquiry Concerning the Principles of Morals*）和《宗教的自然史》（*The Natural History of Religion*）等。與約翰·洛克及喬治·柏克萊並稱為英國三大經驗主義者。——譯者注

《美諾篇》還討論了另一個也許更為重要的問題，儘管《游敘弗倫篇》（*Euthyphro*）對這個問題的討論更有趣味性，這就是定義的邏輯問題。《游敘弗倫篇》提出了這樣一個問題：什麼是神聖？對話錄表示游敘弗倫（Euthyphro）試圖為神聖下一個定義。在這裡，他的所有努力是否最終白費並不重要，重要的是在討論過程中，蘇格拉底使他懂得了形成一個定義需要具備些什麼，並由此澄清了以「種」和「屬差」來下定義的形式邏輯特徵。

對今天的讀者來說，這種邏輯問題的論述方法似乎有些古怪，如今的人們習慣了按照亞里斯多德的方式，去面對枯燥、教條的教科書的解釋。柏拉圖發明的這種哲學對話錄體裁曾經有很多人效仿，但現在已經過時了。這也許是一個遺憾，因為我們不能說只有今天的哲學作品樣式才是對的，與其他寫作形式相比，對話錄要求作者具備更高的文學修養。在這方面，柏拉圖早期的對話錄是無與倫比的。我們還要知道，這裡所討論的篇章是柏拉圖在蘇格拉底去世後不久寫的，而當時，他自己的哲學思想還在形成中。但作為一位才華出眾的藝術家，他的影響力已經達到了巔峰。因此，這些對話錄比後期的作品更容易閱讀，因為它們更有文采，只是我們更難理解其中的哲學精粹罷了。

在早期的幾篇對話錄裡，有這樣一些談話者，當要他們為某個術語下定義時，他們都犯了一個根本而普遍的錯誤：他們不是在下定義，只是在舉例子。像游敘弗倫那樣回答什麼是神聖的問題是沒有用的。他說，神聖就是揭發褻瀆宗教的人。但這實際上根本不是什麼定義，它只是說明了揭發褻瀆者是一種神聖的行為，但神聖的行為也可以是別的。至於神聖到底是什麼，我們仍然不知道。這就像問什麼是哲學家，有人回答說蘇格拉底就是一位哲學家。如果我們回顧一下當時談話的情景，

就會發現那種場面帶著一些可笑的諷刺意味。蘇格拉底為了揭露對他的指控的本質而前往法庭，路上遇到了游敘弗倫，後者也正好要打一個官司，他準備去控告自己的父親殺死了一個玩忽職守的奴隸。游敘弗倫是按照公眾的正統慣例和宗教習俗去做的，並表現出許多人所具有的那種自信。這種人對自己社會的習俗從不加以批評，而總是給予有力的支持。於是蘇格拉底就誇他是一位專家，還假裝向他請教道德問題，說他一定是這方面的權威。

姑且先把道德問題放到一邊，我們發現蘇格拉底圓滿地解釋了邏輯上所需要的東西。我們在探尋神聖的「形式」，換句話說，是什麼使神聖的事物成為神聖的。用大家更習慣的話來說，我們現在要運用必要條件和充分條件來論述這個問題。因此，只有當某種動物具有理性時，「牠」才是人。也許蹣跚學步的孩子應該排除在外，他們是從匍匐爬行開始的，就像其他四足動物一樣。我們可以用兩個相交圓的圖解方法來說明這一點。人（被定義的術語）就是兩個相交圓的共同部分，而這兩個圓涵蓋的分別是理性的和動物的範圍。我們定義的方法就是提出其中一個術語如「動物」，然後用第二個術語「理性的」對它加以限定。第一個術語叫做「種」，第二個就是「屬差」，也就是從動物中挑選出人來。如果你同意，人就是具有理性屬差的動物。至少教科書上似乎是這樣說的。如果慎重些考慮的話，人們就會懷疑，這個定義（儘管在形式上是對的）會不會在實質上是一個虔誠的錯誤呢？

在倫理學方面，對話錄清晰地展現了雅典的國教，也闡明了蘇格拉底的倫理觀和它有什麼不同。這種差異是權威主義與原教旨主義倫理觀的差異。游敘弗倫對神聖的定義是諸神的一致贊同，當蘇格拉底想對這個定義做出進一步闡釋時，問題就變得清晰起來。蘇格拉底想知道，事

物是因為得到了諸神的贊同才神聖呢，還是因為它神聖，諸神才贊同它？顯然，這個問題實際上是含蓄地批判了游敘弗倫的觀點。對他來說，問題的關鍵在於諸神會發出該做什麼事的指令。在雅典歷史上存在過國教，這實際上就意味著必須完全服從市民大會頒布的法令。奇怪的是，蘇格拉底本人竟然承認這個問題是一個政治慣例，但他同時又覺得自己不得不對國家本身的活動提出倫理上的質疑，這種做法是當今的「游敘弗倫們」不會也不可能想到的，同時，這馬上就引發了古老的「分裂忠誠」兩難推理，如前所述，「分裂忠誠」正是古希臘戲劇的核心主題之一。

從法律與正義的問題始終伴隨著我們這一事實中，我們可以清楚地看到，「分裂忠誠」絕不是一個已經消失和被埋葬了的問題，法律與公正之間有著怎樣的關聯？當我們發現某項法律不公正，但又被要求服從時，我們怎麼辦？當我們盲目服從於政治主子，使世界面臨無法挽回的毀滅威脅時，這個問題就會變得比過去任何時候都更敏感。

總之，游敘弗倫與蘇格拉底的不同就在於，前者認為法律是某種靜態的東西，而後者的觀點則暗示法律並非不可更改。儘管蘇格拉底沒有用更多的話來詳細闡述這一點，但他在這裡表現得更像一位社會理論中的經驗主義者。這就使他覺得自己有責任去探討某些慣例的善惡問題，而不管是誰在掌握它們。他肯定也清楚，這樣做會招致國家的厭惡和迫害，這對於那些觸犯了正統觀念根基的「異端」思想家來說，似乎是一種常見的命運。即使他們可能是出於完全公正的動機，去糾正別人所受的不公對待，也同樣會遭到敵視。

在《克力同篇》（Crito）裡，蘇格拉底表現出了他對雅典法律的態度，該篇說他拒絕採用越獄的方式來逃生。儘管法律是不公正的，但也

必須遵守，以免敗壞法律的聲望。然而他卻沒有了解到，正是因為不公正，法律才會臭名昭彰。

　　蘇格拉底在權威問題上前後不一的態度，使他放棄了簡單易行的逃生方式。由於他不肯妥協，檢察官不得不動手行刑。他成了自由思想的殉道者。《斐多篇》描述了他的臨終時刻，這篇作品當屬西方文學的傑作之列。談話的中心議題是試圖證明靈魂是不朽的。我們不必在這裡考慮這些論證的細節。儘管他們提到了關於靈與肉的一些有趣的話題，但作為論證，他們做得還是不夠成功的。在談話快結束時，討論達到了無人再提反對意見的地步。雖然他們不可能完全忽視畢達哥拉斯學派的觀點，即新的難點將隨之產生，但似乎是由於該事件的不祥氣氛和對蘇格拉底的忠誠感情，使得他們克制住了自己，不再對他的結論提出最後的質疑。從哲學角度看，對話錄中最有價值的部分也許是對假說和演繹法的描述。這正是一切科學論證的骨架。

　　當朋友們在論證中因遇到無法解決的困難而有些沮喪時，蘇格拉底就對問題進行解釋。他告誡朋友們不要厭惡討論，不要總是懷疑和拒絕論證，隨後他還就自己的方法作了一番正式的總結。

　　我們應該先從某種假設或假說開始。「假設」和「假說」的含義是一樣的，都有在某種前提下提出的意思，關鍵是我們必須為即將建立的論證打好基礎。從假說中演繹出必然的結論，然後看它是否與事實相一致，這就是「顧全現象」最初的含義：如果一個假設的結論與事實相似，那就是顧全了現象（出現在我們周圍的事物）。毫無疑問，這一概念最初與後期畢達哥拉斯學派的天文學有關，尤其是與流星或行星的概念有關。它們的表象運動是不規則的，而不規則的特性不符合形上學對簡單化的要求，因此他們需要用一個簡單的假說來顧全現象。

如果事實和假設的結論不一致，那麼假設就是失敗的，我們就不得不另外提出假說。我們必須注意到一個重要的問題，那就是假說本身還是沒有得到證明。這並不是說我們可以隨便選擇出發點，但它的確意味著，論證必須從所有參與者承認的某個事物開始，即使不是為了得出定論，至少也要考慮論證的需求。而假說的證明則完全是另一碼事，這時我們的論證就必須從一個更高的起點開始，該假設應該能推出一定的結論。這正是蘇格拉底所設想的辯證法的任務。我們必須要從消除其特殊性的角度，推翻各類科學的特殊假說。說到底，辯證法的目標就是要達到最高的起點，也就是善的形式，這當然會讓我們覺得有些前景黯淡，但實際上，理論科學總是在朝著更普遍化的方向前進的，也就是說，在朝著各個領域的統一方向前進，而這些領域看起來似乎是各不相關的。對於數理哲學家來說，理論科學更是朝著算術與幾何的統一方向前進的。大約 2,000 年後，笛卡兒 [049]（René Descartes）以其過人的才華解決了這個問題。

我們知道，蘇格拉底並不是最早透過假設進行論證的人。伊利亞學派早就把這一程序運用到了批判多元論的辯論中，但整體而言，他們論證的目的是否定和摧毀。而這裡卻出現了一個顧全現象的新概念，換言之，問題在於當我們觀察事實的時候，我們要對它做出某種肯定的解釋或「邏各斯」。我們正是透過假說來解釋事實的。值得注意的是，這種方法中隱藏著一個倫理學概念，即被解釋過的事實總是要比沒有解釋過的好。我們可以回顧一下，蘇格拉底就曾經認為，沒有經過審驗的生活是

---

[049] 勒內‧笛卡兒（西元 1596 年 -1650 年），法國著名哲學家、科學家和數學家。對現代數學的發展做出了重要的貢獻，因將幾何座標體系公式化而被認為是解析幾何之父。他還是西方現代哲學思想的奠基人，是近代唯物論的開拓者。提出了「普遍懷疑」的主張，開拓了所謂「歐陸理性主義」哲學。—— 譯者注

沒有價值的。總之，這一切都與畢達哥拉斯「探索本身就是善」的倫理觀念有關。而且，那種日益增強的統一化趨勢（直到萬物最終歸於善的形式），在某種程度上還說明了伊利亞學說積極的一面。善的形式與伊利亞學派的「太一」在下面這一點上是一致的，即理論學將以這些概念所暗示的方式發揮作用。

對假說與演繹法論述得最好的，當首推《斐多篇》。奇怪的是，蘇格拉底好像從來沒有發覺這種方法與他的知識論之間存在著某種令人費解的矛盾。由於運用了假說的演繹理論，顯然就要求所需顧全的現象本身必須是準確無誤的，否則就無法在現象與假說結論之間進行比較。另一方面，現象可以透過感知來理解，而蘇格拉底卻認為感知可能會產生錯誤的意見。因此，如果我們要認真考慮假說和演繹法，就必須拋棄蘇格拉底的知識論和意見論。同時，它們也間接地破壞了理念論，因為理念論的基礎正是建立在知識與意見的區別之上的。這個問題早就被經驗主義者解決了。

一種假說最初是怎樣建立起來的，這個問題尚未被觸及，對此我們無法給出一個統一的答案，何況也沒有什麼可以確保探索成功的正式規定。也許正因為蘇格拉底有遠見，他才根本不提這個問題。諸如發明的邏輯性之類的問題是不存在的。

從同一個角度看，《斐多篇》與《申辯篇》顯然都屬於歷史文獻。《斐多篇》展示了蘇格拉底所堅持的生活方式，這種態度直到他去世也沒有改變。他總是體諒別人，有一種不自覺的自信感；他勇敢而從容，在他看來，情感過分外露有失尊嚴；他還責備他的朋友們，在他喝毒酒前的最後時刻，不該緊張得幾近崩潰。相反，他自己卻若無其事地喝下了毒酒，然後躺下來靜候死神的光臨。他臨終前最後的請求，是希望他的朋

友克力同（Crito of Alopece）在阿斯克勒庇俄斯[050]（Asclepius）跟前獻祭一隻公雞。在他眼裡，死亡就是靈魂從肉體中解脫出來，就像接受一種治療一樣。

我們在對話錄《巴曼尼得斯篇》中已經討論了巴門尼德對蘇格拉底理念論的批判。在《泰阿泰德篇》中，我們的確遠離了蘇格拉底的理論，柏拉圖自己的學說正開始成形。如前所述，蘇格拉底認為知識具有形式，而感知只能產生意見，這一觀點正確地強調了數理知識與感知經驗之間的某些差異，但它作為一般的知識論卻從未成功過。實際上，《巴曼尼得斯篇》就指出了它不可能成功的原因，而《泰阿泰德篇》為解決這個問題又做了新的努力。

在《泰阿泰德篇》中，蘇格拉底仍然是中心人物之一。該篇批判了《理想國》中隱藏的知識論，所以這個問題由蘇格拉底本人來探討，似乎並無不妥。但這時蘇格拉底的觀點已經不再處於主導地位了。在隨後的對話錄中，柏拉圖終於提出了自己成熟的觀點，並且借一個陌生人之口講述了自己的理論，於是蘇格拉底也就消失了。

對話錄得名於著名的數學家泰阿泰德（Theaetetus），他以精於算術和幾何學而著稱於世。他發明了計算二次不盡根的一般方法，還完成了正立面體理論。我們從對話錄中可以看到，在蘇格拉底受審前不久，他已經是一個前途無量的年輕人了。西元前369年的科林斯戰役之後，泰阿泰德因傷身亡。本篇的問世就是對他的紀念。對話錄序言中的玩笑引出了什麼是知識的問題。起初，泰阿泰德也是犯了常見的錯誤，即不是

[050] 阿斯克勒庇俄斯，古希臘神話中的醫神，為太陽神阿波羅（Apollo）和塞薩利公主科洛尼斯（Coronis）之子。他行醫人間，不但帶著手杖，而且手杖上總是盤繞著一條蛇。其手杖便成了醫療的象徵，在世界衛生組織等各種醫療衛生組織中，其徽標多有木杖和盤繞著的蛇的圖案。——譯者注

下定義，而是舉例子。但他很快就意識到了這一點，並給出了第一個定義。他說，知識就是基本感覺。這是一個通用的希臘術語，意指任何類型的感覺。英語中的「麻醉」只是失去知覺的意思。更具體地說，我們在這裡考慮的就是感知。「知識就是感知」的觀點實際上與普羅達哥拉斯的原則是一致的，他認為人是萬物的尺度。在感官知覺中，事物以其原樣出現，因此我們是不會搞錯的。在下面的討論中，問題變得明晰起來，即他為知識下的定義是不充分的。首先，我們不可能真的認為，某種事物就是以它出現的原樣存在的，因為事實上沒有任何事物是這樣。正如赫拉克利特所說，事物總是處在一種不斷形成的狀態中。感知實際上是知覺者與知覺對象之間的相互作用。而且，普羅達哥拉斯自己也承認，在必須有定論的問題上，一個人的觀點不一定比另一個人的好，專家的判斷也不一定就比外行的判斷準確。另外，一個毫無哲學思想的人基本上不會贊同這種準則，所以這本身就意味著普羅達哥拉斯必須承認，他的理論對於這樣一個人來說，是失真的。討論的結果是：如果我們想按照赫拉克利特的流變學說來描述知識，那麼我們就找不到什麼可說的東西，因為每當我們用某個詞去約束任何一個事物的時候，它都已經消失在別的事物之中了。所以我們必須試試用別的方法來解答什麼是知識的問題。

下面，讓我們考慮一下這個事實：當各種感官都有其特定的對象時，透過不同的感官就可以獲取不同的知覺，如果有任何東西需要與這些不同的知覺發生關聯，那麼它就會要求用到某種整體的感官功能。這個整體感官就是靈魂或心靈，柏拉圖對這兩個詞沒有作明顯的區分。靈魂可以理解這樣一些普遍屬性，如一致、差異、存在和數量，同時它還可以理解倫理和藝術的一般屬性。因為我們不能把知識簡單地定義為感

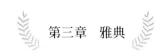

官知覺，我們應該盡力從靈魂的角度找到知識的定義。靈魂的作用就是進行自我對話。當某個問題得到一定程度的解決時，我們就說這是由於靈魂做出了判斷。現在，我們必須來證實一下能否把知識定義為正確的判斷。我們透過調查發現，這一理論不可能對錯誤或錯誤的判斷做出滿意的解釋。很顯然，所有的人都會承認犯錯誤是不可避免的。真理與謬誤的區別在這個層面上還沒有被揭示出來。柏拉圖所做的只是開拓性工作，因為他自己對這個問題的解釋在當時還沒有完全展開。

　　假如判斷是靈魂本身的一種活動，那麼就不可能有錯誤的判斷。我們不妨設想一下，如果心靈就像一塊刻有記憶標識的平板，那麼謬誤可能就存在於當前的感覺與錯誤標記的關聯中。但如果遇到算術錯誤，這就不發揮作用了，因為我們對它沒有感覺。如果我們把心靈比做鳥籠，籠子裡的這些鳥就是知識的各個片段，那麼我們偶爾也會抓錯某隻鳥，而這隻被抓錯的鳥就是謬誤。但是，犯錯並不等於說出一個離題的真理，因此我們必須事先設想其中一些鳥就代表著某種謬誤。但這樣一來另一個問題又出現了，即如果我們抓到了其中的某隻鳥，而且一抓到就知道牠正是某個謬誤，那我們就永遠不會去犯這個錯誤，另外，我們還注意到了這個論證所忽略的一點，即如果我們匯入了各種謬誤（事先就存在），那麼在解釋謬誤時，整個敘述就會變成一種循環論證。

　　況且，一個人做出某個正確的判斷很可能是由於偶然原因或其他原因，比如說，他要堅持某個觀點，而這個觀點碰巧在事實上又是正確的，知識的最終定義企圖符合如下論述：所謂知識就是有論證支持的正確判斷，沒有論證就沒有知識。我們不妨想一想那些字母，它們可以有名稱，但沒有含義。當它們組成音節而這些音節又可以被分析時，它們就成了知識的對象。但是，假如音節只是字母的堆砌，那麼它們就像其

本身一樣，是不可知的。如果音節不僅僅是字母的堆砌（還有其他特徵），那麼正是這個附加特徵才使它們變成了可知的。如此看來，上述知識定義就毫無意義了。另外，這裡所說的論證又是什麼意思呢？很顯然，論證就是去解釋某一事物如何與其他一切事物不同。我們可以說論證就是進一步的判斷，也可以說它就是關於事物間區別的知識。前一種說法意味著某種迴歸，後一種則是定義上的某種循環。儘管我們的問題沒能找到解決的辦法，但也澄清了某些誤解。無論是感知還是推理，都無法做到單獨解釋知識。

知識問題和謬誤問題顯然是同一個問題的兩個方面。由於在目前的討論中，哪一個方面都不能得到解決，所以我們必須換一個新起點。現在就讓我們把注意力轉移到這個新起點上來吧。

來看另一篇對話錄，它是《泰阿泰德篇》中的對話在次日的繼續，這就是《詭辯家篇》。從文風上看，該篇的寫作年代可能比《泰阿泰德篇》要晚很多。雖然進行討論的還是原來那些人，但現場多了一位伊利亞的陌生人。正是這位陌生人成了對話的中心，而蘇格拉底只充當了一個微不足道的配角。從表面上看，《詭辯家篇》所涉及的是一個定義問題，即何為詭辯家，怎樣才能把他與哲學家區分開來。這裡面似乎隱藏著某種交鋒，它主要是針對梅加臘的蘇格拉底學派的，該派提出了一種片面而具有破壞性的伊利亞強辯模式。從這位伊利亞陌生人的嘴裡，我們似乎聽到了柏拉圖自己的聲音，該篇表現出對論點更為正確的掌握，並提出了一個解決謬誤問題的高明方法。柏拉圖借這位陌生人的口，使我們了解到他自己堅持了哲學發展的真正傳統，而梅加臘詭辯家的悖論販子已經誤入了歧途。

事實上，《詭辯家篇》所討論的問題是巴門尼德關於「不存在」的

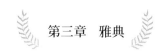

難題。巴門尼德認為，這個問題主要與物質世界有關，而其追隨者卻把它擴展到了邏輯學領域，我們在這裡要驗證的正是這個問題。在談論對話錄這個核心問題之前，我們也許應該對劃分方法稍加評論，因為它是阿卡德米的分類程序。亞里斯多德就是在阿卡德米學習期間進行他的動物分類工作的。這種方法為我們提供了詳盡的術語定義，其過程是，先從「種」開始，然後透過給出一組可以替換的「屬差」，一步步將其逐級一分為二。《詭辯家篇》給出了一個解釋這一過程的初步例子，需要被定義的術語是釣魚。首先，釣魚是一門技術，因而技術就構成了第一個「種」；我們可以把技術分為生產技術和獲取技術，釣魚顯然屬於第二種；現在，獲取又可以分為兩種情況，一是獲取對象是心甘情願的，二是獲取對象完全是被捕獲到的，釣魚就屬於後面這種情況；捕獲又可分為公開的和隱蔽的，釣魚屬於後者；被捕獲的東西可以是沒有生命的，也可以是有生命的，釣魚的對象就屬於後一種；動物可能生活在陸地上，也可能生活在水裡，這裡所需定義的術語就屬於後者；生活在水裡的動物可以是禽類，也可以是魚類，而魚可用網或魚鉤來捕獲；捕魚在夜裡或白天進行都可以，而釣魚是在白天進行的；我們可以把鉤放到水上，也可以放到水下，釣魚則屬於後者。現在，回顧一下我們的步驟，並且把所有「屬差」聚在一起，我們就可以為釣魚下這麼一個定義：這是一種在白天進行的、用隱蔽方式將鉤放到水下並捕獲水生動物的技術。當然，我們也不必對這個例子太較真，選擇它做例子是因為我們也可以把詭辯家看做釣魚者，只不過他們的獵物是人的靈魂。關於詭辯家的種種定義也是如此，我們不必對此深究下去。

現在我們轉到伊利亞問題的討論上來。正如那位陌生人敏銳地指出的那樣，之所以會產生關於「不存在」的難題，正是因為哲學家們未能

正確地理解「存在」的含義。我們不妨回顧一下，《泰阿泰德篇》中認為知識至少要有相互作用，因此也就需要「運動」（不管它還需要別的什麼）。但知識同樣需要「靜止」，否則任何東西都不可以談論了。如果事物要成為探究的對象，那麼它們就必須在某種意義上保持原樣。這也給了我們一個解決這個難題的暗示，因為運動和靜止肯定都是存在的，但由於它們相互對立，因此無法結合在一起。它們本身似乎可以有三種組合的可能，要麼是萬物保持完全分離的狀態，這時候運動和靜止都不能與「存在」發生關係；要麼是萬物可以合併在一起，那麼運動和靜止也應當能夠合併在一起，但它們顯然又不能。因此問題仍然是，某些事物可以合併，另一些則不能。解決難題的辦法就是承認「存在」和「不存在」的說法本身就是毫無意義的。它們只有出現在某個判斷中才有意義。所謂「形式」和種類，如運動、靜止、存在，都是《泰阿泰德篇》中已經提到過的普遍屬性，它們顯然有別於蘇格拉底的「形式」。後來的「範疇論」就是從這種柏拉圖式的形式論發展起來的。

辯證法的作用就是研究哪些形式或「最高種類」能夠結合，哪些不能。正如我們所了解的那樣，運動和靜止是不可以結合在一起的，但是它們能夠分別和「存在」結合，而且自身都存在。另外，運動與它本身是一致的，但不同於靜止。相同或等同、不同或相異，就像「存在」一樣無所不在。因為它們每一方都與自身等同，而與所有其他方面相異。

現在，我們可以了解「不存在」是什麼意思了。我們可以說運動既存在又不存在，因為它是運動，而非靜止。那麼在這個意義上，「不存在」與「存在」就屬於同一層次。但是很明顯，這裡所說的「不存在」絕不能完全抽象地去理解。它是這樣的「不存在」，或者更確切地說，它不同於這樣的「存在」。柏拉圖由此找到了困難的根源。用現代的行業術語

來說，我們必須把「is（是）」在存在判斷方面的用法和它作為命題繫詞的用法加以區分。其中後一種用法具有重要的邏輯意義。

在這個基礎上，我們就可以對謬誤做出一個簡單的解釋。正確的判斷就是按事物的原樣做出判斷。如果我們不這樣做，就會做出不正確的判斷，因而出現失誤。可能讓讀者感到意外的是，這個結果並不像他們認為的那樣艱難和神祕。但是我們一旦知道了解決辦法，就可以處理任何問題。

最後，我們還可以看到，《泰阿泰德篇》中的問題也順便被解決了。從某種意義上說，這不是一個恰當的問題。我們必須堅持判斷，而我們現在已經知道，這些判斷可能是正確的，也可能是錯誤的。但我們怎樣才能知道一個判斷的正確與否呢？答案就是，如果它與事物相符，那麼它就是正確的，否則就是錯誤的，沒有什麼正式標準能確保我們不犯錯誤。

我們剛才對「不存在」所作的概括性解釋，使我們從此能夠處理「變化論」。它也使赫拉克利特的理論變得更為清晰，並去掉了它表面的悖論色彩。柏拉圖還提出了「變化論」，這和我們今天所了解的原子論及數學物理直接相關。這一理論是在《蒂邁歐篇》中提出來的，該篇是柏拉圖思想成熟期和最後階段的一篇對話錄，其中對宇宙進化論的解釋將使我們離題太遠，我們需要注意的是，其中有大量畢達哥拉斯學說的成分。還有正確解釋行星運動的種種提示。沒錯，太陽中心說可能就是阿卡德米的發現。這篇對話錄還談到了許多別的科學問題，但我們不得不把它們放在一邊。我們現在就轉到柏拉圖的「幾何或數學原子論」上去。按照這個觀點，我們必須將形式、基本物質和感性世界的有形實在區分開來。這裡的基本物質僅僅是指虛空，可感知的實在是種種形式

與空間混合的結果，這些形式在空間裡留下了痕跡。柏拉圖在這個基礎上，為我們提供了用四種元素來解釋物質世界的方法，這個世界既是物理的，又是生物的，但這些元素現在被依次認為是由兩種基本三角形構成的幾何體，其中包括半個等邊三角形和一個直角等腰三角形，也就是半個正方形。我們可以用這些三角形構成五種正立體之中的四種。四面體、立方體、八面體和十二面體分別代表火、土、氣、水的基本粒子。透過把這些立體拆分成構成它們的三角形，再將其重新編排，就可以實現元素間的變換。另外，火的粒子具有銳利的尖頭，可以刺穿別的立體；而水是由平滑的粒子構成的，所以水會流動。事實上，這裡所說的變換理論就是近代物理理論的一個了不起的發現。和德謨克利特的唯物主義原子論相比，柏拉圖確實領先了一大步。這些基本三角形顯然就相當於近代物理學中的核或基本粒子，它們是基本粒子的組成部分。我們還會看到，這些粒子並沒有被稱為原子，對古希臘人來說，這是一個明顯的錯誤。原子的字面意思是指一種不可分割的東西，因此，嚴格地說，由其他成分構成的東西是不應該叫做原子的。

柏拉圖在這方面正是近代主要科學傳統的先行者。一切事物都可以歸於幾何，這是笛卡兒明確提出的觀點，愛因斯坦也以另一種方式說明了這一點。當然，柏拉圖拘泥於四種元素，從某種意義上說，這的確是他的一種局限性。他之所以選擇四種元素，是因為這個觀點在當時非常盛行。柏拉圖所做的努力就是要「顧全現象」，而對這個觀點給出「邏各斯」或解釋，他提出的假說是數學式的。我們知道，從數的觀點看，世界最終是可以解釋清楚的，這也是柏拉圖接受的部分畢達哥拉斯學說。因此，我們得到了一個可以進行物理解釋的數學模式。就方法來說，這也正是今天的數學物理學的目標。

　　這個理論應該和正立體理論有一種特殊的關聯，也許這就是畢達哥拉斯學派神祕主義的一個特徵。的確，在這個方案中，我們沒有找到十二面體。在五種立體中，只有這一種的各個面不是由兩種基本三角形，而是由等邊五角形構成的。我們回顧一下就知道，五角形正是畢達哥拉斯學派的神祕符號之一，它的構造涉及無理數，我們在討論後期畢達哥拉斯學派時曾提到過無理數，而且，十二面體看上去要比其他四個立體都要圓一些，因此柏拉圖就用它來代表世界。這種思考並不影響這個數學模式的合理性。

　　由於時間關係，我們無法在這裡完全展開柏拉圖的數學理論。但不管怎樣，我們必須靠對話錄中的部分提示和亞里斯多德的某些講述，才能把這一理論完整地拼接出來。但是，注意以下兩件事是很重要的：

　　首先是柏拉圖（就算不是他，也是阿卡德米學院）修正了畢達哥拉斯學派關於數的理論，使它免遭伊利亞學派的批判。在這裡，他還預示了一個十分現代的觀點。數的序列被認為是從「零」而不是從「單元」開始，這就為發展一般的無理數理論提供了可能性。如果有誰「賣弄」學問，現在就不應該再像當初那樣說他無理了，同樣，在幾何學中，線被認為是由一個點的運動產生的，這個觀點在牛頓的流數理論[051]中充當了主角，流數理論就是後來被稱為微積分的原形之一。我們可以清楚地看到，根據辯證法精神，這些發展促進了算術與幾何學的統一。

　　第二件重要的事就是據亞里斯多德說，柏拉圖曾經說過數不能相加，這個宣告實際上包含著一種極具現代色彩的數字觀的萌芽，和畢達

---

[051] 西元 1665 年 5 月 20 日，英國傑出物理學家牛頓首次提出「流數術」（即微積分），後來世人就以這天作為「微積分誕生日」。自古希臘以來，求解無窮小問題有種種特殊方法，牛頓將其統歸為兩類：正流數術（微分）和反流數術（積分），反映在〈運用無限多項方程式〉、〈流數術與無窮級數〉、〈曲線求積術〉三篇論文和《自然哲學的數學原理》一書中，以及他所寫的在朋友中傳閱的手稿〈論流數〉中。—— 譯者注

哥拉斯學派一樣，柏拉圖也把數視為形式，而形式顯然是不可以相加的，當我們做加法時，只是把某一類東西放在一起，比如卵石。但是數學家們所說的這類東西卻既不同於卵石，也不同於形式，而似乎是介於兩者之間，數學家們相加的東西並沒有被確定屬於哪一類，它可以屬於任何一類，只要在相關的方面，所有相加的東西都屬於同一類。根據弗雷格（Friedrich Ludwig Gottlob Frege）、懷海德（Alfred North White-head）和我替數下的定義來看，這一點就變得十分明晰了。例如，數「3」代表一切種類的三重物；一個三重物則代表了給定類別的這一類事物。同樣，其他任何基數無不如此。數「2」代表所有二重物，一個二重物則是某一類事物。你可以把屬於同一類的一個三重物和一個二重物相加，但不可以把數「3」和數「2」加在一起。

亞里斯多德雕像

至此，我們僅僅是對柏拉圖的某些重要理論作了一番簡要的概括。就思想的廣度和深度而言，很少有別的哲學家能與柏拉圖相比（即使有，也十分罕見），而超過他的人，則一個也沒有。任何打算從事哲學研究的人如果忽視了他，都是不明智的。

亞里斯多德是居住在雅典，並在那裡講學的三位偉大思想家中的最後一位，他也許是最早的職業哲學家，在他生活的年代，古典時期的巔峰已經過去，雅典在政治上正變得日漸衰落，馬其頓的亞歷山大（Alexander the Great）（年輕時曾是亞里斯多德的學生）為希臘化世界的繁榮打下了帝國基礎，不過這是以後的事了。

亞里斯多德與蘇格拉底、柏拉圖不同，他是寄居在雅典的外地人。他大約在西元前 384 年降生於色雷斯的斯塔基拉，他的父親是馬其頓國王的御醫。18 歲那年，亞里斯多德就被送到了雅典的阿卡德米學院，師從柏拉圖。在將近 20 年的時間裡，他始終是阿卡德米的一員，直到西元前 348 年至西元前 347 年柏拉圖辭世，他才離開那裡。由於阿卡德米的新任院長具有強烈的柏拉圖式數學傾向，而這種傾向正是亞里斯多德懂得最少和最不喜歡的，因此他離開了雅典。

我們發現，在接下來的 12 年裡，他在很多地方工作過，小亞細亞海岸的密西亞統治者赫米阿斯（Hermias of Atarneus）曾是亞里斯多德的老同學，亞里斯多德後來應他的邀請加入了當地的一個阿卡德米同學會，並娶了東道主的姪女為妻。3 年後，他去了累斯博斯島的米提利尼。

前面說過，亞里斯多德的動物分類工作是他在阿卡德米期間進行的。他在愛琴海居住的日子裡，肯定也做過海洋生物學的研究，他在該領域所做的貢獻，直到 19 世紀才有人超越。西元前 343 年，他被召到馬其頓國王腓力二世（Philip II of Macedon）的宮廷裡，擔任王子亞歷山大

的導師。亞里斯多德任該職達 3 年之久，但我們卻找不到這個時期可信的原始資料，這也許是一件憾事。人們不禁會感到疑惑，這位智慧的哲學家用什麼方法管住了桀驁不馴的王子？但我們似乎仍然可以肯定地說，兩個人看法完全一致的情況並不多。亞里斯多德政治觀念的基礎是幾乎快要消亡的希臘城邦，而亞歷山大大帝統治下的中央集權帝國，在他看來（實際上是在所有的希臘人看來）就是一種野蠻人的發明。就像在一般的文化問題上一樣，希臘人對自己的城邦制度的優越性表現出相當的

亞歷山大

敬意，但時代在改變，城邦在一天天衰落，一個希臘化的大帝國呼之欲出。關於亞歷山大崇尚雅典文化的說法是完全真實的，但那時候所有人都是這樣，並不是因為亞里斯多德的緣故。

從西元前 340 年到腓力去世（西元前 335 年），亞里斯多德一直在故鄉生活：然後，從西元前 335 年到西元前 323 年亞歷山大去世，他始終在雅典工作。在這個時期，他創辦了自己的學校──呂刻昂學院，這個名稱源自阿波羅神廟附近的呂刻俄斯（Lyceus）（殺狼者）。亞里斯多德在這裡為各個班級授課，授課的方式就是在講堂和庭園中漫步，邊走邊講。由於這一習慣，呂刻昂的教學就逐漸獲得了逍遙哲學或漫步哲學的名聲。有意思的是，英語單字「論述」（discourse）的原意就是「來回走」。它的拉丁文前身直到中世紀才開始具有現在的「推理論證」這

一含義，因此，它的最初含義可能與逍遙哲學有關，儘管這一點還沒有完全的定論。亞歷山大去世後，雅典人開始起義，反抗馬其頓的統治。亞里斯多德自然也被人另眼相看，人們懷疑他是馬其頓的支持者，並以褻神的罪名指控他。蘇格拉底的案子已經說明，這種法律實踐有時候會導致不愉快的結局。亞里斯多德可不是蘇格拉底，他決定躲避「愛國者們」的魔爪，以免被雅典人再添上一個反哲學的罪名。他讓泰奧弗拉斯托斯[052]（Theophrastus）來管理呂刻昂學院，自己則退居到了加爾西斯，直到西元前 322 年離開這個世界。

亞里斯多德留存至今的絕大部分著作都屬於第二雅典時期。這些作品並非全都是真正的書。似乎爭議最少的是，亞里斯多德全集中有的部分是根據授課筆記寫成的，因此看來，亞里斯多德就是這些教材的第一作者。而有些作品則簡直像學生們的紀錄。正是由於這個原因，亞里斯多德的著作在文風上顯得枯燥平淡，儘管據說他也曾仿效柏拉圖寫過一些對話錄。亞里斯多德的對話錄沒有一篇得以流傳下來，但從他別的作品來看，他在文學上的地位顯然無法與柏拉圖相比。柏拉圖寫出了令人激動的傑作，而亞里斯多德卻製造出枯燥乏味的教科書；柏拉圖文采飛揚，寫下了散文一樣優美的對話錄，而亞里斯多德寫的卻是系統性的論文。

要了解亞里斯多德，就必須知道他是第一個批判柏拉圖的人。但我們並不能說亞里斯多德的批判都是有理有據的。當他陳述柏拉圖學說時，我們有理由信任他；但當他繼續解釋其意義時，就不那麼可信了，

---

[052] 泰奧弗拉斯托斯（約西元前 371 年 - 約前 288 年），亞里斯多德的弟子，古希臘邏輯學家、哲學家、植物學家。西元前 323 年亞里斯多德逃離雅典後，他接替亞里斯多德主持呂刻昂學院，成為逍遙學派的第一任領袖。他全面繼承亞里斯多德的邏輯學說，力求加強其系統性和完整性，同時也接受一些非亞里斯多德的觀點。在哲學上，他認為火是一種運動的形式，並反對在自然界中尋找目的。他在植物學方面也有重要貢獻。 —— 譯者注

當然，我們可以設想亞里斯多德熟知當時的數學，他是阿卡德米成員之一的事實似乎就可以證明這一點。但同樣明顯的是，他並不贊同柏拉圖的數學哲學，實際上，他也從來沒有真正弄懂過它。當他評論前蘇格拉底學派時，我們也必須同樣持保留意見，可以信賴他所作的間接陳述，但絕不能完全相信他所有的解釋。

　　亞里斯多德還是一位著名的生物學家，儘管我們能體諒他的一些十分古怪的過失，他在物理學和天文學方面的觀點也只能說是混雜不清，令人失望；而綜合了米利都學派與畢達哥拉斯學派傳統的柏拉圖，在這一領域卻非常接近正確目標，後來的希臘科學家，如阿里斯塔克斯[053]和埃拉托斯特尼[054]（Eratosthenes），也都是這樣。亞里斯多德對系統思考最著名的貢獻就是他的邏輯學著作，儘管其中有相當部分源自柏拉圖的觀點，但柏拉圖的邏輯學說散見於大量其他材料中，而亞里斯多德則把它們蒐集起來，並以一種至今仍然保持原樣的講授方式提了出來。亞里斯多德的影響曾經一度阻礙了歷史的進步，這主要是由於他的許多追隨者持一種盲從的教條主義態度。當然，我們不能責怪亞里斯多德本人。文藝復興時期的科學復興仍然是與亞里斯多德決裂而重新走向柏拉圖。就亞里斯多德的觀點本身而言，仍然是古典時代的產物，儘管雅典在他出生之前就漸漸衰落了。對於自己有生之年發生的政治變革的重要意義，他從來沒有理解過，而古典時代早已逝去多年了。

　　我們討論亞里斯多德的形上學時之所以頗覺困難，一是由於它大量

---

[053] 阿里斯塔克斯（約西元前 310 年 - 前 230 年），古希臘天文學家，數學家。他是史上有記載的首位提倡日心說的天文學者，將太陽而不是地球放置在整個已知宇宙的中心，被稱為「希臘的哥白尼」。其觀點並未被當時的人們理解，並被掩蓋在托勒密的光芒之下，直到 2,000 年後，哥白尼才很好地發展和完善了其理論。── 譯者注

[054] 埃拉托斯特尼（西元前 275 年 - 前 193 年），古希臘博學的哲學家、詩人、天文學家和地理學家。其成就主要表現在地理學和天文學方面。因其在測地學方面的傑出貢獻及首創西文「地理學」一詞，被西方尊為「地理學之父」。── 譯者注

散見於其所有的作品之中，二是由於他沒有作某種明確的交代。首先值得注意的是，我們現在所說的形上學和亞里斯多德時代的形上學，含義是不一樣的。形上學的字面意思只是「在物理學之後」，之所以如此稱呼，是因為一位早期的編輯在安排作品順序時把它放在了物理學之後。也許把它放在物理學之前更恰當一些，因為那個位置本來就屬於它。亞里斯多德可能會稱它為「第一哲學」，也就是對於研究工作的一般前提的討論，然而「形上學」這個名稱已經傳播開了。

可以這樣說，亞里斯多德在這一領域的工作就是試圖以自己的新理論來取代蘇格拉底的理念論。他的主要批判就是應用於參與學說的「第三者論證」，但這不過是附和了柏拉圖在《巴曼尼得斯篇》中的意見而已，因為亞里斯多德轉換了物質論和形式論。例如，用來建造圓柱的材料是物質，而類似於建築師畫的圓柱圖樣的東西就是形式。在某種意義上，兩者都是抽象概念，而兩者的結合才是真實的該物體。亞里斯多德也許會說，正是在這種形式被施加到物質上時，才使後者能以原樣存在。形式賦予物質特徵，實際上就是使物質變成了某種實體：如果我們想正確地理解亞里斯多德的話，有一點特別重要，那就是不能把物質和實體混為一談。「實體」一詞是從亞里斯多德時代的希臘文直譯過來的，其含義是「基礎的東西」，它是某種不變的事物，是品質的載體。正因為我們會自然地傾向於按照某種原子論來思考，所以才會將實體與物質混為一談。因為在某種意義上，原子就是物質的統一體，其作用是承載品質和解釋變化。我們在談到原子論者時就已經暗示過這一點了。

按亞里斯多德的理論，形式無論如何也比物質更重要，因為形式是可以創造的。當然，物質也需要，但僅僅是被當做原材料而已。從字面意思上說，形式最終是實體的，按照剛才的解釋，顯然就意味著形式是

構成現實世界的基本的、不變的、永恆的實體，因此，歸根結柢，這與蘇格拉底的理念或形式並沒有太大的差別。假如說形式是實體的，那就意味著它們獨立於個體事物而存在著，至於這種實體是怎樣存在的，則從來沒有過明晰的解釋，不管怎麼說，似乎還沒有人打算替它們確定一個屬於它們自己的獨特世界。值得注意的是，亞里斯多德認為，他的形式與共相是全然不同的。實際上，對理念論的批判和一個簡單的語言觀點有關。在日常會話中，有些詞代表事物，有些詞則描述該事物的樣子，前者是名詞，後者是形容詞。用專門的術語來說，名詞有時又叫「表示獨立存在的詞」。這一術語可以追溯到希臘化時代，並且揭示了亞里斯多德的理論對語法學家產生了多麼強大的影響。因此，名詞也就是實體詞，而形容詞則是表示品質的詞。但如果我們由此推斷出肯定獨立存在著以形容詞命名的共相，那就錯了，亞里斯多德的共相觀點是更有機的，類似於生物學家的觀點。

共相總會在一定程度上干預事物的生成，但共相並不存在於自己的影子世界裡。儘管亞里斯多德不打算用他的物質 —— 形式理論來取代共相，但他的理論卻和這個問題有關。而且正如我們所知，它也並沒有真的脫離理念論。我們還應該記住很重要的一點，按照亞里斯多德的理論，人們完全可以恰當地談到非物質的實體，靈魂就是一個例子，它賦予肉體以形式。靈魂本身是一個實體，卻又是非物質的。

有一個問題是伴隨著共相問題出現的，就是如何解釋變化的問題。有些人，如巴門尼德，發覺這個問題過於複雜，於是乾脆否定了變化的存在。而另一些人則採納了某種精細的伊利亞學說，並用原子論來進行解釋。還有一些人則繼續利用部分共相論，凡此種種，前面都已經提到過了。我們發現，與原子論相比，亞里斯多德的現實性和潛在性理論更

類似於共相論。

在討論潛在性問題時，我們應該注意把它沒有價值的一種形式拋開。有一種說法認為，潛在僅僅是發揮了「馬後砲」的作用。假如一瓶油已經燃燒起來了，那麼我們就可以說，這是因為它事先具有了燃燒的潛在性，但是顯然，這根本不能算什麼解釋。的確，某些哲學學派正是根據這種理由，否認在這個問題上能夠說出的任何有價值的觀點。正如我們後面將看到的那樣，梅加臘的安提西尼 [055]（Antistene）就是其中之一。根據這種觀點，事物或者具有，或者不具有某種性質，除此之外全是廢話。但是，我們顯然確實可以做出這樣的陳述，如「油是可燃的」，而且它們完全具有意義。亞里斯多德的分析為我們提供了正確答案。當我們說一個事物具有 A 的潛在性時，我們指的是在某種條件下，潛在性確實會變成事實。說「油是可燃的」，就是承認如果給出一組指定的條件，它就會燃燒。因此，如果溫度正合適，那麼你在油面上劃一根火柴就能把它點燃。當然，這裡所說的條件必須是事實上能夠出現的條件，或者是現實的條件。從這樣的邏輯意義上說，現實的要優於潛在的，這時，就可以用一種實體來解釋變化了，這種實體就是能在其中變成現實的一系列品質的潛在載體，無論這種解釋在實踐中可能有什麼樣的缺陷，但它至少在原則上是重要的，如果我們還記得亞里斯多德對潛在性的解釋，這種方法顯然能讓我們更多地聯想到蘇格拉底和柏拉圖，而不是原子論者：亞里斯多德在生物學方面的興趣影響了其部分觀點，因為潛在性在生物學中尤其有用。但是，這個觀點還不是很完整，因為有一個重要的方面它還沒有涉及，即它沒有提到各種變化是怎樣發生及為什

---

[055] 安提西尼（西元前 445 年 - 前 365 年），古希臘哲學家，犬儒學派的奠基人，蘇格拉底弟子之一。他發揚了蘇格拉底重視德行的思想，認為美德是唯一必須追求的目標，只有經過肉體的刻苦磨練才能得到，這是唯一可能的幸福，從而鄙視一切舒適和享受。—— 譯者注

麼會發生。在這方面，亞里斯多德有一個十分詳盡的答案，我們將在談到他的因果論時再考慮。至於宇宙起源說，還有上帝是第一動因或強大推動力的觀點，也將在以後討論。不過在這裡我們要記住的是，亞里斯多德把他的神學看做是我們現在所稱的形上學的一部分。

　　現在，我們轉到亞里斯多德的邏輯學上來。前面已經說過，希臘科學和哲學的一個顯著特徵就是證明概念。東方天文學家只滿足於記錄現象，而希臘的思想家卻在竭力解釋它們。證明一個命題的過程包括建立各種論證。當然，這種工作在亞里斯多德之前就已經有人做了很長時間了，但據我們所知，他們當中還沒有一個人對論證所採取的形式作過詳盡的普遍性解釋。在這裡，亞里斯多德的著作提供了一種考察，不管怎樣，他和康德（Immanuel Kant）都認為這種考察是完整的。他在這方面的不幸疏忽其實並不重要，重要的是，他已經發覺了對形式邏輯做出普遍性解釋的可能性。也許我們最好馬上強調一下非形式邏輯的不存在，也就是說，論證的普遍性形式是邏輯學的一項研究，亞里斯多德的邏輯學是靠大量與其形上學相關的假設存在的。首先，他想當然地認為所有的命題都是「主謂」型的。日常談話中有很多命題就屬於這種形式，這也正是「實體與品質」形上學產生的根源之一。當然，柏拉圖早就在《泰阿泰德篇》中提出了這種「主謂」形式，可以想像，亞里斯多德是第一個將該形式衍生出來的人。共相問題正是在這種情況下出現了。劃分命題的依據就是它們所涉及的究竟是共相還是個別。如果是前者，它們就可以涵蓋共相的整個範圍，如「人都是要死的」，這被稱為全稱命題；換一種情況，命題可能就只包括共相的一部分，如「有的人是明智的」，這是一個特稱命題；而「蘇格拉底是一個人」這樣的命題則是單稱命題，當我們在某項論證中將這些命題結合起時，單稱命題就必須被當做全稱

命題來處理。命題是肯定的還是否定的，要看它的主語是在承認還是在否定什麼。

根據這種分類法，我們現在來看看論證中會發生什麼情況。從以一個或多個命題為前提開始，我們推論出別的命題或這些前提產生的結果。亞里斯多德認為，一切論證的基本類型就是他所說的三段論法。三段論法就是具有兩個「主謂」型前提的論證，而且它的兩個前提必須有一個共同的項。這個中間的項將在結論中消失。以下就是一個三段論法的例子：所有人都是理性的，嬰兒是人，所以嬰兒也是理性的。在這個例子中，結論的確是由兩個前提推出的，因此論證是成立的。至於各前提本身是真是假，則是另一個問題。的確，我們也可能從錯誤的前提中推出正確的結論來。但重要的是，如果各前提是真的，那麼任何一個被有效推導出來的結論也必然是真的。所以，揭示哪些三段式論證有效，哪些無效，是非常重要的。

亞里斯多德對無效的三段論法作了一番系統性的解釋，首先，各種論證按其「格」分類，「格」則取決於項的排列。亞里斯多德提出了三種不同的構型，斯多葛學派後來又發現了第四種：在每個「格」中，有些論證有效，有些則無效。18 世紀的瑞士數學家尤拉（Leonhard Euler）發明了一種巧妙的檢驗三段論法的方法。即用一個圓圈來表示某個項的範圍，這就很容易發現某個論證是否正確，因此就不難看出上文給出的例子是正確的。經院哲學家 [056] 為這種「第一格」三段論取了一個專門的名稱 ——「巴巴拉」。同樣，哺乳動物都不會飛，豬是哺乳動物，所以豬

---

[056] 經院哲學，歐洲中世紀特有的唯心主義思辨哲學，為宗教神學服務。它是天主教教會為了訓練神職人員而在其所設經院中教授的理論，故名經院哲學。其研究限制在基督教教義的範圍內，目的在於為信仰尋找合理根據，反對脫離教義而依靠理性和實踐去認識和研究現實。其傑出研究者被稱為經院哲學家。—— 譯者注

也不會飛，這也是一個有效的「第一格」論證。這種形式被稱為「西拉倫特」，請注意，在這個特殊例子中，結論是真的，儘管有一個前提不真，因為蝙蝠就是會飛的哺乳動物。

　　亞里斯多德在後世的威望，使他的三段論法在其後兩千多年中被邏輯學家們認定為唯一的論證類型。而對三段論法的批判，最後竟然還是由亞里斯多德本人最先提出的。例如：所有人都是會死的，蘇格拉底是人。因此蘇格拉底也會死。在這個論證中我們已經假定，如想知道第一個前提（人都會死），則必須事先知道結論。因此，這一論證採用的是未經證明的假定。造成這種誤解的原因就在於誤解了我們是如何知道「所有 A 都是 B 的」這一結論的。實際上，通常沒有必要，也不會對 A 逐一檢驗，看它是不是 B。相反，最常見的做法是檢驗某一單個例子，了解其關係就可以了。這一方法在幾何學裡更是如此，比如說所有三角形的三角之和等於兩個直角之和，在大膽地做出一般性斷定之前，任何明智的幾何學家都不會去逐一細看各種三角形，以消除心中的顧慮。

　　簡明扼要地說，這就是三段論法的主旨。亞里斯多德還論述過由模態命題構成的三段論，也就是包含「也許」或「一定」，而不是「是」的陳述句。模態邏輯在現代符號邏輯領域裡再次引起了人們的關注。從較新的發展看來，三段論學說在當今似乎並沒有原來想像的那麼重要，就科學領域而言，三段論法的運用並沒有證明其前提。於是出發點的問題就被提了出來。按照亞里斯多德的觀點，科學必須開始於某些不需要論證的陳述。他把這種陳述稱為公理，它不一定在人們的經驗中很普遍，但只要一解釋就能使人清楚地理解。有一點也許有必要指出來，那就是和科學探索的程序相比，它更多地涉及一批科學事實的陳列。敘述的順序總是遮蓋了發現的順序。在實際探索中，一旦問題得到解決，許多模

糊或不確切的認識就會被清除。

　　在談到公理的時候，亞里斯多德腦子裡似乎想到過幾何學。直到他那個時代，幾何學才開始系統性地出現。亞里斯多德與歐幾里得 [057]（Euclid）只隔了幾十年時間，在這段時間裡，還沒有別的什麼科學達到過幾何學那樣的地位。似乎從那以後，各類科學就依照某種等級來排序了。在這裡，數學是至高無上的，比如說，天文學的地位就在它之下，因為天文學必須要用數學來解釋其觀察到的各種運動，在這一領域，亞里斯多德預見到了後人的工作，尤其是法國實證論者孔德（Auguste Comte）的科學分類法。

　　亞里斯多德認為語言研究是一項重要的哲學任務，該研究的開創性工作是由柏拉圖在《泰阿泰德篇》和《詭辯家篇》中完成的。事實上，「邏各斯」正是希臘哲學的主導概念之一，我們首次遇到這個術語是在談論畢達哥拉斯與赫拉克利特的時候。它的含義包括言辭、量度、準則、論證、原因等，如果我們想了解希臘哲學的精神，就必須記住這一系列含義的重要性。顯然，「邏輯」這個術語就是由它衍生出來的，邏輯學也就是關於「邏各斯」的科學。但邏輯學有著獨特的地位，它與所謂的正式科學是有區別的。亞里斯多德把科學分為三類，其依據就是每一門科學要達到的主要目的。

　　理論科學提供的是知識（在這個意義上，知識是與意見相對立的）。數學是最明顯的例子，儘管亞里斯多德把物理學和形上學也包括在內。他所說的物理學的含義和我們今天所理解的並不完全一樣，它是對空

[057] 歐幾里得（約西元前 330 年 - 前 275 年），古希臘數學家，被稱為「幾何之父」。活躍於托勒密一世（西元前 323- 前 283 年）時期，其最有名的著作《幾何原本》是歐洲數學的基礎，提出五大公設，也是歷史上最成功的教科書。歐幾里得也寫了一些關於透視、圓錐曲線、球面幾何學及數論的作品，是幾何學的奠基人。 —— 譯者注

間、時間和因果關係的普遍性研究，我們可能會把其中某些部分當成形上學，甚至是邏輯學（如果其含義足夠廣泛的話）。而實用科學（如倫理學）的作用在於控制人們在社會中的行為。最後是生產科學，它的功能就是指導我們創造使用或藝術欣賞的對象。

　　邏輯學似乎不屬於其中任何一類，所以它不是通常意義上的一門科學，而是處理問題的一種普遍方法，對科學來說是不可缺少的。它為辨識和證明提供標準，應該被視為影響科學研究的工具或方法。亞里斯多德在談到邏輯時所使用的希臘語「工具論」正說明了這一點。而邏輯這一術語本身則是後來斯多葛學派的發明。至於論證形式的研究，亞里斯多德稱它為「邏輯分析學」，字面含義是「釋放」。論證的結構就是這樣被「釋放」（分析）出來以供驗證的。儘管邏輯學與詞彙有關，但亞里斯多德認為它涉及的不僅僅是詞彙，因為大多數詞語在一定程度上只是代表非詞語事物的偶然標記。因此邏輯有別於語法，儘管它可以對後者產生影響。邏輯學也不是形上學，因為和存在事物相比，它更多地涉及我們對這些事物的認識方式。在這裡，亞里斯多德拒絕了理念論，這是非常重要的。因為堅持這一理論的人都會認為，我們現在所說的邏輯學，從狹義上說可能跟形上學沒什麼區別，但亞里斯多德正相反，他認為兩者截然不同。他試圖藉助我們所說的「概念」來解決共相問題，而概念無論如何也不會存在於我們的世界之外的某個世界裡。最後，邏輯學也不同於心理學，這一點在數學中尤為明顯。歐幾里得《幾何原本》（Stoi-cheia）的演繹順序是一回事，而數學探索過程的精神折磨則完全是另一回事，也就是說，科學的邏輯結構與科學探索的心理過程是完全不同的兩回事，因而在美學中，一件藝術品的價值與生產的心理學是完全不相干的。

我們對邏輯學的考察，必須先以介紹的方式在某個方面對語言結構和其中可能說出的東西進行確定。《範疇論》（*Categoriae*）根據亞里斯多德的「工具論」討論了這個問題，就像我們在討論《詭辯家篇》時所看到的那樣，這項工作也是始於柏拉圖。但亞里斯多德的討論更貼近現實，與語言事實的關係也更為緊密，它區分了十種能夠透過論述加以辨識的一般性範疇，也就是實體、品質、數量、關係、地點、時間、姿態、狀態、動作、屬性。第一個範疇就是任何陳述都會涉及的「實體」，其他的範疇涵蓋了各種由某個實體構成的陳述。因此，如果說到蘇格拉底，我們就可以說他具有某種品質（一位哲學家）；他還具有一定的身高，不管尺寸會是多少，這就解答了數量的範疇；他與別的事物保持著某種關係，並處在一定的空間和時間裡；他還透過行動與周圍的環境相互發生作用。正如我們後面將看到的那樣，《範疇論》有許多傑出的繼承者，雖然在絕大多數情況下，這些人更像是在從事形上學研究，而不是亞里斯多德的語言研究，最突出的例子就是康德和黑格爾。

範疇的確是抽象的概念，它回答那些可能針對任何事物提出的最普遍的問題。亞里斯多德認為範疇就是詞的本義，詞的本義當作為知識對象和作為判斷對象時，其含義是不同的。對於第一種情況，亞里斯多德會認為人們有一種直接的理解，在現代語言學中，有時候用它表達「具有概念」的意思，而不管它可能的概念是什麼。人們在某個真判斷中獲得的那種知識則完全不同，在這裡，概念被結合起來以表示某一事物的狀態。

亞里斯多德的邏輯學最早試圖以系統的方式提出語言和論證的普遍形式，雖然其中有相當部分是在柏拉圖理論的啟示下產生的，但這並沒有影響它的價值。柏拉圖的邏輯觀點零碎地散布在所有的對話錄中，某

個特殊問題可能受當時心情的影響被提出來又被放棄掉。亞里斯多德對待邏輯的方式也就是不久後歐幾里得對待幾何學的方式。亞里斯多德的邏輯學直到 19 世紀之前都占據著至高無上的地位，他的邏輯論就像他的許多其他觀點一樣，逐漸被那些懾於其威望而不敢質疑的人，以一種僵化的方式傳授下來。文藝復興時期大多數近代哲學家都具有這樣的特點，他們對學派中的亞里斯多德派別非常不滿。這種不滿產生了一種反作用，使他們排斥一切與亞里斯多德這個名字相關的事物。這的確令人遺憾，因為亞里斯多德那裡仍然有許多有價值的東西值得我們學習。

但是，亞里斯多德的邏輯學在下面這個重要的方面存在著嚴重的缺陷：它沒有把自身和數學中十分重要的關係論證相連起來，例如：A 大於 B，B 大於 C，所以 A 大於 C。問題的關鍵就在「大於」這一關係的過渡特徵。雖然透過某種機巧的方式，可以勉強在這個論證上套用三段論法的模式，但在一些更為複雜的例子中，這樣做的可能性似乎就很小了。儘管如此，論證的關係特徵還是被他忽略了。

現在，我們應該轉而討論大量普遍性的問題，它們可以歸於自然哲學的範疇。主要探討這類問題的書就叫做《自然哲學》。我們應該回顧一下，在希臘語中，「物理學」的含義就是「自然」。

當亞里斯多德開始動筆時，他可能注意到了很多前輩都曾以「論自然」為題發表過論文。從泰利斯的時代起，凡是自認為最終發現了世界的真正運行方式的人在寫作過程中都有過這種意向。今天的物理學意味著更加專門化的知識，儘管其中也包含了比較普遍的問題。物理學在不久前還經常被稱做自然哲學，蘇格蘭的大學仍然保留著這一術語。但不能把它等同於德國唯心論者的自然哲學，後者是物理學的一種形上學的形態，關於這一點，我們將在後面更多地去了解。

　　這裡要探討的最重要的問題之一，就是亞里斯多德的因果論。因果論與物質及形式論有關。一種因果狀況既包括物質的一面，又包括形式的一面。後者又被分為三個部分：第一部分是狹義的形式，可以稱它為構型。第二部分是動因，它實際上導致了變化，就像扣動扳機導致了射擊一樣。第三部分是變化力求達到的目的。這四個方面分別被稱為物質因、形式因、動力因和目的因。可以用一個簡單的例子來說明這一點：一塊石頭在臺階的邊緣晃動，如果把它推過邊緣，它就會掉下去。在這一情況中，物質因就是石頭自身這種物質；形式因是整體地勢狀況，也就是臺階和石頭的相互位置；動力因是任何推動石頭的東西；目的因就是石頭盡可能尋求最低落點的「願望」，也就是地心引力。

　　關於物質因和形式因，這裡沒什麼可補充的。我們不再把它們當做原因，它們只是因果情況中的必要條件，因為任何事情要發生，都必須在某個地方存在著某種條件。至於動力因和目的因，這兩項都值得我們花點時間來探討。現代術語簡單地把動力因稱為原因，因此，一塊石頭從臺階上掉下來，是因為某人或某物推了它一下。在物理學中，這是被人們認識的唯一因果關係，科學的整體趨勢就是試圖用動力因來進行各種解釋。今天的物理學沒有吸納目的因概念，儘管它的詞彙裡還保留著目的論的痕跡。吸引、排斥、向心之類的詞都是目的論概念的殘餘，它提醒我們，直到大約 350 年前，才有人對亞里斯多德的因果論提出質疑。目的因果論帶來的不利影響與潛在性概念（前文討論過）帶來的麻煩極為相似，說石頭掉下來是因為它有掉落的趨勢，這實際上等於沒作任何解釋。但在某些時候，目的術語又的確能發揮某種合理的作用，比如，在倫理學領域裡，把某個目標作為一定行為或行動的原因並非沒有意義。整體而言，人類的活動也是如此，對未來事件的當前期望就是我

們採取行動的動機。動物也是這樣，有時候人們甚至還有可能認為這種說法同樣也適用於植物，因此很顯然，當我們思考生物和社會問題時，目的性並不總是微不足道的。亞里斯多德正是出於他的生物學興趣，才提出了目的因概念。由此看來，潛在性與目的性顯然結合到了一起，生物學家面臨的是一粒種子怎樣長成大樹，一個卵子怎樣發育成動物的問題。亞里斯多德會認為，橡果潛在地包含著橡樹，至於長成大樹，則是因為有實現自我的傾向，當然，這種說法是運用這些概念的一個淺顯的例子。更通俗地說，隨著科學的發展，目的因解釋將被動力因解釋所取代，甚至心理學也在順應這一趨向，精神分析學（不管它有什麼樣的優點和缺點）就是在試圖根據以前發生的情況，而不是即將發生的情況來解釋人的行為。

目的論觀點最終從下述事實中獲得了自身的力量：我們周圍的自然環境似乎展示出了某種秩序，與動力因有關的因果必然性似乎是一種盲目的力量，因為其運作無法解釋這種秩序。另一方面，目的論卻彷彿很有預見性，生物學的秩序在此很可能又讓人們認同目的論觀點。但不管怎樣，亞里斯多德意識到了必然性和目的性的效力。在這樣的基礎上，自然科學顯然是不會繁榮起來的，尤其是物理學遭到了嚴重阻礙，直到伽利略 [058]（Galileo Galilei）時代，人們在方法上回歸到柏拉圖那裡之前，這種狀況都未見好轉。由於數學家不大容易像生物學家那樣想到目的性概念，因此柏拉圖沒有像亞里斯多德那樣考量到這一點也就不奇怪了。目的論最終因其擬人特徵或神學特徵而出了差錯，因為只有人才會

---

[058] 伽利略・伽利雷（西元 1564 年 -1642 年），義大利著名物理學家、天文學家和哲學家，近代實驗科學的先驅者，被譽為「近代科學之父」。同時他還是一位發明家，發明了溫度計，並改進了天文望遠鏡。他以其天文觀測支持哥白尼的日心說，以至於當時人們爭相傳頌：「哥倫布發現了新大陸，伽利略發現了新宇宙。」今天，史蒂芬・霍金（Stephen Hawking）說，「自然科學的誕生要歸功於伽利略，他這方面的功勞大概無人能及。」──譯者注

具有意圖，才會追求目的，所以目的性只在這一領域才具有價值。棍子和石頭並不懷有目的，即使假設它們似乎有目的，也沒有什麼好處。但是，我們完全可以適當謹慎地使用趨向概念，就像我們有可能用到潛在性概念一樣。

　　說一塊石頭具有墜落的趨勢，也就是說如果給定某種條件，它就會掉下去。然而亞里斯多德卻不這樣想。他認為目的性與意圖有關，他是從秩序的存在中推斷出這一點的，秩序在他看來就象徵著規畫。遵循這樣的原則，物理學研究顯然不可能繁榮起來。因為，如果探索者的求知慾為虛假的解釋所滿足，那麼自然現象的真實解釋就無從獲取。亞里斯多德對科學，尤其是天文學的發展，造成了嚴重的阻礙。目的性理論為萬事萬物都分配了適當的位置，這使得他把塵世和塵世以外的領域區分開來，並認為這兩部分受到不同原則的支配，如果和阿卡德米先進的天文學相比，這種純粹的妄想簡直就等於精神錯亂。然而真正的危害還來自於那些不敢對亞里斯多德持批判態度的人，他們全盤接受，連糟粕也不肯放棄，從而使得亞里斯多德在各個領域都留下了壞名聲。

　　空間、時間和運動是自然哲學討論的另一個普遍性話題。關於運動，我們在談到變化時曾提到過。亞里斯多德在這方面的做法是值得關注的。伊利亞學派在試圖解釋運動時遇到了無法克服的困難，而亞里斯多德卻從另一個角度接近了這個問題。「運動確實會發生」的觀點必須成為我們的起點。如果認為這個觀點是理所當然的，那麼問題就在於如何對它做出解釋。與伊利亞學派的唯理論者相反，亞里斯多德表現得更像一位經驗論者，他採用了具有現代色彩的劃分法。這一點並非沒有意義，尤其是在常常有人錯誤地認為經驗的方法總不大可靠的情況下。拿運動來說，亞里斯多德堅持存在著連續性的觀點，人們完全可以感覺到

這一點，並且有可能隨後發現其中一定包含著什麼，但是不可能從非連續中虛構出連續性來。數學家們總是忽視了這一點，從畢達哥拉斯時代起，他們就指望無中生有地建立起數學的世界來。而連續性的分析理論卻能以純邏輯的方式建立起來，它在幾何學中的應用取決於連續性假定。

上文提到過的運動是指品質的變化。此外還有兩種運動：數量變化和地點變化。運動只能歸屬於這三個範疇。根據亞里斯多德的理論，我們無法像原子論者那樣，把所有的變化都歸結為粒子的運動，因為把一個範疇與另一個範疇合併起來是不可能的。亞里斯多德的觀點在這裡又一次偏向了經驗主義一邊，正如我們所知，原子論者繼承的是伊利亞傳統，他們按照理性主義的簡約原則進行思考。

關於空間和時間，亞里斯多德的理論與現代觀點有許多共同之處。亞里斯多德從不同物體能夠在不同時間占有相同空間這一事實中推導出了「位置」的概念。因此我們必須把空間和存在於空間裡的東西區分開來。為了確定某個物體的位置，我們可以先確定它所屬的範圍，然後將範圍逐步縮小，直到我們到達該物體的準確位置。亞里斯多德按照這種方式，把物體的地點定義為它的界限。從表面上看，這是對一個艱難的問題給出的一個十分蒼白的結論。然而，當我們分析此類問題時，結果卻往往出人意料的簡單和現實。而且這種解決方式總能帶來一些有趣的結果，在眼前這個例子中，我們可以得出如下結論：我們問任何一個物體在什麼地方，是有意義的；但如果問世界在什麼地方，就是廢話，這就是說，萬物皆存在於空間，只有宇宙除外，因為它不包含在任何東西裡，事實上，宇宙並不是桌椅之類的東西。因此我們可以很有把握地告訴任何一位希望周遊世界的人，他的嘗試是徒勞的。或許應該提到，在

地點或位置分析方面，亞里斯多德並沒有提出數學家或物理學家可能提出的空間理論，他所做的更像是在進行語言分析，但語言分析與空間理論之間並非沒有關聯。如果我們能夠分析「位置」這個詞的含義，顯然將有助於我們加深對空間的種種陳述的理解。

　　亞里斯多德和原子論者正相反，他認為不存在虛空。他為這一觀點提供了許多實際上不正確的論證，其中最有趣的就是歸謬法。首先，他從如下事實著手：物體在某種介質中的速度會隨介質密度和物體自身重量的變化而變化，由此得出的第一個結論是，物體在虛空裡的運動速度應該是無限的，但這同時又很荒謬，因為任何運動都需要一定的時間。其次，重的物體的運動速度應該比輕的快，但在虛空中卻不可能這樣。根據這兩點，亞里斯多德宣稱虛空是不存在的。但他的這些結論並不是從前提得出的，「物體在較稀薄的介質裡會移動得快一些」這一事實並不能推導出「物體在虛空中會無限快」這個結論。而另外一點，實驗顯示，在真空中，較輕的物體和較重的物體的確以同樣的速度落了下來。亞里斯多德關於虛空的錯誤概念大約直到兩千年後才得到澄清。儘管如此，但我們仍然只有這樣說才公正：即使到了今天，科學家們還是對虛空問題感到棘手。他們曾經用「以太」之類的特殊物質來填充虛空，最近又用到了「能量分散」。

　　亞里斯多德對時間的討論與他的地點分析十分相似。事件都按一定的時間序列發生，就像物體都有一定的地點序列一樣，一個事件有一個恰當的時間，猶如一個物體有一個確切的位置。亞里斯多德根據連續性，把事物分成三種排列方式。首先，事物可以是連貫的，一個接一個，序列中的任何插入項都不予考慮。其次，事物可以是接觸的，就像連續的各項相鄰一樣。最後，事物的順序可以是連續不斷的，即相連各

項實際上有共同的界限。如果兩個事物是連續的,那麼它們也就可以發生關聯,否則就不能。同樣,兩個接觸的事物也是連貫的,但不能反過來說。

確定了這些初步概念之後,我們就會發現不可分割的元素是不能構成一個連續量的。顯然,不可分割的元素是不可能有界限的,否則它就可以進一步細分,另一方面,如果不可分割的元素沒有大小,那麼它們就是連貫的,相鄰或連續的說法就等於是一句廢話。例如,在一條線的任何兩點之間,還有別的一些點;同樣,在一段時間的任何兩刻之間,也有其他一些時刻。因此,空間和時間是連續的和無限可分的。在這種情況下,亞里斯多德開始解釋芝諾的悖論。雖然他的答案在事實上是正確的,但他沒有掌握住芝諾論證的本意。前面說過,芝諾並沒有提出肯定性理論,他只是試圖證明,畢達哥拉斯的單元論根本不能成立。如果他拋開自己的伊利亞偏見,肯定會贊同亞里斯多德的觀點。

我們不必在此談論亞里斯多德科學理論的細節。儘管他做了一些有益的工作(尤其是在生物學方面),但他的成就卻因過分誇張而受到了損害,沒有哪位前蘇格拉底哲學家會鼓勵這種做法。

前面說過,我們似乎可以從倫理學中發現目的因的某些合理性,目的論正是在這一領域被推導出來的。對亞里斯多德來說,「善」就是萬物為之奮鬥的目的。由於他不肯使用理念論(形式論),我們自然也就找不到一種善的形式。他還注意到了「善」一詞具有不同的用法,這些用法不能全都歸到同一個標題下。然而,「善」不管以任何形式表現出來,它最終都源於上帝的善,因此從表面上看,這並非與理念論完全不同,也不是脫離得太遠。這種動搖不定的觀點在亞里斯多德的哲學裡比比皆是。一方面,他與阿卡德米決裂;另一方面他似乎又回到了阿卡德米。

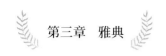

某些時候，就像現在一樣，我們能把這兩方面分開，只從其價值來思考他與阿卡德米的決裂。他對「善」的用法的分析，告訴了我們一些有價值的區別，而這些區別有時可能會被人們所忽視。這很有趣，但並不會使我們走向極端，儘管某些現代語言分析家會說，除此之外，他就無事可做了。他們在這方面的態度也許有些輕率，因為他們不能客觀地對待某些「廢話」的流行。畢竟，真理不是少數服從多數的問題。至於上帝在形上學中的地位，亞里斯多德認為這完全不是個人的問題。上帝就是為世界提供第一推動力的強大的首要因素，在任務完成後，他對塵世不再懷有積極的興致，自然也就不會密切關注人類的所作所為了。他是一位虛弱蒼白的哲學家的神，僅僅是因果理論的一個附屬品罷了。

要想了解亞里斯多德倫理學的要旨，我們必須先稍稍講一下他的靈魂理論。他從柏拉圖那裡借用了三分理論，認為靈魂可分為有滋養的、感性的、理性的三類。有滋養的靈魂屬於一切生命體，它們都有所謂的新陳代謝功能；感性的靈魂屬於動物和人類，但不屬於植物；而理性的靈魂是人類獨有的。只有達到理性的層次，倫理學才會介入生活。而植物只有植物式的生長，動物只有動物式的生活，靈魂與肉體融為一體，猶如形式與物質的結合。對個人來說，人死後靈魂也就不復存在，儘管人的理性是不朽的。

當我們提出人生的目的是什麼的問題時，倫理學問題就產生了。亞里斯多德的答案在理性靈魂的幸福中，對他來說，就意味著這種生活是一種積極理性的活動，充滿了德行，並為人們所努力追求。因此，根據亞里斯多德的理論，德行就是一種達到目的的方式。當然，並不是人人都能達到相同程度的目的，但它是一個人能夠企及的最高目標。蘇格拉底認為，理論的生活是最美好的生活。

對亞里斯多德時代的一位希臘人來說，這並不意味著不食人間煙火和脫離具體事務。知道這一點是十分重要的。首先，儘管應該採取一種超然的姿態，但理論的生活還是要涉及活動。因此，理論的生活並不是致使實驗方法失靈的原因，儘管亞里斯多德特別強調了對已知真理（而不是新發現）的思索性評價。這樣一來，一個他所忽視的難題就產生了。因為，為了對某個東西做出評價，人們必須進行某種初步的智力嘗試，但誰又能說清這種嘗試到什麼時候才算夠呢？問題的真相是，不能用這種方式來限制探索工作。其次，無論是在和平年代還是在戰爭期間，好公民都應該履行自己的義務，並且做出各式各樣的貢獻。「象牙塔」式的哲學概念是斯多葛派的發明，正是由於他們脫離了感知世界，科學運動才逐漸衰落了下去。

關於道德或品德，亞里斯多德提出了德行理論，並將它作為一種中庸之道。在任何情況下，人的行為都有可能不足或過分，這兩者都無法構成適當的行為，而德行則介乎這兩個極端之間。因此，堅定的勇氣既不是率性的放肆，也不是怯懦的退縮。中庸理論受到了畢達哥拉斯和赫拉克利特的和諧學說的啟發。亞里斯多德描繪了這樣的畫像：具備全部德行的人就是具有偉大靈魂的人。這確實公正地反映出當時公民們的舉止中有某種受到普遍推崇的特質。總之，這個結論有點誇張，儘管沒有虛偽的謙虛也非常招人喜歡。一個人不應該過高地猜想自身的價值，但同樣，他也不應該妄自菲薄。然而高尚的人畢竟還是極少數，因為絕大多數人從來沒有機會去實踐所有的德行。和蘇格拉底、柏拉圖一樣，亞里斯多德特別傾向於倫理方面的菁英。中庸論並不是完全成功的。比如，我們怎樣去定義「誠實」？誠實被認為是一種德行，而我們卻很難說它就是「嚴重撒謊」與「輕微撒謊」之間的折中。儘管有人懷疑，但這

種觀點在某些地方還是頗為流行。無論如何，這樣的定義是不適合理智方面的德行的。

　　關於人的善惡問題，亞里斯多德認為，除了受到強迫和出於無知，人的行動都是自發的。和蘇格拉底不同的是，他承認一個人可能會故意作惡。同時，他還對「選擇」的含義作了進一步分析，在那種認為「人從來不會存心犯罪」的理論中，這個問題當然是不會出現的。

　　亞里斯多德的正義理論採納了分配原則，在《理想國》對蘇格拉底的定義裡早已應用過這一原則。如果人人都能得到公平的額度，那麼正義也就實現了。但是這種觀點本身就包含了一個難題，那就是它沒有提供一個斷定什麼是公平的基本依據。公平的標準是什麼？蘇格拉底至少還堅持了一個似乎客觀合理的標準，也就是以教育為尺度。這個觀點與現代觀點相比，有很大一部分是相同的，儘管中世紀不是這樣。如果要人們應用正義理論，顯然必須先解決什麼是公平的問題。

　　最後，我們必須講講亞里斯多德的友誼觀。他認為，我們要想過一種美滿的生活，就必須有朋友，在為環境所迫時，可以相互商量和依靠。對亞里斯多德來說，友誼就是把自尊延伸到他人。正是為了自身的利益，你才會愛你的兄弟如同愛你自己一樣。和通常情況一樣，揚揚自得和以自我為中心的態度，多少損害了亞里斯多德的倫理學形象。

　　在談及亞里斯多德的政治理論時，有兩點立即引起了我們的注意。首先，我們發現關於政治的論證必然會帶有目的性，亞里斯多德對這一點是十分清楚的。其次，他的政治理論幾乎完全是圍繞著城邦進行的。亞里斯多德完全不了解在其有生之年，希臘的城邦制時代正在迅速消逝。馬其頓掌握了希臘的統治權，並在亞歷山大的領導下繼續擴張，準備建立帝國。但亞里斯多德對帝國之類組織的政治問題毫無興趣。當

然，他也曾漫不經心地提到過亞歷山大大帝、埃及和巴比倫，但關於這些野蠻民族的少許離題的話卻使對比更加鮮明。在亞里斯多德眼裡，希臘城邦展示了政治生活的最高形式，而外國的政體只不過是形形色色的野蠻主義。

我們在別處見過的這種目的論方法，一開始就得到了採用。出於達到某種目的的需求，種種聯盟就應運而生了。國家是其中最大、最廣泛的一種，因此它必須要達到最偉大的目的。當然，這是倫理學的一種善的生活，並且能在一定規模的公共社團中實現，這裡說的公共社團是指由較小的團體聯合而成的城邦，這些較小的團體又以戶為基礎。人作為一種政治動物活著是很自然的事，因為他必須為善的生活而奮鬥。任何凡人都不能做到獨立存活的自足。亞里斯多德進一步談論了奴隸制的問題，他說，高貴與卑賤的二元論遍布整個自然界，因此，肉體與靈魂、人與動物這些事例就在我們的大腦裡湧現出來。在這種情況下，統治者與被統治者的存在應該對雙方都是最有利的，希臘人天生就比野蠻人高貴，因此，由外國人（而非希臘人）來做奴隸是合理的。從某種意義上說，這等於承認了奴隸制最終是不合理的。因為每一個野蠻部落也都無疑會認為自己是優越的，並且都會按照自己的觀點來處理問題。事實上，那些半野蠻的馬其頓人當時就是這樣做的。

關於財富與獲取財富的方法，亞里斯多德提出了一種區別，後來這種區別逐漸在中世紀產生了強大的影響。他認為事物具有兩種價值，一是它本身的價值或使用價值，例如一個人穿一雙鞋。二是它的交換價值，這就產生了一種人為的價值，比如一雙鞋不是用來交換具有直接用途的另一種商品，而是拿去換貨幣。貨幣是一種更便攜、更緊湊的價值形式，這是它的一個優點，而它的缺點在於具有了自身的獨立價值。這

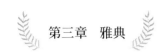

方面最糟糕的例子就是有利息的借貸。亞里斯多德的許多異議可能出於他在經濟或社會方面的偏見。一個有教養的人不去修持善的生活，而是沉溺於賺錢，是不應該的。不過他忽視了一點：如果缺乏一定的財富，這些目標同樣是不可能實現的。至於放債問題，他的異議是基於一種十分狹隘的資本功能觀點。毫無疑問，一個窮困的自由民在手頭拮据的時候，如果向放債人求助，就有可能淪為奴隸，人們對此表示反對是完全合理的；但是在為商業企業籌資方面，資本也是有建設性用途的。亞里斯多德不可能接受這種放債的觀念，因為他把大規模的貿易，尤其是與外國人進行的貿易，看做是不幸又不得已的做法。

現在，當我們轉而討論亞里斯多德的理想國時，可以發現其條款要比柏拉圖的《理想國》藍圖更為成熟。亞里斯多德特別強調了家庭單元的重要性。為了培養真正的感情，就必須對感情所涉及的範圍加以某種限制。為了得到真正的關心，孩子必須由父母親自照顧，純粹的集體責任感在這方面可能會導致玩忽職守。整體來看，《理想國》裡的理想國家太強調整體性了，它忽視了下述事實：在某種限度上，國家是一個有許多不同利益共存的社會。同時，我們還可以注意到，假如我們承認有很多利益，就沒有必要為了統一目的去撒「忠誠的謊」。關於土地，亞里斯多德主張其所有權私有化，而產品則應該為社會所共享。這就相當於一種開明的私有制形式，所有者用他的財富為社會謀福利。那麼要培養出這種責任感，就必須依靠教育。

亞里斯多德在他的公民概念中，採納了一種十分狹隘的觀點，即只有那些既有選舉權，又肯積極地直接參與國家管理的人才能被稱為公民。這就把廣大的農民和工人排除在外了，亞里斯多德認為他們不適合發揮政治作用。當時還沒有任何人想到用代表制度來管理國家的可能

性。至於種種不同類型的政體，亞里斯多德在《政治學》（Politics）中大量採用了柏拉圖的方案。但和柏拉圖不同的是，他確實揭示了財富的重要性（而不是統治者的數量）。統治者的數量是多是少都無關緊要，重要的是他們是否掌握了經濟大權。談到對權力的正當要求，亞里斯多德承認任何人都可以在任何時候執行同樣的正義原則，為自己要求權力。即同等的人應該獲得同等的權力額度，不同等的人則沒有這樣的權力。然而困難就在於如何確定同等與不同等。那些在某個領域出色的人往往覺得自己在所有方面都高人一等。能夠最終走出這一困境的唯一出路就是承認倫理原則。同等與否必須根據善的標準來判斷，只有善的人才可以擁有權力。在對各種政體進行了長期考察之後，亞里斯多德得出了這樣的結論：總而言之，最好的政體就是財富既不太多也不太少的政體。因此，以中產階級為主的國家才是最合理、最穩定的國家。

接下來，他還討論了發生革命的原因及其防止措施。革命的根本原因就在於正義原則被濫用：人在某些方面平等或不平等，並不等於人在一切方面都是如此。最後，他對理想國進行了解釋：理想國的人口不僅在數量上必須適度，而且要掌握適當的技能；理想國應該站在山頂上就可以一覽無遺；它的公民應該是希臘人，他們是唯一集北方人的活力和東方人的智慧於一身的民族。

最後，我們必須提及一部作品。儘管它篇幅不長，卻對藝術批評史，尤其是戲劇文學產生了重大的影響，這就是亞里斯多德的《詩學》（Poetics）。一本主要討論悲劇與史詩的著作。我們必須注意到，「詩學」一詞本身的字面意思是「造物過程」，因此，它通常可以用於任何生產性活動，但在當前含義中，它僅用於藝術創作。從如今的意義上說，詩人就是寫詩的人。

　　按照亞里斯多德的觀點，一切藝術都是模擬。他的分類法首先把繪畫與雕塑從別的藝術中分離出來，並把現代意義上的音樂、舞蹈和詩歌歸為一組。根據「模擬」介入方式的不同，詩歌被分為不同的類型。不過，他卻從未對「模擬」的含義作過真正的解釋。當然，從理念論的角度看，我們對這個概念是熟悉的，因為在理念論中，個體可以說成是對共相的模擬。在亞里斯多德眼裡，模擬似乎意味著用人為的方式喚起真實的情感。他的全部討論好像都是圍繞著戲劇藝術來進行的，因為正是在這一領域，模擬原則得到了最自然的運用。

　　當亞里斯多德進一步談到人類行動的模擬時，這一點尤為明顯。人的行為可以用三種方式來描述。一是我們可以適當精確地展示他們；二是我們可以模擬高於其行為正常標準的某種事物；三是可以模擬低於該標準的事物。用這種方式，就能夠將悲劇和喜劇區分開來。悲劇中人物的表現要高於生活中的尺度，儘管離我們不是太遠，還不至於阻止我們對其遭遇表示同情。而喜劇卻把人表現得比實際的差一些，因為喜劇強調了生活滑稽的一面，人物性格中的逗樂因素被認為是一種缺點，儘管不是特別有害的缺點。在這裡，我們可以注意到藝術價值與倫理價值的某種結合。這是一種源於《理想國》的偏見，該篇將藝術評論和社會、倫理標準緊緊地相連在一起。徹頭徹尾的邪惡與墮落絕不可能具有美學價值，這是現代文學標準不予承認的一種局限性。

　　接著，亞里斯多德把講故事的詩和表現情節的詩區分開來，這就把史詩從戲劇中提取出來了。從那些與宗教儀式相關的吟誦中，我們可以找到戲劇藝術的起源。很明顯，希臘悲劇起源於奧菲斯宗教儀式中的某些咒語。對「悲劇」的一種可能的解釋就是，它是指一首山羊的歌曲，山羊正是奧菲斯教的象徵之一。在希臘語中，「Traros」是「山羊」，

「Ode」是「歌曲」。在最初的悲劇儀式中，由一位領唱人吟詩，一群人應和，很像今天的宗教儀式。正如亞里斯多德所說的，最初的演員和最初的合唱團就是由此發展起來的。另一方面，喜劇則起源於戴歐尼修斯[059]的歡宴，喜劇的本義就是「狂歡曲」。

史詩從頭至尾採用同一格律，而悲劇卻隨著劇情的不同起伏變化，更重要的是，悲劇更多地受場景的限制。亞里斯多德並沒有明確地提出地點、時間和情節統一的理論，更確切地說，這是兩類作品的內在局限性問題。一場戲必須在一個有限的空間內一次性演完；而一部史詩卻可以想寫多長就寫多長，因為它的舞臺是想像。亞里斯多德的悲劇定義是：對人類行為的模擬。悲劇應該是善的、完整的，應該具有合理的時空範圍，還應該在觀眾中產生共同的恐懼和憐憫心理，並以此將其從靈魂中清除掉。

關於作品的完整性，亞里斯多德堅持認為一部悲劇應該有序幕、中場和結尾。表面上看，這似乎算不得一個很有知識的見解，然而它的含義卻是十分合理的：一場悲劇首先應該有一個說得過去的起點，並以合乎情理的方式展開劇情，最後得出一個有結論的問題。悲劇必須是獨立、完整的。因此劇情長短十分重要，如果太長，觀眾的精神就會動搖；太短則不能讓觀眾留下什麼印象。

悲劇的最終目的就是透過情感的淨化來清理靈魂，希臘語「catharsis（感情受藝術的作用而發生的淨化）」就是這個意思。正是體驗到引起共鳴的恐懼和憐憫情緒後，靈魂才得以從這種負擔中解脫，因此，悲劇具

<hr>

[059] 戴歐尼修斯是古希臘色雷斯人信奉的葡萄酒之神。他不僅握有葡萄酒醉人的力量，還以布施歡樂與慈愛在當時成為極有感召力的神。傳說他推動了古代社會的文明並確立了法則，維護著世界的和平。此外，他還護佑著希臘的農業與戲劇文化。古希臘人對酒神的祭祀是祕密宗教儀式之一。在色雷斯人的儀式中，他身著狐狸皮，據說是象徵新生。 —— 譯者注

有一種治療性的目的。這一術語是從醫學上借用的，亞里斯多德觀點新穎的地方，就是他提出用疾病本身的一種適當的形式來治療疾病，就像精神病學的預防接種一樣。假如我們想這樣來解釋悲劇的目的，當然必須先有自信地認為這一點是真實的，即所有的人都會受到恐懼、憐憫的糾纏和煩擾。

亞里斯多德繼續審查了悲劇作品的各個方面。其中首要的是情節，沒有情節就不會有戲劇。直到今天，角色也還是透過情節來實現自我的，角色的地位次於情節，潛在的角色要在情節中才會變得現實。有兩類事件尤為重要，一是命運的突然逆轉，二是某種意外的、影響情節的新情況。這些事件將壓倒一個在任何品德上都不是太出色的人，而他的失敗並不是由於其罪惡，而是由於缺乏判斷力。他被拉下高位，並因此最終成了眾人遺棄的對象。在希臘戲劇中，這樣的例子比比皆是。

談到角色的處理，亞里斯多德首先要求它具有真實的典型性。和情節一樣，角色也必須給予人鮮活的印象。在這個意義上，我們必須從另外的角度來理解亞里斯多德的論述，即詩歌涉及的是普遍情況，而歷史則描寫特殊事件。在悲劇中，我們看到了人類生活的普遍特徵，這也正是作品的主題。注意到下面這點十分重要：儘管亞里斯多德提到過被我們稱為「舞臺表演」的方面，但他卻認為那無關緊要。他幾乎把重點全放在了作品的文學品質上，也許他認為悲劇要像適合於舞臺表演一樣適合於閱讀。

雖然《詩學》沒有提出一套成熟的藝術和美學理論，但它明確地提出了至今還極大地影響著文學評論的諸多標準。首先，他沒有談論劇作家們的情感和動機，而是集中談論作品本身，這種做法倒是十分可喜的。

我們已經知道，希臘哲學和理性科學產生於同一個時代。問題的實質是，哲學問題來自科學探索的邊緣，這一點對數學來說尤其真實。從畢達哥拉斯時代起，算術和幾何就一直在希臘哲學中發揮著重要的作用。有好幾個原因可以說明數學為什麼在哲學領域特別重要。第一，數學問題明白、簡單，這並不是說它總是很容易解決，而是指我們不必從這個意義上來理解它的簡單。不過，當我們把數學中的普通問題與別的問題（如生理學）相比較時，前者還是要簡單一些。第二，數學已經有了一套既定的論證模式。當然，我們必須記住，肯定有人首先把這種模式找了出來。證明與論證的普遍性正好就是希臘人發現的。證明在數學中所產生的作用，比在其他絕大多數科學中更明顯，儘管一項數學論證到底做了些什麼總是引起爭議，並常常被人誤解。第三，一項數學論證的結論一旦被正確理解，就不容置疑。對於前提已經被接受的任何有效論證的結論來說，這當然是正確的。接受前提是論證程序的一部分，這是數學的一個特徵。而在其他領域，由於擔心某個前提是錯的，人們總是將結論與事實進行比較。在數學中，除了其自身，是沒有什麼事實需要比較的。由於有了這種確定性，任何時代的哲學家一般都會承認，數學能提供一種優越的知識，這種知識比從其他任何領域獲得的知識更為可信。很多人都說過，數學就是知識，他們否認任何其他資訊可以被稱做知識。如果使用《理想國》中的語言，那麼我們就可以說，數學屬於形式的範疇，所以它產生知識；而其他領域只是針對特殊問題，所以最多只能產生意見。理念論源自畢達哥拉斯學派的數學，蘇格拉底把它擴展到了共相的普遍性理論中，柏拉圖則再次將它限定在數學的範圍之內。

西元前 4 世紀末，數學活動的中心轉移到了亞歷山卓。該城是亞歷山大大帝於西元前 332 年建成的，並且迅速成了地中海最重要的貿易中

心之一。它位於通往東方大陸的門戶上，為西方文化和巴比倫、波斯文化提供了一個交流的地點。一個龐大的猶太人社團在短時期內出現，並很快被希臘化了。來自希臘的學者在這裡建立了一所學校和一座圖書館。這座圖書館在整個古代都非常有名，沒有任何其他藏書可與亞歷山大的豐富藏書相比。遺憾的是，西元前 47 年，尤利烏斯‧凱撒（Iulius Caesar）的軍團占領該城時，竟將這個古代科學與哲學的獨特寶藏付之一炬，同時，一些古典時期的偉大作家的許多資料也不可挽回地消失了，很多價值稍次的東西無疑也被燒毀了。今天，當某些圖書館被損壞時，歷史上這一相似的事件也算為人們提供了一些安慰。

歐幾里得是亞歷山卓最著名的數學家，西元前 300 年，他到處講學，他的《幾何原本》至今仍是希臘科學最偉大的豐碑之一。在書中，他透過演繹的方式整理了當時的幾何學知識。雖然其中的很多內容並不是他的發明，但他的功績在於對問題作了系統的論述。《幾何原本》是許多世紀以來，很多人努力追求達到的一個榜樣。當史賓諾沙[060]（Spinoza）提出「更加幾何化的」倫理學時，正是以歐幾里得為榜樣的，牛頓的《自然哲學的數學原理》（*Philosophiæ Naturalis Principia Mathematica*）也是如此。

我們知道，後期畢達哥拉斯學派所涉及的問題之一，就是建立作為連分數序列極限值的無理數。然而，這個問題的一套完整的算術理論從未得到過詳盡的闡釋，這樣一來，用算術術語來解釋比例就無法進行下去，因為無法替一個無理數或不可度量的數取一個數的名稱。而對長度

---

[060] 史賓諾沙（西元 1632 年 -1677 年），荷蘭哲學家，與法國的笛卡兒和德國的萊布尼茲齊名。他從幾何學角度研究哲學，將其嚴密性、精確性、必然性帶進美學，賦予美學以靜穆、宏大、冷峻的理性之美。他以磨鏡片為生，同時進行哲學思考。磨鏡片時會吸入大量硒塵，嚴重損害了其健康，使他最後死於肺癆。後文有詳述。——譯者注

來說，問題就不一樣了。的確，這一困難最初是我們試圖用一個數來表示一個等腰直角三角形（其邊長為一個單位）的斜邊時才發現的。因此正是在幾何學中，才形成了一套完整、成熟的比例理論。它的發明者似乎是和柏拉圖同時代的歐多克索斯（Eudoxus）。但該理論傳到今天的書面形式是在歐幾里得的《幾何原本》中發現的，該書對問題進行了令人讚嘆的、清晰又嚴謹的論述。對算術的最後迴歸出現在約兩千年之後解析幾何被發明的時候。當笛卡兒設想可以用代數來處理幾何學的時候，他實際上是繼續了蘇格拉底辯證法的科學理想。為了否定幾何學中的特殊假說，他發現了可以作為基礎的更普遍的原理。這也正是阿卡德米數學家們所追求的目標，但我們將永遠無法知道他們究竟會獲得多大的成功。

　　以現代的眼光來看，歐幾里得的《幾何原本》是純粹的數學。在這方面，亞歷山卓的數學家們遵循了阿卡德米傳統，從事數學研究僅僅是出於興趣。這一點在歐幾里得的書中表現得最為突出。在這本書中找不到任何一個提及幾何學可能有用的暗示，何況要掌握這樣一門科學需要長期的努力。當埃及國王要求歐幾里得只用幾節課就教會他幾何學時，歐幾里得作了以下著名的回答：通向數學殿堂的御道是不存在的。不過「數學無用」的想法是錯誤的。認為數學問題並非總是從實踐中來，同樣也是錯誤的。但是，研究某項特殊理論的起源是一回事，根據其自身價值來對待這一理論又是完全不同的另一回事，這兩件事常常沒有被充分地區別開來。假如因為歐幾里得不重視數學導致的社會學，就對他加以指責，這是沒有什麼意義的，他不過是對此沒興趣罷了。只要他獲得了一大堆數學知識（不管怎麼獲得的），他都會著手整理，並將它們置於嚴謹的演繹程序之中。這是一種科學實踐，其正確性並不取決於國家的狀

143

況，事實上也不取決於別的任何東西。這些觀點確實同樣適用於哲學本身。毫無疑問，由於當時的條件，人們總是關心眼前的問題，而忽視了過去和未來的問題。

歐多克索斯的另一個貢獻，是發明了所謂的「窮盡法」。計算由曲線圈定的面積時用得著它，它的目標是用一些更簡單的圖形（其面積更容易求出）來盡可能地填滿原空間面積。從原理上說，這正是積分學中出現的情況。因此，「窮盡法」其實就是積分學的先驅。

阿基米德（Archimedes）是運用這種計算方法的最著名的數學家，他不僅在數學領域有非凡的成就，而且還是一位傑出的物理學家和工程師。他住在敘拉古，普魯塔克[061]（Plutarch）說他曾不只一次憑藉其技巧，幫助該城阻止了敵軍的進攻。但羅馬人最終征服了整個西西里和敘拉古。敘拉古於西元前 212 年陷落，阿基米德在洗劫中慘遭殺害。傳說他正忙著在自家花園的一塊沙地上計算某個幾何題時，一個羅馬士兵刺死了他。

阿基米德求拋物線和圓的面積時運用了「窮盡法」。對於拋物線，他用一系列（無限多）逐漸縮小的三角形來和它內接，最終推導出一個精確的數值公式。對於圓，答案就取決於數值，也就是圓周與直徑之比。由於它不是一個有理數，所以用「窮盡法」就可以算出其近似值。透過內接和外切正多邊形（其邊數不斷增多），我們可以越來越接近圓周。內接多邊形的周長總會小於圓的周長，而外切多邊形的周長則總是大於圓的周長。不過隨著多邊形邊數的增加，兩者的差值就會越來越小。

---

[061] 普魯塔克（約西元 46 年 -119 年），羅馬帝國時期傳記作家、倫理學家。生於希臘中部的貴族家庭。曾在雅典學習哲學，後去亞歷山大城進修，學習過修辭學、物理學、數學等。他曾多次訪問羅馬，受到羅馬皇帝的賞識。傳世之作有《傳記集》（*Parallel Lives*）和《道德論集》（*Moralia*）。其傳記作品文筆樸素生動，被視為傳記文學的典範。——譯者注

亞歷山卓的阿波羅尼奧斯[062]（Apollonius）是西元前 3 世紀另一位偉大的數學家，他創造了圓錐曲線理論。在這裡，我們又看到了一個推翻特殊假說的明顯例子。因為現在看上去，一對直線、一條拋物線、橢圓形、雙曲線和圓都是作為同一個東西（即圓錐截面）的特殊形態出現的。

　　在其他科學領域，希臘最驚人的成就可能在天文學方面。其中某些成就，我們在談論幾位哲學家時已經提到過。這個時期最令人吃驚的成就是日心說理論的發現。薩摩斯的阿里斯塔克斯（和歐幾里得、阿波羅尼奧斯同時代）似乎是第一個對此觀點進行了完整、詳盡解釋的人，儘管在西元前 4 世紀末，阿卡德米也有可能提出過這一觀點。但無論如何，阿基米德向我們提供了可靠的證明，阿里斯塔克斯確實持有這樣的理論。我們還發現普魯塔克也提到過它。日心說的主要意思是：地球、行星和其他星星一起圍繞太陽運轉，而太陽本身則保持固定不動；地球在其軌道上運行的同時還繞著自己的軸心自轉。阿卡德米的赫拉克利特早在西元前 4 世紀就已經知道，地球每天繞著自己的軸心旋轉一圈；而黃赤交角則是西元前 5 世紀發現的，所以，阿里斯塔克斯的理論絕不是什麼全新的發明。但在當時，這種勇於背離常識的做法會招來某些反對，甚至是敵視。應該承認，甚至有一些哲學家也表示反對，不過他們可能主要是從倫理方面考慮的。因為，如果說地球不再是萬物的中心，那麼原有的道德標準必然會遭到瓦解。斯多葛派的哲學家克里安西斯[063]

---

[062] 阿波羅尼奧斯（約西元前 262 年 - 約前 190 年），古希臘數學家，與歐幾里得、阿基米德齊名。生於小亞細亞南岸的佩爾加。其著作《圓錐曲線論》是古代世界光輝的科學成果，將圓錐曲線的性質網羅殆盡，代表了希臘幾何的最高水準，幾乎使後人沒有插足的餘地。直到 17 世紀的帕斯卡（Pascal）和笛卡兒才有新的突破。—— 譯者注

[063] 克里安西斯（西元前 313 年 - 前 232 年），斯多葛派創始人芝諾最虔誠的學生，後領導斯多葛學派。他本來是一位拳擊手，為了跟芝諾學習哲學，常常夜裡替園丁打水澆花，賺錢交學費。他稟性遲鈍，學習刻苦。芝諾把他比做一塊硬板，很難寫上字，可是一旦寫上了就永遠抹不掉了。—— 譯者注

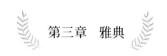

（Cleanthes）甚至要求希臘人指控阿里斯塔克斯犯有瀆神罪。有時候，關於日月星辰的偏激觀點會像政治中的非正統觀念一樣帶來危險。在遭到激烈反對之後，阿里斯塔克斯再提到自己的見解時，似乎就有些猶豫和膽怯了。在另一個著名的場合，當伽利略贊同哥白尼（Copernicus）的理論時，地球運動的觀點再次擾亂了宗教感情。我們應該注意到，哥白尼實際上只是復興或再現了薩摩斯天文學家的理論而已。阿里斯塔克斯的名字被哥白尼寫了某篇手稿的旁注裡，這就證明此事是確鑿無疑的，至於太陽系中天體的相對大小和距離，其研究結果並不是同樣的成功。對太陽和地球之間距離的猜想大約是實際距離的一半；而月亮和地球之間的距離卻計算得相當準確；估算出的地球直徑則比實際數字小了50英里，這一功績應歸功於埃拉托斯特尼，他是亞歷山卓的一位圖書館專家，也是一位敏銳的科學觀察家。為了確定地球的周長，他選擇了幾乎位於同一子午線上的兩個觀測點，其中一個是北回歸線上的希恩，這裡的中午，太陽就位於天空的正上方，太陽的位置是透過它在一口深井中的顯像觀測到的；另一個點在亞歷山卓北邊400英里處，它只需確定太陽的角度，透過測量一個方尖塔的最短的影子就能輕易做到。人們從這個結論中要推算出地球的周長和直徑並不難。

　　這種知識的大部分很快就被人遺忘了，其主要原因是它不符合當時的宗教偏見。這就不難理解為什麼連一些哲學家也在這方面犯錯誤了，因為這種新天文學使斯多葛運動的倫理學說面臨著被顛覆的危險。保持中立的觀察家傾向於認為，由於新天文學理論證明了斯多葛主義並不是好的學說，所以應當推翻它。但這種理想是無法實現的，那些觀點受到批駁的人是不會輕易放棄其立場的。既堅信某種觀點，同時又保持超然的態度，這種能力是最為罕見的一種天賦。哲學家和科學家比其他人更

為努力地培養自己的這種能力，儘管最終他們並不一定做得比別人更好。這種態度非常適合數學研究，許多大哲學家同時也是數學家，這絕非偶然。關於數學，最後也許還有一點值得強調，除了問題的簡單性與結構的明確性，數學還為美的創造提供了一定的範圍。

希臘人的確具有非常敏銳的美學意識。今天所使用的「美學」這一術語是由 18 世紀的德國哲學家鮑姆加登[064]（Baumgarten）最先提出來的。不管怎樣，當濟慈[065]（John Keats）說「真即是美」的時候，他所表達的是一種純粹的希臘概念。當一位柏拉圖派學者思考某個希臘茶壺的幾何比例時，他也許正好會有這樣的感受。數學證明本身的結構也是這樣。在這一領域中，「典雅」與「節約」等概念都是符合美學原則的。

---

[064] 亞歷山大·戈特利布·鮑姆加登（西元 1714 年 -1762 年），德國哲學家、美學家。認為「美學對象就是感性認識的完善」，被稱為「美學之父」。哲學立場上支持萊布尼茲和克里斯蒂安·沃爾夫（Christian Wolff）的啟蒙主義學派。主要作品有《關於詩的哲學沉思錄》（*Meditationes philosophicae de nonnullis ad poema pertinentibus*）、《形上學》（*Metaphysica*）等。──譯者注

[065] 約翰·濟慈（西元 1795 年 -1821 年），生於倫敦，英國最傑出的詩人之一。他詩才橫溢，與雪萊、拜倫齊名。其詩篇被認為完美地展現了西方浪漫主義詩歌的特色，並被推崇為歐洲浪漫主義運動的傑出代表。其最膾炙人口的詩作有〈夜鶯頌〉（*Ode to a Nightingale*）、〈希臘古甕頌〉（*Ode on a Grecian Urn*）、〈睡與詩〉（*Sleep and Poetry*）等。── 譯者注

# 第四章

## 希臘化時代

　　西元前 5 世紀初，希臘人還在抵禦波斯人的入侵，然而到了西元前 4 世紀，波斯帝國就只是一個泥足巨人了。因為色諾芬尼已經證實，一小支訓練有素、指揮得法的希臘部隊，即使是在波斯本土也能守住陣地，反抗波斯帝國的強權。

　　在亞歷山大大帝的率領下，希臘世界開始轉守為攻了。短短 10 年間（西元前 334 年 - 前 324 年），波斯帝國就為這位年輕的馬其頓國王所征服。從希臘到大夏，從尼羅河到印度河，世界突然處於亞歷山大的個人統治之下。儘管在希臘人看來，他是一位馬其頓的最高統治者，但他卻把自己視為希臘文明的傳播者，事實證明他也的確如此。他不僅是一位征服者，也是一位殖民者。他的大軍每到一個地方，都要按照希臘模式建立起一些城市。在這些主要實行希臘生活方式的城市裡，土著希臘人或馬其頓定居者都將與當地人融為一體。亞歷山大鼓勵馬其頓臣民與亞洲婦女通婚，而且他自己也是這樣做的，他娶了兩位波斯公主為王妃。

　　亞歷山大的帝國作為一個國家，壽命並不長。他死後，他的將軍們最終把領土分為三部分。歐洲部分或安提柯王朝在 100 多年後落到了羅馬人手中。亞洲部分或塞琉古帝國被分為兩份，西部為羅馬人所接管，東部則為帕提亞及其他民族所占據；托勒密統治下的埃及為奧古斯都（Augustus）所掌握，成為羅馬帝國的一部分。儘管如此，但馬其頓作為希臘文化的傳播者，其征討還是十分成功的。希臘文明幾乎是源源不斷地湧入了東方。希臘語成了世界各地文明人士的語言，並且很快發展為貿易和商業上的通用語，就像近幾十年來英語的擴張一樣。西元前 200 年左右，操希臘語的人們可以從海克力斯（大力神）石柱一直排到恆河。

　　從此，希臘的科學、哲學，最早則是它的藝術，漸漸影響了古老的東方文明。鑄幣、花瓶、建築和雕刻的遺跡以及影響不那麼明顯的文

學，都是這場文化入侵的證據。相應地，東方也對西方產生了新的影響。不過這種影響多少有些落後，因為在那個時期，最讓希臘人著迷的似乎只是巴比倫的占星術[066]。因此，儘管科學技術有了進一步發展，但希臘化時代比古典時代更為迷信。即使是在我們這個時代，同樣的事情也會再度發生。在我年輕的時候，占星術只是極少數不正常的狂熱分子熱衷的東西，而今天，這種迷信的影響力卻大得驚人，以至於蠱惑了那些掌握著大眾報紙的人去開闢專欄討論星相問題。也許這不值得大驚小怪，因為在羅馬人到來之前，整個希臘化時代都是失控、動盪和危險的。衝突各方的僱傭軍都會不時地騷擾鄉村。亞歷山大所建立的新城市缺乏舊殖民地的政治穩定性，後者與它們的宗主城邦有著傳統的連結。從整體上來說，希臘化時代是缺乏安全感的。強大的帝國已崩潰，後繼者們又在不停地爭奪最高的霸權，這樣一來，人們就必然會深感世事變化無常了。

在文化領域，我們看到了一種日益明顯的專業化趨勢。古典時代的偉大人物作為城邦的一位公民，如果需要，他們都能處理很多領域的事務。而希臘化世界的探索者卻把自己限定在某個專門領域。科學研究中心從雅典轉移到了亞歷山卓，該城是亞歷山大大帝建立的最為成功的新城市，也是世界各地的學者、作家匯聚之地。地理學家埃拉托斯特尼曾一度出任大圖書館的館長，歐幾里得和阿波羅尼奧斯講授數學，阿基米德則曾經在此求學。在社會方面，奴隸人口的不斷膨脹逐漸損害了穩定的生存基礎，在用奴隸做勞動力的地方，一個自由民是很難與之競爭

---

[066] 解讀星辰的活動，可以說是現代天文學的原型。巴比倫人認為，地球上的一切事物都是天穹的反映，日月星辰的運行預兆著國家和個人的命運，天氣的陰晴冷暖與人間的一切息息相關。例如，按巴比倫人的星相說，若 7 月 1 日是陰天，必定有戰爭發生；若在 13 和 19 日是陰天，國王必死；若在 30 日是陰天，國王必定長壽。占星術被用來預測戰爭、乾旱、瘟疫、收成、人的禍福凶吉等，曾頗為盛行。—— 譯者注

的，他們唯一的出路就是從軍，指望在一些有利可圖的掠奪中發一筆橫財。雖然希臘影響力的進一步擴大使人們具有了比城邦時代更為宏偉的理想，但是沒有任何人，也沒有任何一項事業大到足以重振破碎的亞歷山大世界。

長期的不安全感使人們對公共事務喪失了興趣，理智與道德的力量也普遍衰落了。昔日的希臘人無法應對當時的政治問題，希臘化時代的人們同樣如此。最終還是由具有組織天才的羅馬人從混亂中建立起了新的秩序，並將希臘文明流傳於後世。

隨著城邦黃金時代的消失，一種普遍的、越來越沒有生機和活力的氣氛籠罩著希臘世界。如果說所有偉大的雅典哲學家都有一個明顯的共同特徵的話，那就是一種勇敢而灑脫地面對人生的態度。他們認為世界不是一個糟糕的居所，國家可以被看個清楚明白。正如我們所知，亞里斯多德曾經認為這是理想國家的一個特徵。馬其頓擴張的後果是這種自得其樂的態度被徹底摧毀了。那個時期的哲學傾向反映出一種全面的悲觀和不安，我們再也見不到柏拉圖的貴族公民的自信了。

從某種意義上說，正是蘇格拉底的死代表著希臘文化的分野。儘管柏拉圖的工作仍在繼續，但希臘文化實際上已從巔峰降到了平原，在哲學方面，許多新的運動正紛紛湧現出來，其中第一個運動就和安提西尼直接相關。他是蘇格拉底的信徒之一，其名字和伊利亞傳統的一個悖論相連在了一起。按照這個悖論，人們不可能做出任何有意義的陳述，例如，「A是A」雖然是真的，但毫無意義；或者「A是B」，但B並不是A，所以這一陳述肯定是錯誤的。這就難怪安提西尼會逐漸對哲學失去信心。他在晚年脫離了上層階級的生活，率先過起了普通人的簡樸生活。他十分反感當時的習俗，渴望回到一種原始的生活中去，以求擺脫組織

化國家陳規陋習的束縛。

安提西尼有一個叫第歐根尼 [067]（Diogenes）的弟子，新的運動就是因他而得名。第歐根尼是錫諾普人，錫諾普是希臘在黑海的一個殖民地。第歐根尼過著狗一樣的原始生活，這為他贏得了「犬儒」的綽號，意思就是「像狗一樣」。傳說他住在一個木桶裡，有一次，亞歷山大大帝來拜訪這位名人，年輕的亞歷山大請第歐根尼說出一個願望，並表示將滿足他的願望。第歐根尼卻回答說：「不要擋住我的陽光。」亞歷山大感慨地說：「如果我不是亞歷山大，我就會做第歐根尼。」

犬儒主義提倡的是把脫離世俗財富而竭力追求德行作為唯一有價值的善。這顯然具有蘇格拉底學說的傾向，但它對世俗事務的反應多少有些消極。的確，一個人牽掛的東西越少，他受到傷害或失望的可能性也就越小。但是從這樣一種源頭出發，我們是不可能獲得更多激勵的。犬儒學說在適當的時候發展成了一種廣泛的、有影響的傳統，西元前 3 世紀，它在整個希臘化世界贏得了公眾龐大的支持。當然，這只能說明一種低劣的犬儒主義形式恰巧如實地反映了當時的道德狀況。它是一種機會主義的生活態度，如果可以獲得什麼，就用雙手去接，而貧困時也不怨天尤人；如果有機會享受生活，就去享受；如果遭遇苦難，就聳聳肩坦然承受。正是從這樣的發展中，「犬儒」一詞才開始具有了貶義。不過犬儒主義作為一種運動，並非完全蓄意要這樣進行下去。它的倫理原則逐漸為斯多葛學派所吸收，稍後我們將論述到這一點。

哲學衰敗時期的另一個產物是截然不同的懷疑主義運動。懷疑論者的字面意思就是一個持懷疑態度的人，但懷疑主義作為一種哲學，卻把

---

[067] 第歐根尼（西元前 404 年 - 前 323 年），古希臘哲學家，犬儒學派的代表人物。活躍於約西元前 4 世紀，生於錫諾普（現屬土耳其），卒於科林斯。他的真實生平難以考據，但古代留下大量關於他的傳聞軼事。——譯者注

懷疑提升到了教條的地位，它不承認有人能夠確定地知道任何事物。當然，問題是人們想知道哲學的懷疑論者是從哪裡獲得這一資訊的。如果他們的立場明確地否定了知識存在的可能性，那他們又是怎樣得知這一結論的呢！對意見的懷疑一旦變成了某種原則，那麼這種批評就是恰當的。因為它作為一項有益的提醒，告誡人們還是謹慎為好，這當然沒有什麼不妥。

　　第一位持懷疑論的哲學家是皮浪[068]（Pyrrho），他是伊利斯的一位公民，曾隨亞歷山大的軍隊闖蕩過世界。懷疑學說並不是什麼新事物，因為我們已經從前文了解到，畢達哥拉斯和伊利亞學派就懷疑過感知的可靠性；而詭辯家也提出了相似的概念，作為他們的社會和倫理相對主義的一個基礎。但其中沒有一位思想家把懷疑本身當做一個中心問題。當17世紀和18世紀的作家們提起皮浪派哲學家時，指的就是這一類懷疑論者。我們對皮浪本人的情況所知甚少，但他的信徒第蒙（Timon）似乎否認過獲得演繹法根本原理的可能性。由於亞里斯多德對科學論證的解釋依賴於基本原理，因此這對亞里斯多德的追隨者們來說是一個沉重的打擊，這也是為什麼中世紀經院派學者對皮浪哲學如此敵視的原因。而蘇格拉底對假說及演繹法的論述卻沒有受到懷疑論者大肆攻擊的影響。17世紀新學術的復興在哲學方面脫離了亞里斯多德，回歸到了柏拉圖那裡。

　　第蒙於西元前235年去世後，懷疑主義作為一個獨立的學派也隨之消失了。而在阿卡德米則相反，它被吸收成為一種懷疑論偏見，並持續

[068] 皮浪（西元前365或前360年 - 前275或前270年），古希臘懷疑派哲學家，懷疑主義創始人。他不否認感覺現象的存在，但否定現象的真實性和關於現象的判斷。例如，蜜對我們而言顯得是甜的，「但它本質上是否也是甜的，我們認為是一件可疑的事情，因為這不是一個現象而是一個關於現象的判斷」。——譯者注

了將近 200 年之久。這當然是對柏拉圖傳統的一種扭曲。的確，柏拉圖的作品中有部分段落，如果斷章取義的話，它們似乎主張放棄建設性思考的所有努力。現在，《巴曼尼得斯篇》中的辯證法之謎也出現在我們的腦海裡，但辯證法在柏拉圖看來，其本身從來不是目的，辯證法只有在遭到這種方式誤解後，才會具有懷疑主義色彩。另外，在一個越來越迷信的時代，懷疑論者的確發揮了積極的揭露作用。不過出於同樣的原因，他們也可能決定去參與某些迷信儀式，但內心卻無動於衷。正因為有了這種完全消極的觀點，懷疑主義作為一種體系，才容易在其信徒中產生一代不成熟的嘲弄者，與其說他們正確，倒不如說他們腦袋瓜轉得快。

到了西元前 1 世紀，懷疑主義再次成了一種獨立的傳統。2 世紀的諷刺作家琉善（Lucian）和塞克斯圖斯‧恩丕里柯（Sextus Empiricus）屬於後期懷疑主義學派，他們的作品至今仍然保存著，但時代的趨勢最終要求一種更加明確和激勵人心的信仰體系，教條主義觀點的發展，逐漸使懷疑論哲學黯然失色。如果把希臘化時代的哲學思辨與偉大的雅典傳統及其先驅們相比較，我們就能更強烈地感受到頹廢時代的萎靡不振。古代思想家們把哲學研究視為一種冒險，它需要開拓者的敏銳和勇氣。儘管後來的哲學憑藉的也可以說是勇氣，但它是放棄與忍耐的勇氣，完全不是探險家一往無前的英勇。在舊的社會框架已遭到瓦解的時代，人們追求的是和平，如果他們連這點根本需求都得不到保障的話，那他們就只能養成這樣的德行，就是對無法避開的種種苦難逆來順受。這一點在伊壁鳩魯哲學學派中表現得最為突出。

伊壁鳩魯生於西元前 342 年，父母是雅典人。他 18 歲時，從薩摩斯來到了雅典，不久又去了小亞細亞，並在那裡迷上了德謨克利特的學

說。他剛三十出頭，就創辦了一所學校。從西元前 307 年直到他去世（西元前 270 年），這所學校都在雅典正常運轉著。學校就像他的居所與庭院裡的一個小社會，他想方設法使學校與外面世界的紛爭隔離開來。伊壁鳩魯一生小病不斷，他雖然飽受折磨，但卻毫不退縮地忍耐下來。他的學說的主要目標就是獲得某種不受干擾的安寧狀態。

伊壁鳩魯認為快樂是最大的善。沒有快樂，就不會有善的生活，這裡所說的快樂既包括肉體的快樂，也包括精神的快樂。後者存在於對肉體快樂的思索中，它並不會在任何重要意義上顯得更為優越。另外，因為我們能夠較好地控制自己精神活動的方向，所以在某種程度上，我們就可以選擇思索對象，而肉體快樂大部分是強加給我們的。這也就是精神快樂唯一的優勢。根據這一觀點，有德之人在尋求自己的快樂時是很謹慎的。

這個普遍性理論產生了新的「善的生活」概念，這種概念與蘇格拉底和柏拉圖的觀念是截然不同的，它整體趨勢是擺脫活動與責任。當然，蘇格拉底確實說過理論的生活是最好的生活，但這並不意味著完全的脫離。相反，積極地參與公共事務恰恰是菁英人物的職責之一。同樣，柏拉圖也富有這種責任感，從洞穴中走出來的哲學家必須返回去幫助那些在洞察力上不如他的人們獲得自由，正是這種信念使他參與了西西里的冒險事業。而伊壁鳩魯卻認為不存在任何生命活力，儘管他的確對積極快樂與消極快樂作了區分，但卻把後者放在了最重要的位置。為了得到想要的東西，人們在慾望的驅使下，竭力追求某種快樂的結局，從而體驗到一種積極的快樂。但目標實現之後，如果缺乏任何進一步的慾望，那麼消極的快樂就會出現，它是酒足飯飽之後的一種神氣活現的麻木狀態。

可想而知，一個厭倦了動盪的時代是樂於接受這種謹慎的倫理觀的；但作為對「善」的一種解釋，它又是十分片面的。它忽視了這樣一個事實：積極探索的一個特徵就是無慾和無情。蘇格拉底堅持「知識就是善」，從根本上說是正確的。正是在不偏不倚的理解中，我們才達到了伊壁鳩魯所追求的不自覺的敏銳。但是，和他多少有些嚴肅的觀點相比，其個人氣質就不怎麼一致了。因為他重視友誼超過了其他的一切，儘管這還不是很明顯的消極的快樂。「伊壁鳩魯式的」一詞逐漸成為奢華生活的代稱，就是由於伊壁鳩魯受到了與他同時代的斯多葛學派及其後繼者們的大肆誹謗。在他們看來，伊壁鳩魯的學說似乎帶有某種明顯的唯物主義觀點，因而為他們所鄙視。其實這更是對實際情況的一種誤解，因為伊壁鳩魯交際圈子裡的人實際上過的是儉樸的生活。

　　伊壁鳩魯接受了德謨克利特的原子論，從這個角度看，他的確是一位唯物論者。但是他並沒有採納原子運動嚴格受法則支配的觀點。前面說過，法則概念最初是從社會領域衍生出來的，只是到了後來才應用於物理領域的各類事件。同樣，宗教是一種社會現象，這兩種思路似乎在必然性概念中有所關聯。神才是最終的法則制定者。既然伊壁鳩魯拋棄了宗教，他自然也就不會再去思考嚴格的必然性法則。因此，伊壁鳩魯允許原子有在一定程度上變化的獨立性，儘管德謨克利特說過，一旦某一過程處在進行之中，它的下一過程就會遵循法則。

　　而靈魂只是一種特殊的物質，其粒子與構成肉體的原子融為一體。他把感知解釋為物體發出的放射物與靈魂原子相撞的結果，當死亡意外發生時，靈魂原子就會與肉體分離，並且消散；雖然這些原子依然存在，但已無法產生感知，伊壁鳩魯用這種方式論證了對死亡的恐懼是荒謬的，因為死亡本身並不是我們能夠體驗的東西。儘管伊壁鳩魯堅決反對宗教，但他承

認諸神的存在，卻又認為我們不會由於諸神的存在而變得更好，或者變得更壞。神本身只是伊壁鳩魯主義的超級執行者，他們對人類事務並無興趣。

神既不會獎賞誰，也不會懲罰誰。總之，我們應該沿著一條謹慎、中庸的道路前進，我們的目標就是要達到一種沒有混亂的安寧狀態，這就是最大的快樂，因而也是最高形式的善。伊壁鳩魯主義和其他學派的不同在於，它並沒有發展出一種科學的傳統。他的自由思考以及反對迷信傳統的態度，繼續受到了早期羅馬帝國上層社會中少數傑出人物的推崇，儘管在倫理方面，它已逐漸為斯多葛主義所取代。

伊壁鳩魯傳統中的另一位著名人物是羅馬詩人盧克萊修[069]（Lucretius）。他在一首叫做《物性論》（*De Rerum Natura*）的著名詩篇裡，講述了伊壁鳩魯的學說。

盛極一時的斯多葛主義是希臘化時代最有影響的哲學運動。與一些偉大的雅典學派相比，它的成員並不嚴格地局限於宗主國希臘的國土，其中一些著名的代表人物來自東方，後來還有一些來自羅馬的西部。該運動的創始人是一個腓尼基的賽普勒斯人，名叫芝諾。我們不知道他的具體出生年代，但應該是在西元前 4 世紀的後半葉。由於家族的商業活動，這位年輕人首次來到了雅典，並在那裡對哲學產生了興趣。他放棄了經商，最終建立起了一所自己的學校。他常常在意為「彩繪有頂柱廊」的斯多葛柱廊裡講學，因此該學說就隨該建築被人稱為斯多葛主義。

斯多葛哲學延續了將近 5 個世紀之久。在這期間，它的學說經歷了很大的變化，但這一運動卻因它始終如一的倫理學說而得以維繫下來。

---

[069] 盧克萊修（約西元前 99 年 - 前 55 年），古羅馬哲學家、詩人。他繼承古代原子學說，闡述並發展了伊壁鳩魯的哲學觀點。認為物質的存在是永恆的，提出了「無物能由無中生，無物能歸於無」的唯物主義觀點。反對神創論，認為宇宙是無限的，有其自然發展的過程，並認為世界是可知性的。著有哲學長詩《物性論》（*De Rerum Natura*）。── 譯者注

斯多葛主義的倫理學說起源於蘇格拉底的生活方式。淡泊名利，勇於面對危險和困難，這些都是斯多葛學派十分重視的德行。正因為該派如此重視忍耐與超脫，「斯多葛」一詞才具有了現代含義。

斯多葛主義作為一種倫理理論，與古典時代的理論相比，多少顯得有些平淡和嚴肅。但是作為一種學說，它卻比亞里斯多德和柏拉圖的學說更為成功地贏得了人們廣泛的信奉。這也許是因為柏拉圖所強調的「知識是最高的善」，不容易為從事實際活動的人們所接受。但是不管怎樣，似乎正是斯多葛主義俘獲了希臘化時代的君主和統治者的頭腦。蘇格拉底曾經有過一個理想，就是哲學家應該成為君主，君主也必須成為哲學家。值得懷疑的是，斯多葛主義能否實現這個理想。

早期斯多葛學派的作品除了一些殘缺不全的篇章之外，幾乎沒有任何資料留存下來，儘管根據現存的資料仍有可能拼湊出該學說的概貌來。芝諾本人似乎把主要精力放在了倫理學上。斯多葛哲學始終最有興趣的主題之一就是宿命論和自由意志，這個哲學問題至今仍吸引著哲學家們的注意。

芝諾認為自然界嚴格受到法則的支配。他的宇宙論似乎主要是受了前蘇格拉底觀點的影響。他和赫拉克利特一樣，也把火視為初始物質，經過一定的時間之後，再從火中分離出別的元素，這似乎在一定程度上效仿了阿那克薩哥拉的理論。最後燃起了熊熊烈火，萬物又回歸到原始的火，一切重新開始，就像恩培多克勒的循環論所說的那樣。世界運行所遵循的法則來自某個至高無上的權威，他控制著所有的歷史細節。萬物都在按預先規定的方式發生，以便達到某種目的。芝諾認為最高的或者說神的動力並非存在於世界之外，而是像潮氣滲透沙子一樣，充斥著整個世界。因此，神是一種存在於宇宙萬物之內的力量，其中一部分就

在每個人的體內。這種觀點在現代變得如此著名，是由於史賓諾沙的哲學著作，而史賓諾沙正是受了斯多葛傳統的影響。

德行是最大的善，它展現在生活與世界的一致性中。但我們不能以「一切存在的事物都是這樣與世界相一致的」作為理由，把它理解為僅僅是一種同義的重複。因為它透過與自然的交融而不是對立的方式，來指引一個人的意志。應該輕視世俗的財富。暴君可以剝奪一個人的外部財富，甚至是生命，但卻無法剝奪他的德行。德行是一種內在的、不可分割的占有。因此我們得出以下結論：如果放棄了對外部財富的錯誤需求，一個人就會擁有純粹的自由，由於外部力量無法觸及他的德行，因而德行是唯一重要的東西。

其中某些見解作為高貴生活的格言，也許值得人們讚賞，但作為一種倫理理論，芝諾的學說則存在著嚴重缺陷。因為，假如世界受法則的控制，那麼宣揚德行的至高無上就沒有什麼意義。那些有德行的人之所以有德，是因為受法則支配，不得已而為之，邪惡的人同樣如此。另外，我們該怎樣來理解預先規定了善惡的神呢？柏拉圖在《理想國》中給了我們一點暗示，即神祇是世間善的創造者，在這裡幾乎是沒有什麼用。

史賓諾沙和萊布尼茲（Gottfried Wilhelm Leibniz）都要面對類似的反對意見，因為他們試圖透過主張「人的心靈無法從整體上掌握事物的必然性」來迴避困難。但同時他們又提出，在現實中，萬物都會處在可能世界的最佳狀態中，得到十分恰當的安排。然而除了一些邏輯問題之外，這一理論似乎還明顯存在著實際錯誤。更糟糕的是，從整體上看，磨難無助於增加德行或使靈魂變得更崇高。另外，我們這個進步時代的一個令人傷心的發現就是，只要有足夠的技能，就可能擊敗任何一個人，無論他的力量有多麼強大。

斯多葛主義真正切中要害的是，它承認在某種意義上，德行內在的善比別的東西更重要，物質的喪失總能在一定程度上得到補償，但一個人如果失去了自尊，他就不再是一個真正的人。

據說斯多葛主義的第一次系統闡述要追溯到克律西波斯（Chrysippus）（西元前 280 年 - 前 207 年），雖然他沒有作品留存下來。斯多葛學派正是在這一時期，對邏輯和語言產生了更強烈的興趣。他們詳盡地闡述了假言三段論和選言三段論的原理，並發現了一種重要的邏輯關係，即現代術語所稱的「實質性內涵」。這是一真一假兩個命題之間的關係。以這個陳述為例：「如果氣壓降低，就會下雨。」「氣壓降低」與「下雨」之間的關係就是一種實質性內涵關係。同樣，斯多葛學派還發明了語法術語，語法在他們那裡變成了一個系統的探索領域。語法中格的名稱也是斯多葛學派的一項發明。其拉丁文譯名至今還在使用，其中包含由羅馬語法學家傳下來的一個希臘術語的誤譯「ac-cusative（賓格／受格）」。

西塞羅 [070]（Cicero）的文學活動使斯多葛學說在羅馬找到了立足之地，西塞羅曾師從斯多葛哲學家波希東尼烏斯（Posidonius）。這位來自敘利亞的希臘人遊歷豐富，在許多領域都有所建樹。在前面，我們曾提到過他的天文學研究。作為一位歷史學家，他延續了波利比烏斯 [071]（Polybius）的工作。他的哲學立場中含有不少古老的阿卡德米傳統，如前所述，當時的阿卡德米本身已經受到了懷疑論的影響。

[070] 西塞羅（西元前 106 年 - 前 43 年），古羅馬才華橫溢的政治家、演說家、哲學家和散文家，曾任執政官、元老院元老、總督等，被列為「永垂不朽的羅馬人」之一。早年在希臘和羅馬受過良好教育，青年時精研修辭學、法律和哲學。他對古希臘哲學進行了通俗解釋，促進了其傳布。其散文被視為古羅馬散文的頂峰。——譯者注

[071] 波利比烏斯，古希臘傑出史學家，被稱為「史學家中的史學家」。他曾說：「『真實』之於歷史，正如雙目之於人身。若從歷史中挖去了『真實』，所剩的豈非都是些無稽之談？」他推崇羅馬共和製為混合政體的典範，指出在羅馬共和制中，執政官代表王制因素，元老院代表貴族制因素，人民（大會）代表民主制因素，三者分工合作、互相制約，使國家政權處於均衡狀態，保證著國家長期穩定發展。——譯者注

　　雖然從哲學角度看，斯多葛主義後期的代表人物不如早期的那麼重要，但其中三位的作品卻非常完整地保存了下來，後人對他們的生平也十分清楚。他們的社會地位相差懸殊，但他們的哲學觀點卻幾乎一樣。其中，塞內卡（Seneca the Younger）是羅馬元老院議員，祖籍西班牙；愛比克泰德（Epictetus）原本是希臘奴隸，後來在尼祿王手下獲得了自由；馬可・奧理略[072]（Marcus Aurelius）是西元 2 世紀時的皇帝。三個人都十分相似地寫出了斯多葛風格的倫理學文章。

　　塞內卡大約出生於西元前 3 年，來自一個遷居羅馬的富有的西班牙家庭。他進入了政界，並在某個時期擔任了行政職位。他的命運後來出現了暫時的坎坷，皇帝克勞迪烏斯（Claudius）同意了皇后梅薩利娜（Messalina）的請求，於西元 41 年放逐了他。這位元老院議員在批判皇后生活方式不檢點時，似乎有點過於放肆。幾年之後，皇后意外地暴死。克勞迪烏斯的繼任皇后阿格里皮娜（Agrippina）生下了尼祿[073]（Nero Claudius Caesar Augustus Germanicus）。西元 48 年，塞內卡從落難地科西嘉被召回了宮廷，擔任了太子尼祿的老師，不過這位羅馬王子卻不是斯多葛派哲學家理想的學生，而塞內卡本人的生活方式也和那些斯多葛倫理學宣講者所期望的截然不同。尼祿積斂了大量財富，其中大部分是透過向不列顛居民放高利貸獲得的。這可能就是導致不列顛省叛亂的原因之一。所幸的是，現在僅靠高利率已經無法激起不列顛人民革命的思想火焰了。由於尼祿變得日益獨斷和瘋狂，塞內卡又一次失寵，最終被恩賜自盡，否則就要被處死。

---

[072] 馬可・奧理略（西元 121 年 -180 年），羅馬帝國最偉大的皇帝之一。他既是一位很有智慧的賢明君主，又是一位很有成就的思想家，有名作《沉思錄》（*Meditations*）傳世。雖然他嚮往和平，卻具有非凡的軍事領導才幹。── 譯者注

[073] 尼祿・克勞狄烏斯・凱撒（西元 37 年 -68 年），羅馬帝國克勞狄烏斯王朝最後一個皇帝，史上有名的暴君。傳說西元 64 年的羅馬大火是他操縱的，大火連燒數日，數千人喪生。他愛好藝術表演，企圖以種種藝術文化表演取代傳統競技場的血腥大眾娛樂，並因禁止競技場決鬥而引起不滿。被民眾拋棄後，最終自殺身亡。── 譯者注

於是他以時興的方式割斷了靜脈。儘管整體而言，他的生活與斯多葛主義並不相符，但他對死亡的態度卻真實地展現了他的哲學。

　　愛比克泰德是一位希臘人，大約出生於西元 60 年。正是他的名字提醒了我們，他曾經是一個奴隸，因為「愛比克泰德」含有「被俘獲者」的意思。由於他在早年奴役生活中所遭受的虐待，他的一條腿瘸了，而且健康狀況很差。獲得自由之後，他就在羅馬講學，直到西元 90 年，圖密善[074]（Domitian）把他和其他斯多葛派學者驅逐出境，因為他們批判了皇帝的殘暴統治，並且形成了一股反對王權的道德力量。他的晚年是在希臘西北部的尼科波利斯度過的，大約於西元 100 年去世。他的一些論述被他的學生阿里安（Arrian）保存了下來。我們在其中發現了前文解釋過的斯多葛倫理觀點。

　　愛比克泰德生來就是奴隸，而斯多葛派最後一位偉大作家馬可·奧理略（西元 121 年 -180 年）卻生來就是皇帝。他由叔父安敦寧·畢尤（Antoninus Pius）撫養長大。正如其稱號所暗示的那樣，畢尤是羅馬皇帝中比較開明的一位。馬可·奧理略於西元 161 年繼承了皇位，並且窮其一生為帝國效勞。由於那時天災和戰亂層出不窮，身為皇帝的他一直忙於對付那些野蠻部落，他們侵擾帝國的邊境，並且開始威脅到羅馬的霸權。雖然肩負政務的重擔，但他認為這是他的職責。國家面臨著內憂外患，他採取了一些似乎有助於維護秩序的措施。他迫害基督徒並不是出於惡意，而是由於他們對國教的反對成了異議和麻煩的根源。在這一點上，他也許是對的，儘管迫害同時也說明了迫害者內心的虛弱，因為一個根基牢固而又充滿自信的社會是不用去迫害異端的。像愛比克泰德

---

[074] 圖密善，繼承了父親維斯帕先（Vespasian）與兄長提圖斯（Titus Flavius Vespasianus）的帝位，
　　　為弗拉維王朝的最後一位羅馬皇帝，西元 81 年 -96 年在位。 —— 譯者注

的論述一樣，馬可‧奧理略用希臘文寫的《沉思錄》（*Meditations*）也完整地傳到了我們手上，這些都是在軍務、政務的繁忙中抽空記錄下來的哲學反省日記，值得注意的是，儘管馬可‧奧理略贊同一般斯多葛主義「善」的理論，但他卻堅持恪盡公職的態度，這一點與柏拉圖更為一致。人是一種社會動物，我們必須在政治事務中發揮自己的作用，這就使得關於自由意志和宿命論（前文已提及）的倫理方面的難題更加突出。因為我們已經知道，按照一般斯多葛派的觀點，一個人的德行或邪惡只是個人的問題，是不會影響到他人的。但是按照人的社會觀，每個人的倫理品格都會對任何其他的人產生極其明顯的影響。如果皇帝馬可‧奧理略對自己的職責採取寬鬆的態度，發生爭端的可能性無疑就會比已有的多得多。斯多葛主義從來沒有對這一難題做出過令人滿意的解答。

從柏拉圖和亞里斯多德時代遺留下來的一個問題是基本原理的問題。斯多葛學派提出了天生理念論：演繹過程從清晰的、無須證明的起點開始，這一觀點左右了中世紀的哲學界，也為一些現代理性論者所採納。它是笛卡兒方法的形上學基礎。在人的概念方面，斯多葛學說要比古典時代的理論寬大得多。我們回顧一下就會發現，亞里斯多德在這一點上曾經走得有多遠，他竟然認為希臘人不應該做同胞的奴隸。而斯多葛主義卻跟從了亞歷山大的實踐，他們主張在某種意義上，所有的人都是平等的，即使在奴隸制規模更大的帝國時代也應該如此。順著這一思路，斯多葛派提出了自然法則與國家法律的區別。這裡面提到的天賦權利意味著一個人因為其人性而有權獲得的某種東西。天賦權利的學說對羅馬立法產生了一些好的影響。對於那些被剝奪了一切社會權利的人來說，它能發揮安撫的作用。在文藝復興後期反對君權神授的鬥爭中，它又以相似的原因得以復興。

儘管希臘本身曾是世界的「智慧作坊」，但它卻無法作為一個獨立

自由的國家生存下來。而另一方面，希臘的文化傳統又得到了廣泛的傳播，無論如何也為西方文明留下了一個永久性的象徵。中東地區由於亞歷山大的努力而被希臘化；在西方，羅馬成了希臘遺產的傳播者。

　　起初，希臘和羅馬之間的關聯是透過義大利南部的希臘殖民地開始的。在政治上，亞歷山大的擴張運動並沒有波及希臘西部的國家。在希臘化時代初期，該地區存在著兩支重要的力量，即敘拉古和迦太基，但它們都在西元前 3 世紀的前兩次布匿戰爭之後被羅馬征服，西班牙也在戰爭中被吞併。西元前 2 世紀，希臘和馬其頓也被征服。第三次布匿戰爭以西元 146 年迦太基城被徹底摧毀而告終。同年，科林斯在羅馬軍團的踐踏下也得到了相似的結局。這種肆意、殘忍的破壞行動是十分罕見的，不僅在當時受到了譴責，後世也對此大加批判。在這一點上，我們現在這個時代倒是迅速回到了野蠻狀態。

迦太基遺址，突尼西亞

　　西元前 1 世紀，羅馬又先後吞併了小亞細亞、敘利亞、埃及和高盧 [075]，而不列顛則陷落於西元 1 世紀。這些連續不斷的征討並不是單純地渴望冒險，而是為了尋求一條自然的邊界，以便不費力地堅守並抵禦外來敵對部族的侵犯。在帝國早期，這一目標就已經實現了：羅馬的疆域北以萊茵河和多瑙河這兩條大河為界；東以幼發拉底河和阿拉伯大沙漠為界；南以撒哈拉，西以大西洋為界。在這樣的地理環境中，西元 1 世紀和 2 世紀的羅馬帝國處於相對和平和穩定的狀態。

　　從政治角度看，羅馬最初作為一個城邦在很多方面與希臘相似。伊特拉斯坎王朝傳說的統治時期之後，是由控制著元老院的一個貴族統治階級主宰的共和國。隨著國家規模和重要性的增大，趨向於更民主的政體變革便不可避免地出現了。儘管元老院仍然保留著大量的權力，但代表著平民大會的保民官逐漸對國事有了發言權。非貴族出身的人也有了擔任執政官的可能性。但是擴張的結果卻使統治階層家族獲得了鉅額的財富，地主們占有大片的土地，他們使用奴隸來耕種，並趕走了小農經濟階層。元老院因此掌握了最高權力。西元前 2 世紀末，由格拉古（Gracchus）領導的一場平民民主運動失敗後，接連不斷的內戰卻逐漸導致了帝王統治的建立。尤利烏斯·凱撒的養子屋大維（Octavian）最終恢復了秩序，並獲得了「奧古斯都」的頭銜，成為皇帝來統治國家，但民主制度還在名義上保留著。

　　西元 41 年，奧古斯都去世。在接下來的大約 200 年間，羅馬帝國整體而言還算太平。當然，內部紛爭和困擾還存在著，但都未成大器，不

---

[075] 古代西歐地區名，因其原始居民為高盧人而得名。分為三大地區：一是山南高盧，或稱內高盧，即阿爾卑斯山以南到盧比孔河流域之間的義大利北部地區；二是山北高盧，或稱外高盧，即阿爾卑斯山經地中海北岸，連接庇里牛斯山以北廣大地區，相當於法國、比利時以及荷蘭、盧森堡、瑞士和德國（萊茵河左岸）的一部分；三是納爾波高盧。西元前 6 世紀時，高盧的主要居民為凱爾特人，羅馬人稱之為高盧人。 —— 譯者注

足以毀掉帝國統治的基石。雖然邊境仍有戰事，但羅馬人還是過著寧靜有序的生活。

後來，軍隊自身也開始經常利用其權力收取金錢，作為回報，它向皇帝提供支援。皇帝們就是依靠這樣的軍事後盾登上寶座的，同樣，一旦這種支援被撤回，他們就得下臺。戴克里先[076]（Diocletian）和君士坦丁大帝[077]（Constantine the Great）透過努力曾一度避免了災難的發生，但他們採取的某些應急措施卻不能從根本上解決問題，反而加速了帝國的衰落。大量的日耳曼[078]僱傭軍在為帝國作戰，結果證明這正是帝國覆滅的原因之一。野蠻部落的首領們透過在羅馬軍團效力，接受了戰術訓練。後來，他們逐漸意識到自己所學的新技能如果不是為羅馬主子效勞，而是為自身利益服務，也許能夠獲得更多的好處。僅僅100年之後，羅馬城就落入哥德人[079]之手。不過昔日的一些文化遺產卻透過基督教的影響保存了下來，基督教在君士坦丁大帝統治時期被升為國教。一旦入侵者改信了基督教，那麼教會就能在某種程度上保留希臘文明的知識。而東羅馬帝國卻遭到了完全不同的厄運。在那裡，穆斯林入侵者把自己的宗教強加給了帝國，並以他們自己的文化把希臘傳統傳到了西方。

---

[076] 戴克里先（西元 245 年 -305 年），原名狄奧克萊斯，羅馬帝國皇帝，西元 284 年至 305 年在位。其結束羅馬帝國的 3 世紀危機（西元 235 年 -284 年），建立四帝共治制，使其成為羅馬帝國後期的主要政體。其改革使羅馬帝國對各境內地區的統治得以存續，最起碼在東部地區持續了數個世紀。——譯者注

[077] 君士坦丁大帝（西元 272 年 -337 年），羅馬帝國皇帝，西元 312 年 -337 年在位。他是世界歷史上第一位信仰基督教的皇帝，於西元 313 年頒布詔書，承認基督教合法；於西元 330 年將羅馬帝國首都遷至拜占庭，並將其改名為君士坦丁堡。他進行了一系列改革，大大促進了歐洲從奴隸社會向封建社會的過渡，被譽為「千古一帝」。——譯者注

[078] 日耳曼人是古代占據中歐和東歐廣大地區的部族，自稱德意志人，古羅馬人稱之為日耳曼人。分布在萊茵河以東，維斯瓦河以西，多瑙河以北地區，從事遊獵、畜牧為主，長期處於原始氏族社會階段，其語系屬於印歐語系日耳曼語族。——譯者注

[079] 也譯為哥特人，是東日耳曼人部落的一支分支部族，從 2 世紀開始在斯基泰、達其亞和潘若尼亞定居。5 到 6 世紀時，分裂為東哥德人和西哥德人。——譯者注

在文化上，羅馬幾乎完全是衍生出來的。無論是藝術、建築，還是文學、哲學，羅馬世界都多少模仿了來自希臘的傑出範例。不過有一個方面羅馬人是成功的，而希臘人，乃至亞歷山大則都是失敗的，這就是大規模的政府、法律和行政制度，因此，羅馬還是在某些地方影響了希臘的思想。我們在談到政治問題時已經看到，古典時代的希臘無法超越城邦理想，而羅馬的視野卻要開闊得多，歷史學家波利比烏斯對此印象很深。他大約出生於西元前 200 年的希臘，後來成了羅馬入侵者的俘虜。他和斯多葛學派的帕奈提烏斯（Panaetius）一樣，屬於一個以小西庇阿為核心的文人圈子。除了一點政治影響外，羅馬未能產生任何可以啟發希臘思想家的新觀念。希臘作為一個國家，雖然被摧毀了，但卻在文化領域擊敗了羅馬征服者。因為有教養的羅馬人都講希臘語，就像直到最近，有教養的歐洲人還講法語一樣。雅典的阿卡德米對羅馬的貴族子弟很有吸引力，西塞羅就曾經是該校的學生。每一個領域都採用了希臘標準。羅馬在許多方面都只是在蒼白地複製希臘原作，尤其是羅馬哲學更是缺乏有獨創性的思想。

希臘傳統不虔誠和喜歡探詢的特點，隨著希臘化時代的衰落，多少削弱了古羅馬的長處，尤其是海外擴張使得大量財富流入這個國家的時候。而真正的希臘影響卻在力量上減弱了，它逐漸集中在極少數人，尤其是羅馬城的貴族身上。另一方面，希臘化文化中的非希臘因素卻隨著時間的流逝變得強大起來。前面說過，東方提供了一種神祕主義因素，但整體而言，它並沒有在希臘文明中占據主導地位。來自美索不達米亞和更遠地方的宗教影響，透過這種方式滲入了西方，並產生了廣泛的信仰調和因素，基督教正是由於這個原因，最終得以提升到國教的地位。同時，神祕主義傾向鼓勵了各種迷信和慣例的擴散。當人們對現世的命

運不滿意，對自身的能力缺乏自信的時候，荒唐、非理性的勢力便乘虛而入了。的確，羅馬帝國享受了兩個世紀的太平，但「羅馬帝國統治下的和平」時代並不適合做建設性的智力嘗試。如果說它還有哲學的話，只是斯多葛派風格的延續。只有在政治上，羅馬才比古典思想家們狹隘的地方觀念領先了一步，因為斯多葛主義提倡的是人與人之間的兄弟關係。在羅馬統治已知世界的數百年裡，這個斯多葛派的概念確實具有了實質上的意義。

羅馬帝國和希臘城邦一樣，透過自己的方式保持著對境外世界的優越感和恩賜姿態。儘管它與遠東有一些關聯，但卻不足以使羅馬公民注意到以下事實：世界上還存在著其他偉大文明，而這些文明是不能被簡單地看做野蠻而不予考慮的。儘管羅馬具有更寬廣的視野，但它還是被傲慢支配著，猶如它的文化祖先希臘。這種傲慢甚至也為教會所繼承，它們自稱「天主教的」或「廣泛的」（英文 catholic 同時具有這兩種含義），儘管在東方還有一些其他偉大宗教，其倫理觀至少與基督教一樣先進，人們仍然做著世界政府和文明之夢。

羅馬最重要的作用，就是繼承了一種比自身文化更悠久、更優越的文化。能夠做到這一點，是因為羅馬管理者的組織天才和帝國的社會凝聚力。遍布羅馬全境的龐大交通路網遺跡使我們想起它偉大的組織工作，儘管存在著民族差異並在後期出現了封建統治，但羅馬的擴張還是保證了歐洲的大部分能夠作為一個文化單位繼續發揮較大的作用。即使是野蠻部落的入侵，也無法把這一文化基礎摧毀到不可修復的地步。而在東方，羅馬的影響就不那麼持久了。其原因就在於阿拉伯穆斯林征服者強大的生命力。在西方，入侵者會慢慢被一種歸功於羅馬的傳統所同化；而中東則幾乎全部改信了征服者的宗教。西方把自身獲得的大量希

臘知識歸功於阿拉伯人，這些知識被穆斯林思想家透過西班牙傳到了歐洲。

　　在被羅馬統治長達 3 個世紀的不列顛，盎格魯 - 撒克遜[080]的入侵似乎導致了與羅馬傳統的徹底決裂。偉大的羅馬法律傳統雖然在其統治下的西歐各地都得以保存下來，但在不列顛卻站不住腳。英國的習慣法至今仍是盎格魯 - 撒克遜的。在哲學方面，有一個值得注意的有趣結果：中世紀的經院哲學與法律密切相關，而哲學上的詭辯術卻與古羅馬嚴格而形式化的運用相似。在英國，盎格魯 - 撒克遜的法律傳統是有效的，即使是在經院哲學的全盛時期，哲學的絕大多數方面也還是更具經驗主義的特徵。

　　羅馬帝國統治下的宗教領域出現了妥協趨勢，哲學中也出現了相似的發展。從廣義上說，斯多葛主義是帝國初期的哲學主流，而更令人振奮的柏拉圖與亞里斯多德學說卻有些受排擠。但是到了西元 3 世紀，出現了一種根據斯多葛學說對舊倫理學所作的新解釋，這與當時的普遍狀況是完全協調的。這種不同理論的混合物漸漸被稱為新柏拉圖主義，它將會對基督教神學產生強大影響。從某種意義上說，新柏拉圖主義是聯結古代與中世紀的橋梁。古代哲學就是在這裡畫上了句號，而中世紀思想則從這裡開始了。

　　新柏拉圖主義最早興起於亞歷山卓，該城是東西方的交會點。在這裡可以看到來自波斯和巴比倫的宗教影響、埃及儀式的殘餘、一個信仰自己宗教的強大的猶太社會，還有基督教各派別，這一切構成了一個希臘化文化的整體背景。

---

[080] 盎格魯 - 撒克遜人的祖先來自歐洲大陸，是日耳曼人中的盎格魯人、撒克遜人。從西元 5 世紀起，盎格魯人、撒克遜人進入不列顛。今天的英國人稱他們是盎格魯 - 撒克遜人的後代。—— 譯者注

據說新柏拉圖學派是阿摩尼阿斯‧薩卡斯（Ammonius Saccas）創立的，我們對他的生平了解不多。他的學生普羅提諾（Plotinus）（西元204年-270年）是最傑出的新柏拉圖主義哲學家。普羅提諾出生於埃及，後來在亞歷山卓求學和居住，一直到西元243年才離開。

　　由於對東方宗教和神祕主義感興趣，普羅提諾跟隨戈爾迪安三世（Marcus Antonius Gordianus Pius）出征波斯。但他的這一事業並未成功。由於年輕的皇帝缺乏經驗，不知為什麼引起了將領們的不滿。在當時，這種衝突是以速決方式了結的，年輕的皇帝最終死在了自己本來應該能控制的部下手裡。普羅提諾於西元244年從謀殺之地美索不達米亞逃到羅馬住了下來，並在那裡任教直至去世，他的著作是由學生波菲利（Porphyry）根據他晚年的授課筆記編纂而成的。波菲利多少受了些畢達哥拉斯學派的影響，因此，流傳至今的普羅提諾作品帶有一定的神祕主義色彩，這也許得算編纂者波菲利的過失。普羅提諾留存至今的著作一共有九冊，因此被稱為《九章集》，其整體趨向和觀點是柏拉圖式的，儘管缺乏柏拉圖作品的廣度和文采，內容幾乎全部是理念論和畢達哥拉斯的某些神話。普羅提諾的作品與現實世界有一定的疏離，但如果我們想一想帝國的狀況，就知道這並不奇怪了。面對當時的混亂局面，即使是一個盲人，也需要有極度的堅毅才能保持坦率、愉悅的心境。理念論把感知世界及其苦難看做不真實的東西，這正好可以使人安於現狀，聽由命運的擺布。

　　在形上學方面，普羅提諾的中心學說是「三位一體」理論，「三位」按其優先程度和依存關係，分別是「太一」、「奴斯」和「靈魂」，在我們深入探討這一理論之前，首先要注意的是，儘管它對神學產生了影響，但它本身卻不屬於基督教，而屬於新柏拉圖主義。普羅提諾的同學俄利

根（Origen）是一個基督教徒，他也提出了一種「三位一體」理論，即把三個部分放在不同的層次上。這一理論後來被視為異端，遭到了責難。普羅提諾不是基督徒，所以沒有遭到譴責。也許正是由於這個原因，他的影響一直到君士坦丁大帝統治時期都比俄利根大一些。

普羅提諾「三位一體」理論中的「太一」與巴門尼德的球體很相似，對此，我們最多只能說「它存在」。用別的任何方式來描述它，都將意味著可能還有其他更大的東西。普羅提諾有時把它稱為「神」，有時又稱它為「善」，就像《理想國》中的處理方式一樣。但它比「存在」要大，它無所不在而又不被任何事物所包含，不可言喻而又滲透一切。關於「太一」，我們與其解釋，不如保持沉默；在這裡，我們清楚地看到了神祕主義的影響。因為神祕主義者也是躲在沉默與不可言傳的壁壘後面逃避困難的。說到底，希臘哲學的偉大之處就在於發現了邏各斯的中心作用。儘管希臘思想也有一些神祕因素，但本質上還是與神祕主義相對立的。

普羅提諾稱「三位」中的第二個因素為「奴斯」。要對這個詞做出適當的翻譯似乎不大可能。它的意思有點像「精神」一類的東西，但又不是神祕的，而是具有理智方面的意義。「奴斯」與透過「太一」的關係可以透過類比得到最好的解釋。「太一」就像是自身發光的太陽，「奴斯」則是「太一」由此見到自身的這種光。在某種意義上，「奴斯」可以比做自我意識。在遠離感官的方向上，我透過運用自己的心靈，就能夠認識「奴斯」，並且透過它認識「太一」，因為「奴斯」就是「太一」的映像。由此，我們發現它近似於《理想國》中的辯證法概念，後者也宣稱有一個通往顯示「善的形式」的過程。

「三位」中的第三個，也是最後一個因素，被稱為靈魂。靈魂在本質上具有雙重性。在其內部，它可以上通「奴斯」；而在其外部，則下達感

官世界。它是感官世界的造物主。斯多葛學派把神與世界等同起來，而普羅提諾的不同在於，其理論否定了泛神論，並且回到了蘇格拉底的觀點上去。儘管它把自然看做是靈魂的向下發散，但並不像靈知學那樣將它視為邪惡。相反，普羅提諾的神祕主義很輕鬆地承認：自然是善和美的。但這種寬容的觀點並沒有為後來的神祕主義者、傳教士甚至哲學家們所接受。在他們「修來世」的觀念中，美與快樂被當做下流與邪惡，遭到了詛咒。當然，如此可怕的學說，除了精神錯亂的狂熱分子，恐怕再也不會有人去真正地實踐它了。然而這種顛倒的、對醜陋的崇拜確實曾主宰了很多個世紀。基督教至今還正式保持著「快樂是有罪的」這一古怪的思想。

關於靈魂不朽的問題，普羅提諾吸納了《斐多篇》中提出的觀點，即認為人的靈魂是一種實體，由於實體是永恆的，所以靈魂也是永恆的。這與蘇格拉底的解釋有些類似，蘇格拉底認為靈魂與形式結合在一起。但是，普羅提諾的理論裡也有一定的亞里斯多德因素。雖然靈魂是永恆的，但它卻有與奴斯合為一體的傾向，因此它喪失了自己的個性，儘管它還保留著自身。

現在，我們對古代哲學的考察即將結束。在考察過程中，我們從泰利斯時代到普羅提諾時代，跨越了大約 9 個世紀。雖然我們以此為界，但這並不表示後來的思想家就不應被考慮納入古代傳統。在某種意義上，對所有的哲學都是如此。不過，要在文化傳統的發展中找出某些主要的停頓階段還是可能的，普羅提諾就做到了這一點。自他以後，不管怎麼說，哲學在西方都是處在教會的庇護之下，即使有波愛修斯 [081]

---

[081] 波愛修斯（西元 480 年 -525 年）是個奇特的人物，在整個中世紀廣為人們傳誦和讚賞，常被推崇為虔誠的基督徒。然而其傑作《哲學的慰藉》（*De consolatione philosophiae*）卻是一部純粹柏拉圖主義的書。該書以詩和散文交替寫成：自述時，用散文；闡釋哲思，則以詩句。聲稱他遵從畢達哥拉斯的命令去「追隨上帝」（而非基督的命令）。書中很多倫理觀念與斯多葛派的學說相合。他認為，不完善是一種欠缺，它意味著一種完善的原形的存在。——譯者注

（Boethius）這樣的例外，情況也還是如此。同時，我們還應該記住，羅馬帝國覆滅的時候，在它的東部，無論是早先在拜占庭，還是後來在穆斯林的統治之下，哲學傳統都得到了延續，而並沒有受到宗教的束縛。

當我們回顧古代世界的哲學奮鬥歷史時，可以強烈地感受到希臘心靈在洞察普遍性問題時的非凡力量。柏拉圖曾說過，哲學源於迷惑，而早期的希臘人就擁有了這種令人讚嘆的能力，並使之達到了非凡的高度。探索的一般性概念是希臘的偉大發明之一，它塑造了西方世界。誠然，比較不同的文化總是讓人反感的，但是如果我們要用一句話來描述西方文明的特徵的話，那麼我們完全可以說，它建立在以希臘精神為主要事業的倫理之上。希臘哲學的另一個主要特徵，是它基本上以透明性為目的。它的種種真理，猶如真理本身一樣，並不宣稱某種不可言傳的預感，而是從一開始就極為重視語言和交流。當然，它也有某些很早以前傳下來的神祕因素，畢達哥拉斯學派的神祕傾向就貫穿了古代哲學始終。但從某個角度看，這種神祕主義實際上並沒有干擾探索本身，而是更趨向於影響探索者的倫理觀。只有衰敗開始出現時，神祕主義才充當了更重要的角色。正如我們在討論普羅提諾時說過的那樣，神祕主義與希臘哲學的精神是對立的。

與現代人相比，古代的思想家面臨著更為嚴峻的問題，其中最主要的一個問題就出現在下述事實中：我們今天可以從過去的傳統中尋求幫助，但對於早期的希臘哲學家來說，這種支持是不存在的。我們從古典的原始資料中吸收了大量的哲學、科學和技術的詞彙，而且經常是囫圇嚥下。而對於希臘探索者來說，一切都得從頭開始。他們只能從日常語言提供的材料中創造新的說法、發明專用詞彙，因此，有時候他們的表達方式在我們看來似乎有些笨拙，但我們必須知道，他們往往是在黑暗

中摸索新的表達方式，因為當時必要的工具仍在形成之中。這就需要我們設身處地地去想一想那種情況，就像我們離開了希臘語和拉丁文，要用盎格魯-撒克遜語來從事哲學和科學工作一樣。

以回歸早期文化根源為基礎的文藝復興和現代科學出現之前，有將近 12 個世紀的抑制期。這種抑制期為什麼會出現呢？也許這是一個沒有答案的問題，任何解答的嘗試都將過於簡單。但有一點卻毋庸置疑，那就是希臘和羅馬的思想家都未能成功地拿出一套完善的政治理論。

如果希臘人的失敗是因為高智力帶來的某種傲慢的話，那麼羅馬的失敗則完全是因為想像力的缺乏。這種心靈的遲鈍並不僅僅表現在帝國時代的龐大建築上，而是在各個方面。希臘與羅馬之間精神上的差異，完全可以用希臘神廟和晚期羅馬的長方形大會堂來象徵。希臘的智慧遺產到了羅馬人的手中，多少變得不那麼精緻典雅了。

希臘哲學傳統實際上是一種啟蒙運動和解放運動，因為它的目的在於使心靈擺脫愚昧的束縛。它認為世界是可以理喻的，從而消除了人們對未知事物的恐懼。它以邏各斯為工具，為的是在「善」的形式下追求知識。不偏不倚和超然的探索本身被視為倫理上的善，人們透過它，而不是宗教的神祕，來達到善的生活。伴隨著這種探索傳統，我們還看到了某種不帶虛偽情感的令人振奮的觀點。蘇格拉底認為，未經審驗的生活是沒有價值的，而亞里斯多德則認為，重要的不是活得久，而是活得好。誠然，這種觀點的一部分在希臘化時代和羅馬時代消失了，那時候，似乎更重視自省的斯多葛主義已經打下了根基。不過，西方文明的思想框架中的一切精粹部分，還是要從希臘思想家的傳統中尋找。

# 第五章

## 早期基督教

　　和今天一樣，從希臘時代到羅馬時代的哲學，其主體還是獨立於宗教的。當然，哲學家也可以提出讓關心宗教事務的人同樣感興趣的問題，但那時候的宗教團體無法影響也無權控制思想家。從羅馬覆滅到中世紀結束的這段時間裡，下述方面既不同於羅馬之前，也不同於中世紀之後：西方的哲學成了一種在教會的庇護和指導下繁榮的活動，形成這種局面的原因是很多的。

　　在西羅馬帝國覆亡時，羅馬的「神皇合一」機制已經分裂為兩股勢力。由於基督教被君士坦丁定為國教，因此教會接管了所有涉及神與宗教的事務，而皇帝則負責處理世俗事務。直到宗教改革堅持信教屬於個人行為從而否定了教會的主張之前，教會的權威在原則上都是不容置疑的，儘管它變得日益衰落。從此以後，教會就成了新興民族國家的統治工具。

　　世俗的、非宗教的學術傳統，在古老帝國的中部還苟延殘喘了一段時間，而北方的原始部族則沒有任何學術傳統可依賴。因此，讀書識字幾乎漸漸成了教會人士或教士們的專利。過去傳統的倖存部分都被教會保留了下來，而哲學變成了一種為基督教及其衛道士們提供辯護的學問，只要它的教義大體上能被人接受，教會就能獲得並保持其權勢。但也有一些別的傳統在爭取最高統治權，其中包括古老的羅馬傳統，教會正是由於它的衰落才首次得勢。另外還有新日耳曼傳統，取代古老帝國政治組織的封建貴族就是從這一傳統中產生的。不過這些傳統都沒有一種適當的社會哲學作為其代表，其中一個原因就是它們無法有效地挑戰教會勢力，但這不是唯一的原因。羅馬傳統從起於 14 世紀的義大利文藝復興中逐漸再次得到堅持，而日耳曼傳統則以 16 世紀的宗教改革為契機獲得了突破。但是在中世紀，哲學還是與教會緊密結合在一起的。

隨著「神皇合一」機制被兩大勢力取代（一個是代表上帝的教宗，一個是皇帝），其他幾種潛在的二元現象也出現了。首先是拉丁與條頓二元性的客觀存在。教會勢力仍舊是拉丁族的，而帝國卻落到了野蠻的條頓族入侵者的後裔手中。一直到被拿破崙（Napoleon Bonaparte）征服之前，它都被稱為日耳曼的神聖羅馬帝國。其次，人也被劃分成教士和俗人兩類。教士是正統教義的護衛者，由於教會成功地承受住了各種異端影響的考驗，教士的地位在西方大大提高了。早期的一些信基督教的皇帝曾經同情亞流教派[082]，但最終還是正統派占了上風。此外，還出現了天國與世俗諸國的比較。這種比較的根源可以在「福音書」[083]裡看到，但它在羅馬帝國覆滅之後才獲得了更為直接的重要意義。雖然野蠻部族能夠摧毀城市，但神的城市卻是無法摧毀的。最後是精神與肉體的二元對立。這種對立更為古老，其根源可追溯到蘇格拉底的「肉體與靈魂」理論。這些概念以新柏拉圖主義的形式變成了保羅派新教[084]的核心，而且啟發了其中的早期基督教苦行（禁慾）主義。

　　天主教哲學在世界範圍的發展情形是這樣的：它的第一次成熟是靠

[082] 亞流教派，基督教的一種異端教派，其理論觀點最早於 4 世紀由亞歷山卓教會長亞流提出，認為基督是受造的、有限的，並沒有真正的神性。——譯者注

[083] 福音書，以記述耶穌生平與復活事蹟為主的文件、書信與書籍。通常指《新約》聖經中的內容，更狹義的說法，則專指四福音書：《馬太福音》、《馬可福音》、《路加福音》、《約翰福音》。但在歷史上，不同的基督教教派對福音書的內容有不同的看法：某些福音書已失傳，如《希伯來福音書》；某些福音書被主流教會視為偽經，如《巴拿巴福音》、《多馬福音》、《猶大福音》、《雅各福音》。——譯者注

[084] 保羅派新教，拜占庭帝國的基督教異端教派之一。約 5 世紀起產生於亞美尼亞和小亞細亞，7世紀下半葉傳播於拜占庭，8-9 世紀廣泛發展。受摩尼教影響，相信善惡二元論：善指精神世界或靈魂世界，為天父所創造的「天國」；惡指物質世界，為惡魔所創造的「現世」。要求恢復原始基督教會的樸素和平等精神，簡化宗教儀式，反對崇拜聖母、聖徒、十字架和各種聖像、聖物，主張取消修道院制度，洗禮宜於耶穌受洗年齡 30 歲時在河水中舉行。信徒多為農民和城市平民，曾參加督馬起義，失敗後大批被屠殺。——譯者注

聖‧奧古斯丁[085]（Saint Augustine）的努力，此人主要受了柏拉圖的影響；
而多瑪斯‧阿奎那（Thomas Aquinas）則使它達到了巔峰，多瑪斯將教會
建立在亞里斯多德理論的基礎上，教會的主要辯護者們至今還在為這一基
礎辯護。由於這種哲學與教會的連結是如此緊密，所以要想說明它的發展
及對後世的影響，就需要進行大量的歷史考察。但是，如果我們想了解那
個時代的精神及其哲學，那麼還是有必要對這些事件作一些說明。

耶穌

---

[085] 聖‧奧古斯丁（西元 354 年 -430 年），古羅馬帝國時期基督教思想家，歐洲中世紀基督教神
學、教父哲學的重要代表人物。在羅馬天主教系統內，他被封為聖人和聖師，且是奧古斯丁
會的發起人。對於新教教會，特別是喀爾文主義，其理論是宗教改革的救贖和恩典思想的源
頭。他是聖孟尼迦的幼子，出生於北非，受教於羅馬，洗禮於米蘭。其傑作《懺悔錄》被稱
為西方史上「第一部」自傳，至今仍被傳誦。 —— 譯者注

逐漸主宰了西方的基督教，本來是猶太教的一個分支，而那時的猶太教又是希臘與東方思想的混合物。基督教和猶太教都認為上帝有自己的寵兒，儘管兩者的選擇對象不同。它們堅持同樣的歷史觀，認為歷史開始於神的創造，並將走向神的某種結局。但兩者的確存在著一些分歧，如彌賽亞（救世主）是誰？他想實現什麼？在猶太教看來，救世主仍將到來，並賜予他們塵世的勝利；而基督教徒卻認為救世主就是拿撒勒的耶穌（Jesus of Nazareth），他的天國不在我們這個世界。基督教接受了猶太教的正義概念，並將其作為幫助同胞和篤信某種教條的中心思想。從本質上說，後來的猶太教與基督教都贊同新柏拉圖主義的「彼岸」（另一個世界）概念。不過，希臘理論是哲學理論，不容易為每個人所理解；而猶太教與基督教的觀點更注重對來世的解釋，正義者將升入天堂，而邪惡者將下地獄受煎熬。其「來世報應」的說法，使這一理論廣為人知。

要想了解這些信仰是如何發展的，我們就必須記住：耶和華 [086]（Jehovah）最初是閃米特人 [087] 的主神，他保護自己的人民。除了耶和華，還有別的神主宰著其他部族。在那個時候，還沒有出現過任何關於「彼岸」的暗示。以色列的主神掌握著其部族的世俗命運。他是一位愛妒忌的神，不能容忍他的子民同時信奉別的神靈。古代的先知都是一些政治領袖，他們要花費大量的時間來制止人們崇拜其他諸神，因為他們怕招致耶和華的不快，擔心威脅到猶太人的社會凝聚力。猶太教的這種部族特徵，透過一系列的民族災難得到了加強。

---

[086] 猶太教的上帝。——譯者注
[087] 閃米特人，又稱閃族人，亦稱「塞姆人」，是起源於阿拉伯半島的游牧人。其名出自《舊約全書·創世紀》所載傳說，稱其為諾亞長子閃（也譯為「歇姆」、「塞姆」）的後裔。現今生活在中東、北非的大部分居民（包括阿拉伯人和猶太人），都是古代閃米特人的後裔。——譯者注

西元前 722 年，亞述人[088]攻陷了北方的以色列王國，並將絕大多數居民驅逐出境。西元前 606 年，巴比倫人攻占了尼尼微，並摧毀了亞述帝國。巴比倫國王尼布甲尼撒（Nebukadnezar II）征服了南方的猶太王國，並於西元前 586 年占領了耶路撒冷，燒毀了神殿，將大量的猶太人流放到巴比倫。一直到西元前 538 年，波斯國王居魯士（Cyrus II）攻陷巴比倫之後，猶太人才獲准回到巴勒斯坦。正是在被流放巴比倫期間，猶太教的教義和民族特性得到了加強。由於神殿被毀，猶太人只好免掉了祭奠儀式。大量流傳至今的猶太教口頭傳說，都要追溯到這個時期。

猶太人散居各地也就是從這一時期開始的，因為並不是所有的人都回到了故土。那些回去的人確實活了下來，但只是建立了一個不怎麼重要的神權國家。在亞歷山大死後，亞細亞的塞琉古王朝與埃及的托勒密王朝之間發生了曠日持久的爭執，猶太人必須想方設法守住自己的地盤。一支重要的猶太人群體在亞歷山卓成長起來，除了宗教之外，一切都很快被希臘化了。希伯來文的《聖經》也不得不譯成希臘文，從而產生了《聖經》的《七十士譯本》[089]（Septuagint）。之所以有這個名稱，是因為傳說有 70 位翻譯者獨立翻譯，卻譯出了完全一致的譯本。但是當塞琉古國王安條克四世（Antiochus IV）在西元前 2 世紀上半葉，試圖強迫猶太人按希臘方式生活時，猶太人在馬加比兄弟的領導下紛紛揭竿而

---

[088] 亞述人是居住在兩河流域北部（今伊拉克的摩蘇爾地區）的一支閃族人，或者更確切地說是與非閃族人融合了的閃族人。——譯者注

[089] 《七十士譯本》由希臘文寫成，是希伯來文《聖經》早期譯本中最重要的一部。據傳其翻譯工作始於西元前 280 年左右，由 72 位來自埃及亞歷山卓的猶太學者擔任，後因某種緣由只提及 70 位譯者。它滿足了分散於世界各地的許多不懂得《聖經》中希伯來語但懂得希臘語的猶太人的需求。在耶穌降生時代，猶太人會堂所用的《聖經》多為《七十士譯本》。事實上，它成了《聖經》，被使徒稱為「神的話語」。——譯者注

起 [090]。猶太人以強大的勇氣和毅力，為爭取以自己的方式敬神的權利而戰鬥。結果他們贏了，於是馬加比家族（Maccabees）以大祭司的身分統治國家。其家族的世襲統治被稱為哈斯蒙尼王朝，該王朝一直延續到希律王時期。當散居各地的猶太人越來越希臘化的時候，主要依靠了馬加比家族的成功抵抗，猶太教才得以倖存下來，也為基督教及後來的伊斯蘭教得以興起提供了必要條件。正是在這一時期，猶太教產生了「彼岸」的概念，因為起義已經證明人世間的災難總是首先光顧那些最有德行的人。西元前 1 世紀，除了正統派勢力，還發展出一種更成熟的、受希臘文化影響的運動，它的教義預示著應該對「福音書」中的耶穌進行倫理上的重新評價。早期的基督教實際上就是一種經過改革的猶太教，正如新教起源於教會內部的某種改革運動一樣。

馬克·安東尼 [091]（Marcus Antonius）結束了大祭司們的統治，並任命希律（Herod）為國王，希律是一位徹底希臘化了的猶太人。西元前 4 年，希律死後，猶太國由羅馬的一名地方財政長官直接統轄。但猶太人並不喜歡羅馬的「神皇合一」機制，當然，基督教徒也是如此。不過，猶太教徒與基督教徒有一個不同之處：後者至少在原則上贊同謙卑的傳統；而前者卻在整體上顯得很自大，這一點頗像古典時代的希臘人。除了自己的神以外，他們頑固地拒絕承認任何其他的神。事實上，他們也拒絕承認羅馬的「神皇合一」。西元 66 年，猶太人舉行了反抗羅馬的起義，經過一場殘酷的戰爭之後，耶路撒冷於西元 70 年被攻陷，神殿再次

---

[090] 因安條克和猶太人的叛徒雅松等人的壓迫，馬加比家族的馬塔蒂亞祭司帶領猶太人燃起了起義的烈火。西元前 167 年，猶大（馬加比）繼續領導猶太人民與塞琉古王國的統治者鬥爭，經 3 年奮戰，解放耶路撒冷，重建聖殿。馬加比起義是猶太人反抗希臘化爭鬥的典範，馬加比成為猶太人引以為榮的英雄。—— 譯者注

[091] 馬克·安東尼（約西元前 83 年 - 前 30 年），古羅馬政治家和軍事家。他是凱撒最重要的軍隊指揮官和管理人員之一。西元前 33 年後三頭同盟分裂，西元前 30 年馬克·安東尼與埃及女王克麗奧佩脫拉七世（Cleopatra VII Philopator）一同自殺身亡。—— 譯者注

被摧毀。希臘化猶太歷史學家約瑟夫斯[092]（Josephus）在他的希臘文著作中記載了這一戰役。

這一事件致使猶太人第二次，也是最後一次散落到各地。正如被放逐到巴比倫時一樣，正統派[093]變得更加苛嚴。西元 1 世紀之後，基督教和猶太教都把對方看做完全不同的、勢不兩立的宗教。在西方，基督教煽起了一種可怕的反閃米特族情緒，使得猶太人從此生活在社會的邊緣，並飽受迫害和剝削，這種情況直到他們於 19 世紀獲得政治權利才結束。只有在穆罕默德[094]（Muhammad）的穆斯林國家，尤其是在西班牙，猶太人才得以興旺起來。當摩爾人[095]最終被驅逐時，古典傳統和阿拉伯知識才大量地透過通曉多種語言的猶太思想家傳授給了教士們。1948 年，猶太人再次擁有了迦南。至於他們是否會發展出自己新的文化勢力，要回答這個問題恐怕為時尚早。

猶太教中持不同意見的派別形成了早期的基督教，他們最初並沒有想用這種新教義去控制不信猶太教的人。這些早期基督徒仍然保持著舊的排外傳統，猶太教從來沒有打算爭取外族的皈依，即使在今天得到改良的情況下，只要割禮和齋戒還在進行，它就不可能吸收外族入教。如果沒有一個信徒去設法放寬入教的基本條件的話，那麼基督教可能至今

[092] 約瑟夫斯（西元 37 年 -95 年），與耶穌同時代的猶太歷史學家。在他的作品中，記敘耶穌是雅各的哥哥，被稱為基督。行了許多神蹟，後來被彼拉多釘死。——譯者注
[093] 正統派是猶太教中最大的群體，分為極端正統派、現代正統派和哈西迪教派三個支派。正統派認為唯有自身一派才是猶太教，堅稱律法是上帝在西乃山的啟示，是神聖且絕對權威的，因此恪守猶太教傳統信仰和禮俗，拒絕任何變革。其所指律法，除《十誡》外，還包括《摩西五經》、《塔納赫》、口傳律法及所有宗教的理論、研究和實踐。依此規範，正統派猶太人須守安息日、奉行飲食規條及每天禱告三次。——譯者注
[094] 穆罕默德（約西元 570 年 -632 年），伊斯蘭教的創始人，也是伊斯蘭教徒（穆斯林）公認的伊斯蘭教先知、正道的復興者。穆斯林認為穆罕默德是亞伯拉罕諸教的最後一位先知。此外他還統一了阿拉伯的各部落，並以此奠定了後來阿拉伯帝國的基礎。——譯者注
[095] 摩爾人，中世紀時西歐西班牙人和葡萄牙人對北非穆斯林的貶稱。——譯者注

仍然是非正統猶太人的一個教派。塔爾蘇斯的保羅[096]（Paul the Apostle）掃除了這些外部障礙，從而使基督教受到了普遍的歡迎。

羅馬帝國的希臘化公民還是不承認基督應該是猶太人之神的兒子。靈知主義彌補了這個缺陷，它是與基督教同時出現的一種宗教調和運動。按照靈知主義的觀點，可感知的物質世界是耶和華創造的，但耶和華實際上只是一位小神，它與最高的神鬧翻之後，便出來作惡。終於，為了推翻《舊約》中的錯誤教義，最高的神的兒子化做凡人降臨人間。這些觀點再加上一些柏拉圖的思想，就構成了靈知主義。它把希臘傳說的成分、奧菲斯神祕主義的因素、基督教義以及別的東方思想結合了起來，然後採取一種妥協的哲學混合方式使它變得圓滿。

而摩尼教（後期靈知主義所衍生）則乾脆把精神與物質的差異混同於善與惡的差異。在藐視物質事物方面，他們比勇於冒險的斯多葛學派走得更遠。他們禁止食肉，並宣稱任何形式的性行為都是罪惡的。從它們只流傳了數世紀的情況來看，我們似乎可以準確地推斷，這些苛刻的教條並沒有得到完全有效的執行。在君士坦丁之後，靈知教派不再那麼重要了，但仍然有一定的影響。幻影教派[097]宣稱，釘在十字架上的不是耶穌本人，而是他的某種幻影或替身，這不禁讓人想起希臘傳說中伊菲革涅亞（Iphigenia）的獻祭[098]。穆罕默德承認耶穌是一位先知，儘管無法和他自己相提並論，後來他也採納了幻影教派的觀點。

隨著基督教根基的日益牢固，它與《舊約》宗教的紛爭也愈演愈

---

[096] 一個希臘化的猶太人和基督徒。——譯者注
[097] 基督教最早的旁支教派之一。——譯者注
[098] 據古希臘神話，阿加曼農率領希臘艦隊征討特洛亞途中，無意中冒犯了女神阿提米絲。憤怒的女神使希臘艦隊所在的奧利斯港沒有一絲風，將其困住。預言家指出，阿加曼農需要獻祭自己的愛女以平息女神的憤怒。阿加曼農不得已，遂犧牲愛女伊菲革涅亞（Iphigenia）。女神遂息怒，希臘艦隊在順風中駛向特洛亞。——譯者注

烈。它認為猶太人沒有承認古代先知所預言的彌賽亞[099]，所以是罪惡的。從君士坦丁往後，反閃族主義變成了基督教狂熱的一種體面的形式，儘管宗教並不是狂熱分子唯一的動機。奇怪的是，曾遭受過可怕迫害的基督教一旦翻了身，竟然會同樣殘暴地對付一個堅持自己信仰的少數派。

在某些方面，基督教有了新的、明顯的變化。整體上看，猶太教是一種十分簡單的非神學事物，這一率真特性甚至還在《對觀福音書》[100]中有所展現。但是在《約翰福音書》裡，我們卻發現了神學思辨的開端，當基督教思想家試圖在自己的新教義中吸收希臘人的形上學時，這種神學思辨的重要性就得到了加強。隨著《聖經》的逐漸形成，我們不再只關注「神＋人」的基督形象，而是關注他的神學方面。《聖經》的形成可以追溯到斯多葛學派、柏拉圖，乃至赫拉克利特。這種神學傳統在俄利根（西元 185 年 -253 年）的著作中首次得到了系統的闡釋。

俄利根生活在亞歷山卓，他曾在普羅提諾的老師阿摩尼阿斯·薩卡斯門下求學，因而與普羅提諾有不少共同點。根據俄利根的觀點，上帝本身在其所有三個方面（聖父、聖子、聖靈[101]）都是無形的。他堅持古老的蘇格拉底理論，即靈魂以某種獨立狀態先於肉體存在，當人出生時，它才進入肉體。這一觀點正如「一切靈魂終將獲救」的觀點一樣，

---

[099] 彌賽亞是個《聖經》詞語，在希伯來語中最初的意思是受膏者，指的是上帝所選中的人，具有特殊的權力，是一個頭銜或者稱號，並不是一個名字。由於耶穌的出現應驗了許多《舊約聖經》中的預言，因此基督教主張耶穌就是彌賽亞；而猶太教信徒則予以否認，並期待他們心中的彌賽亞來臨。—— 譯者注

[100] 指《新約》前三卷福音，即《馬太福音》、《馬可福音》和《路加福音》。《聖經》的這前三卷福音中的很多章節在內容和風格上相似，講述了耶穌的生平。—— 譯者注

[101] 聖父：即天地萬物的創造者和主宰 —— 神。天主教譯做「天主」，基督教（新教）譯為「上帝」，也稱「天父」。《尼西亞信經》中稱「上帝聖父」，天主教稱「天主聖父」，基督教稱「耶和華上帝」。聖子：即耶穌基督，《尼西亞信經》中稱「上帝聖子」，天主教稱「天主聖子」。聖靈：《尼西亞信經》中稱「上帝聖靈」；天主教譯做「天主聖神」，簡稱「聖神」，與聖父、聖子同體，又由聖父、聖子差遣，進入人心，感動人的心靈。—— 譯者注

後來使他被視為異端。但他一生都在衝撞教會。他年輕時曾經不明智地走向極端，用自我閹割的方式來預防肉體的虛弱，而這種方式並未得到過教會的認可，他因此而走了背運，並失去了擔任教士的資格，儘管在這一問題上似乎還有過一些不同意見。

俄利根在《反駁克理索》（*Against Celsus*）一書中，詳盡地批駁了克理索（Celsus），而克理索的反基督著作卻沒有留存下來。在這裡，我們首次看到了為《聖經》具有神授性觀點辯護的傾向。除了其他方面，信仰能夠使信仰者產生一種有價值的社會影響這一事實也被用以證明信仰的合法性和正確性。說到底這是一種實用主義觀點，最近的一位思想家威廉·詹姆士[102]（William James）再次把它提了出來。但不難看出，這種論證是一把雙面刃，因為它完全取決於你認為有價值的東西是什麼。馬克思主義者不贊同已經制度化了的基督教，他們稱宗教為「人民的鴉片」；如果按照實用主義觀點，他們完全有權竭力反對基督教。

教會的集權化是一個漸進的過程。起初，主教是由各地的教會成員選舉產生的。羅馬主教權力越來越大，那只是在君士坦丁統治之後的事情。透過救濟窮人，教會有了一群依附者，這一點很像昔日羅馬元老院家族的作風。君士坦丁統治時期充斥著教義爭鬥，因此也為帝國帶來了不少騷亂。為了解決其中的一些問題，皇帝於西元 325 年召開了尼西亞公會議。會議確定了和亞流教派對立的正統派的若干準則，從此教會就採用這些準則去解決教義發展中的分歧。亞流（Arius）是亞歷山卓的祭司，他的教義認為聖父的地位高於聖子，兩者是截然不同的。撒伯流則

---

[102] 威廉·詹姆士（西元 1842 年 -1910 年），美國本土第一位哲學家、心理學家，也是教育學家、實用主義的倡導者、美國機能主義心理學派創始人之一、美國最早的實驗心理學家之一。西元 1875 年，建立美國首個心理學實驗室。曾當選為美國心理學會主席、國家科學院院士、《大西洋月刊》影響美國的 100 位人物之一。 —— 譯者注

為相反的觀點進行辯護，他說聖父與聖子只是同一個人的兩個方面。正統觀點最終獲得了勝利，它將兩者放在同一個層次上，認為兩者是同體異位。但是，亞流教派還是繼續興盛起來，其他各種異端同樣如此。正統教義的主要提倡者是亞他那修（Athanasius of Alexandria），他於西元328-373 年任亞歷山卓的主教。而亞流教卻得到了君士坦丁的繼承者們的支持，只有尤利安（Julian）是個例外，因為他是個異教徒。但是，狄奧多西一世（Theodosius I）於西元 379 年登基後，正統派又得到了帝國的支持。

在西羅馬帝國晚期和基督教時期，有三位重要的教士各自以不同的方式加強了教會勢力，他們死後都被頌為聖徒。安波羅修（Ambrosius）、耶柔米（Jerome）和奧古斯丁（Augustine of Hippo）都出生於 4 世紀中期，彼此相差不過幾歲。再加上 6 世紀的教宗葛利果一世（Gregorius PP. I），後來一併被稱為「教會聖師」。

在這三個人中，奧古斯丁是唯一的哲學家。安波羅修是一位無所畏懼的教會勢力的辯護者，他為國家與教會的關係打下了基礎，這種關係盛行於整個中世紀。耶柔米是《聖經》最早的拉丁文譯者。奧古斯丁進行的是神學和形上學的思辨。宗教改革前的天主教神學架構和改良宗教的主導原則主要歸功於他。宗教改革領袖馬丁・路德[103]（Martin Luther）本人就是奧古斯丁教義的僧侶。

西元 340 年，安波羅修出生於特里爾。他在羅馬受教育，後來又從事與法律相關的職業。他 30 歲時被任命為義大利北部利古里亞和埃米利

---

[103] 馬丁・路德（西元 1483 年 -1546 年），虔誠的天主教信徒，文藝復興晚期德國著名的宗教改革家。西元 1505 年進入修道院為隱士，其後領受神父職位，逐漸形成了「因信稱義」的神學觀念，即人之所以能擺脫罪的束縛而在上帝面前成為義人，根本不在於善行功德如何，而在於人對上帝的虔誠信仰。他把《聖經》譯成德文，其教派有三大觀點：因信稱義，信徒皆祭司，唯聖經至上。── 譯者注

亞的地方長官，任職達四年。在此期間，不知出於什麼原因，他放棄了世俗生活（雖然沒有停止政治活動），並當選為米蘭主教，當時米蘭是西羅馬帝國的首都。擔任主教一職之後，安波羅修勇敢且經常毫不妥協地堅持教會有至高無上的宗教地位，並由此而產生了深遠的政治影響。

　　起初，宗教的地位很明確，似乎也沒有對正統派構成什麼威脅，皇帝格拉提安（Gratianus）自己就是一個天主教徒。因為疏於政事，他後來被謀殺了，於是關於繼位問題的麻煩接連不斷，馬格西穆斯（Maximus）篡取了除義大利以外的整個西羅馬的權力，而義大利的統治權則被格拉提安的弟弟瓦倫提尼安二世（Valentinian II）合法繼承。由於小皇帝年紀尚小，實權則為太后查士丁娜（Justina）所掌握。查士丁娜是一個亞流教徒，因此一場衝突便不可避免地發生了。異教與基督教最引人注目的衝突地點當然是羅馬城。在君士坦丁的兒子君士坦提烏斯二世（Constantius II）統治時，勝利雕像本來已經搬出了元老院，背教者尤利安又把它搬了回來，格拉提安則再一次把它搬了出去，於是元老院的一些議員就提出要再次搬回來，但另一些基督教議員卻在安波羅修及教宗達瑪穌一世（Damasus PP. I）的幫助下占了上風。格拉提安死後，異教派別於西元 384 年重新興起，他們向瓦倫提尼安二世請願，為了不讓異教徒的這一新舉動獲得皇帝的支持，安波羅修就在奏本中提醒說，皇帝有責任為上帝服務，正如公民作為士兵有責任為皇帝服務一樣，其中的暗示比「耶穌要求賦予上帝和凱撒各自有權接受的東西」還要過分。這樣一來，我們就只好宣稱教會作為上帝支配人間的工具要高於國家了。從某種意義上說，這也真實地反映了當時的國家權力正日漸衰減。教會作為普遍性的國際組織，即使帝國崩潰了，它也照樣能存在下去。一個主教作了這樣露骨的暗示之後，卻沒有受到任何懲罰，這也正象徵著羅馬帝

國的衰落。但是，勝利雕像的事依然沒有了結。後來，篡位者尤金尼烏斯（Eugenius）又把它豎了起來，直到西元 394 年敗給狄奧多西一世之後，基督教派才獲得了徹底的勝利。

由於查士丁娜信奉亞流教，安波羅修與她發生了爭執。查士丁娜曾經要求在米蘭為亞流教的哥德軍團保留一座教堂，主教安波羅修不同意，民眾也站在主教一邊。被派去攻打教堂的哥德軍人卻與人民達成了一致，不肯訴諸武力。這是安波羅修的一個顯著的英勇行為，他在全副武裝的蠻族傭傭軍面前毫不屈服。最後皇帝只好做出讓步，在為基督教會爭取獨立的爭鬥中，安波羅修在道義上獲得了一次偉大的勝利。

不過，主教的行為並非總是同樣值得讚頌的。在狄奧多西一世統治時期，皇帝曾命令一位地方主教賠償一座被燒毀的猶太教堂的修繕費用，因為火災正是在他的蓄意挑唆下發生的，但主教安波羅修卻對此極力反對。雖然皇帝的本意不支持這種恐嚇行徑，但安波羅修辯解說，基督教徒無論如何也不應該賠償這類損失。這種危險的說法致使中世紀出現了許多迫害行為。

安波羅修的主要功績是管理與治國，而耶柔米卻是當時的優秀學者之一。西元 345 年，耶柔米生於達爾馬提亞邊境附近的斯垂登。他 18 歲時赴羅馬求學，在高盧遊歷了數年之後，他在距故鄉不遠的阿奎雷亞定居下來。由於一場爭執，耶柔米離家去了東方，他在敘利亞的沙漠裡隱居了 5 年。後來，他到了君士坦丁堡，不久又回到了羅馬。西元 382 年至西元 385 年，他一直留在羅馬。教宗達瑪穌一世於前一年去世，而繼任的教宗似乎不大喜歡這位愛爭辯的教士，於是耶柔米再次去了東方，和他一同前往的還有一些有德行的羅馬婦女，她們贊同他的獨身禁慾戒律。西元 386 年，一行人最終在伯利恆定居下來，並過起了修道院的生活。

耶柔米於西元 420 年去世。他的名著是拉丁文《聖經》譯本，該譯作成了天主教承認的唯一正統譯本。在最後一次在羅馬停留期間，耶柔米從希臘原文翻譯了「福音書」。至於《舊約》，他還追溯到了希伯來的根源。

透過自己的身體力行，耶柔米極大地影響了當時日益盛行的修道院運動，使它得到了進一步發展。他的一些羅馬弟子隨同他去了伯利恆，並在那裡建了四座修道院。和安波羅修一樣，耶柔米也是一位偉大的書信作家，其中許多信是寫給年輕女子的，信中規勸她們保持德行與貞潔。當西元 410 年哥德入侵者劫掠羅馬時，他似乎有些聽天由命。他並沒有去考慮拯救帝國的措施，而是更加熱衷於對貞操價值的讚頌。

西元 354 年，奧古斯丁出生在努米底亞省。他所受的教育完全是羅馬式的。20 歲時，他帶著妻兒來到了羅馬。不久，他又去了米蘭，在那裡以教書為業。在此期間，他本來是一個摩尼教徒，但最後卻在不斷的悔恨的驅使下，被一位有心計的老婦人領進了正統派。西元 387 年，安波羅修為他施了洗禮。西元 396 年，他回到非洲，擔任希波城的主教，直到西元 430 年去世。

在奧古斯丁的《懺悔錄》（Confessiones）中，我們看到了他與罪孽作爭鬥的引人注目的描寫。他終身都為小時候的一個事件所困擾。這實際上只是一件小事，他還是一個孩子的時候，有一次把鄰居花園裡一棵梨樹上的梨摘光了。雖然這只是一時興起的頑皮行為，但他對罪過的病態反省卻誇大了這一過錯，認為永遠都不能寬恕自己。在他看來，這無論如何也是一種危險行為。

在《舊約》的早期，個人罪孽被看做整個民族的缺點，後來才逐漸被看做個人的汙點。對基督教神學來說，這一轉變是至關重要的，因為

教會作為一種機構是不可能犯過失的，只有個別基督徒才可能犯下罪過。透過對個人因素的強調，奧古斯丁成了新教神學的一位先驅。天主教越來越認同教會的重要性，而奧古斯丁認為兩方面都重要。人在本質上是有罪的，應該打入地獄，要透過教會的調解才能得救。但按照宗教慣例，即使過一種有德的生活也並不能保證一定得救。上帝是善的，而人是惡的，上帝允許拯救算是一種恩賜，拒絕拯救也不應受到指責。這種宿命論後來為改良神學中更為頑固的流派所採納。另一方面，摩尼教曾認為惡是一種物質的原則，而奧古斯丁卻認為惡是不良意志的一個結果，這個有價值的觀點也為改良神學所繼承，並構成了新教責任概念的基礎。

奧古斯丁的神學著作主要是以批駁伯拉糾（Pelagius）的溫和觀點為目的。和當時的絕大多數教會人士相比，伯拉糾這位威爾斯教士的心懷更為仁慈。他否定了原罪論，並且教導說，人可以依靠自身的努力來獲得拯救。由於其寬容性和開明性，這一理論必然會贏得眾多的支持者，尤其是那些保持著希臘哲學家的某些精神的人。奧古斯丁為了替自己辯護，就強烈地反對伯拉糾的學說。對於伯拉糾被最終宣布為異端邪說，奧古斯丁是負有一定責任的。他以保羅的《使徒書》為起點解釋宿命論，而假如保羅看到從自己的教誨中推出了如此可怕的命題，一定會大吃一驚。後來，這一理論為喀爾文[104]（Jean Calvin）所吸收，但是，教會卻明智地拋棄了它。

奧古斯丁把主要精力放在了神學上，即使涉及哲學問題，他的主要目的也是為了調和聖經的教諭和柏拉圖學派的哲學遺產。在這個意義

---

[104] 約翰·喀爾文（西元 1509 年 -1564 年），法國著名的宗教改革家、神學家、基督教新教的重要派別喀爾文教派（在法國稱胡格諾派）創始人。人稱「日內瓦的教宗」。—— 譯者注

上，他是基督教辯護傳統的先驅。儘管如此，他的哲學思辨本身仍然很有意思，並且證明了他是一位敏銳的思想家。這類資料可從《懺悔錄》第十一卷中找到，由於它不是閒談的好題材，所以流行版本總是將它省略。

奧古斯丁向自己提出的問題，就是去揭示萬能的上帝怎樣才能將《創世紀》中的創造事實（假定真有其事）協調起來。首先，有必要把猶太教、基督教，還有希臘哲學中的創世概念區分開來。對希臘人來說，假如能像變戲法那樣把世界從子虛烏有中產生出來，也許他們在任何時候都會覺得十分荒謬。如果上帝創造了世界，那麼他應該被看做使用了現成原材料的建築大師。無中生有的東西是與希臘精神中的科學特徵相牴觸的。《聖經》裡的上帝則不是這樣，他被認為既創造了原材料，又創造了建築物。希臘的觀點自然能推導出泛神論，因為它認為上帝就是世界，這一思路始終吸引著那些有強烈神祕主義傾向的人。持有這一觀點的最著名的哲學例子就是史賓諾沙。奧古斯丁接受了《舊約》中的造物主，一個世界之外的上帝。上帝是一個永恆的神靈，不受因果關係或歷史發展的支配，他在創造世界的同時，也創造了時間。我們無法追問創世之前的狀態，因為那時還不存在可以用來提問的時間。

對奧古斯丁來說，時間是一種三重性的現在。之所以被恰如其分地稱為現在，是因為它是唯一真實存在的東西；過去是現在的回憶，而未來是現在的展望。這一理論並非沒有缺陷，但它主要是為了強調時間作為人（被創造的存在物）的一部分心靈體驗的主觀性。按照這一觀點，追問創世之前有什麼就會變得毫無意義。康德也對時間作過主觀的解釋，他說時間是一種知性形式。這種主觀態度使奧古斯丁預示了笛卡兒的如下學說：人唯一不能懷疑的就是自己在思考。儘管主觀主義最終未

193

能在邏輯上站得住腳，但奧古斯丁仍然算是它的一位能幹的闡釋者。

　　奧古斯丁時期的代表性事件就是西羅馬帝國的覆滅。西元 410 年，亞拉里克的哥德人攻占了羅馬。也許基督教徒們從這一事件中看到了他們罪孽的應有懲罰。而對異教徒來說，他們的想法卻相反：以前的諸神已經被拋棄，朱比特（Iuppiter）自然就撤回了他的庇護。為了應對這一論證，奧古斯丁從一個基督徒的角度出發，寫下了《上帝之城》（De Civitate Dei），並在寫作過程中形成了一套完整的基督教歷史論，其中很大一部分在今天只剩一點懷古的情趣，但「教會獨立於國家」這一中心論點卻在中世紀具有重大意義，甚至在今天的某些地方，它還保留了下來。為了參與對靈魂的拯救，國家必須服從教會，實際上，這種觀點是建立在《舊約》中猶太國家模範的基礎上的。

　　在狄奧多里克（Theodericus）統治時期，羅馬住著一位傑出的思想家，他的生活和作品與當時文明的普遍衰落形成了鮮明的反差，這就是波愛修斯。大約西元 480 年，波愛修斯出生於羅馬，他是一位貴族子弟，與元老院議員階層關係密切。波愛修斯還是狄奧多里克的朋友，西元 500 年，這位哥德國王成了羅馬的統治者。10 年後，波愛修斯終於被任命為執政官。但是後來，他的命運卻出現了逆轉。西元 524 年，他被關進了監獄，並以叛國罪被處死。在獄中等候行刑期間，他寫下了《哲學的慰藉》（De consolatione philosophiae），這本書使他聲名遠播。

　　在生前，波愛修斯就以睿智和博學著稱。他是第一個把亞里斯多德的邏輯學著作翻譯成拉丁文的人。此外，他還寫了自己的著作和關於亞里斯多德邏輯學的評注。他在音樂、算術和幾何學方面的論文，長期被中世紀的文科學院奉為範文。他想完整地翻譯柏拉圖與亞里斯多德著作，但這一計畫從未得以完成，的確令人遺憾。奇怪的是，中世紀不僅

把他當做一位偉大的古典哲學學者，而且把他當做一名基督教徒來加以推崇。

正如《哲學的慰藉》裡提到過的那樣，他堅持柏拉圖式的立場。但相比之下，他更有可能是一名基督徒，就像當時的大多數人一樣。但如果真是這樣，那麼他只能算名義上的基督徒，因為和教士們的神學思辨相比，柏拉圖哲學對他的影響要大得多。不過，如果他真的被當做可靠的正統派的話，也許更好一些，因為只有在這種情況下，他的大部分柏拉圖觀點才能順利地被後來幾個世紀的教士們所吸收。而在當時，異端的罪名是很容易使他的作品遭到埋沒的。

無論如何，《哲學的慰藉》一書脫離了基督教神學。該書包括交替出現的散文與詩歌部分，波愛修斯自己發言時用散文，而哲學則藉一位婦女的形象，用詩歌應答。該書的教義與觀點並沒有引起當時教會人士的興趣。他直截了當地再次肯定了三位偉大的雅典哲學家的崇高地位，在追求善的生活方式上，波愛修斯遵循了畢達哥拉斯學派傳統，而他的倫理學說大部分源於斯多葛學派，他的形上學則可以直接追溯到柏拉圖。書中一些章節帶有泛神論的色彩，他據此提出了惡並不真實的理論。上帝是善的，不可能作惡；既然上帝是萬能的，那麼惡必定是虛幻的。這一觀點有許多地方都是與基督教神學和倫理學格格不入的，但不知為什麼，它似乎並沒有激怒正統派陣營中的任何人。全書主要是在回顧柏拉圖，它避開了普羅提諾之類的新柏拉圖主義作家的神祕主義，與當時盛行的種種迷信也毫無瓜葛，書中也找不到當時基督教思想家的那種狂熱的罪孽感。該書最突出的特點，或許就是它的作者是一名死囚。

如果我們把波愛修斯看做一位象牙塔裡的思想家（脫離當時的實踐事務），那就錯了。恰恰相反，他像古代的哲學家一樣，經歷了各種實踐

事務，是一位有才能、頭腦冷靜的執政官，並忠於自己的哥德主子。後來，他被當做受到亞流教派迫害的殉道者，這一謬誤也許有助於提高他作為一位作家的知名度。但作為一位不偏頗、不盲從的思想家，他卻從未被頌為聖徒，而區利羅（Cyril of Alexandria）（下文將對此人作更多介紹）卻成了聖徒。

在當時的歷史背景下，波愛修斯的作品提出了一個持久的問題，即一個人究竟在多大程度上必然是其時代的產物？波愛修斯所生活的世界，是對超然而理性的探索抱有敵意的世界，他生活的時代是一個迷信和狂熱氾濫的時代，然而在他的著作裡，這些外部壓力似乎一點也沒有顯示出來，他的問題也絕不是那個時代所特有的問題。誠然，羅馬的貴族階級不大容易屈從於流行時尚與狂熱情緒。某些舊道德，在帝國覆亡之後，仍然在這些貴族當中留存了很長時間。在一定程度上，這也可以用來解釋波愛修斯倫理思想中的斯多葛傾向。但是下述事實本身卻必須得到解釋：儘管外有野蠻部族侵擾，內有狂熱情緒盛行，這樣一群人（堅持舊道德的人）還是繼續存在了下來。我想，可以從兩個方面來回答這個問題。一方面，人肯定是傳統的產物。首先，他們在成長過程中會受到周圍環境的影響；後來，他們的生活方式又從他們所堅守的傳統中得到了支持，不管這種忠誠是完全出於自覺，還是多少出於盲從。另一方面，傳統不容易受時間的約束，它們呈現出自身的一種生活，並且可以長期存在下去。傳統就像鬱積在地表下的闇火，當重新得到支持時，就會再次被煽成明火。在蠻族入侵時那種動盪不安的環境裡，古典時代的傳統依然在某種程度上倖存了下來，在這種背景下，才有可能出現波愛修斯之類的人物。但他一定早就意識到了橫在他與同代人之間的鴻溝。如果相信某種傳統的力量，就需要有一定的毅力來支持它，波愛修斯肯

定也需要鼓起他的全部勇氣。

　　現在，我們可以回答另一個相關的問題了。為了理解某些哲學問題，是否有必要去研究哲學史？為了理解某個時期的哲學，是否有必要去了解這個時期的歷史？按照上文所述的觀點，社會傳統與哲學傳統之間顯然存在著某些相互作用。迷信的傳統不會產生不迷信的思想家，把禁慾看得比事業還高的傳統不可能產生能夠接受時代挑戰的建設性措施。另外，即使沒有完整的歷史知識作注解，我們也有可能充分理解某個哲學問題。讀讀哲學史，其意義正在於了解到絕大多數問題過去曾經提出過，一些明智的答案過去也曾經有過。

　　對羅馬的洗劫開創了一個戰事不斷的時代，並導致了西羅馬帝國的滅亡和日耳曼部族在帝國全境的定居。北方的不列顛遭到了盎格魯人、撒克遜人和朱特人[105]的侵犯；法蘭克部族擴張到了高盧；汪達爾人向南侵入了西班牙和北非。下述留存至今的國家和地區名稱，還能讓我們想起相關的事件：英格蘭因盎格魯而得名，法蘭西得名於法蘭克，安達盧西亞則得名於汪達爾。

　　西哥德人占領了法蘭西南部，東哥德人則征服了義大利，在此之前，他們曾試圖瓦解東羅馬帝國，但未能成功。從3世紀末以來，哥德僱傭軍為羅馬作戰效勞，因此逐漸掌握了羅馬的戰術。羅馬失陷以後，帝國還苟延殘喘了幾年，直到西元476年，終於被國王奧多亞塞（Odo-acer）率領的東哥德人摧毀。西元493年，狄奧多里克命人謀殺了奧多亞塞，結束了其統治，於是，狄奧多里克成了東哥德的新國王，統治著義大利，直到西元526年去世。在哥德人的背後，東方的匈奴蒙古人部

---

[105] 朱特人是日耳曼人的其中一分支，並且被比德指為是當時三個最強大的日耳曼民族之一。他們被認為是來自日德蘭半島，即現今丹麥南石勒蘇益格和部分的東弗里斯蘭海岸。——譯者注

落在國王阿提拉（Attila）的率領下，正向西挺進。雖然他們有時也與哥德人結為聯盟，但是西元 451 年阿提拉入侵高盧時，雙方的關係就惡化了。一支哥德、羅馬聯軍在沙隆阻止了阿提拉的進犯。隨後，由於教宗良一世（Leo PP. I）施加了道德壓力，阿提拉攻占羅馬的計畫也就取消了。這位蒙古國王不久後去世，部族失去了習慣的統帥，這支擄掠成性的亞洲軍隊漸漸失去了往日的威風。

有人可能認為這些動盪會引起教會的明顯反應，但教會的注意力卻為「基督的多重位格」的極端教義的細枝末節所吸引。有的人認為基督是一個具有兩種面貌的人格，這一觀點最終獲得了勝利，它的主要辯護者就是區利羅。區利羅於西元 412 年至西元 444 年任亞歷山卓主教，他是正統派頑固的支持者，並且以實際行動表現出他的狂熱 —— 煽動迫害亞歷山大城的猶太人，並策劃了對希帕提亞[106]（Hypatia）的凶殘謀殺。區利羅因此被頌為聖徒。

而另一方面，君士坦丁堡主教聶斯托留（Nestorius）的追隨者們卻贊同「基督有兩個位格」的觀點，也就是作為人的基督和作為上帝之子的基督；前面提到過，這一觀點的創始者是靈知教派。聶斯托留的學說主要是在小亞細亞和敘利亞贏得了支持者。

為了解決這個神學難題，雙方作了一次努力，於西元 431 年在以弗所召開了一次會議。沒想到區利羅教派設法搶先到了會場，趁對方沒來得及入場，就迅速做出了有利於自己一方的表決，於是聶斯托留教派被宣布為異端。「基督只有一個位格」的觀點終於占了上風。區利羅死後，西元 449 年以弗所的一次宗教會議進一步宣稱，基督不僅只有一個位

---

[106] 希帕提亞熱心依附於新柏拉圖哲學並以她的才智從事於數學研究，是為數學史做出貢獻的少數女性之一。她被人從二輪馬車上拖下來，剝光了衣服，拉進教堂，遭到讀經者彼得和一群野蠻、殘忍的狂信分子的無情殺害。 —— 譯者注

格，而且只有一個本性。該教義後來被稱為「一性論異端」，西元 451 年的卡羅西頓會議譴責了該教義。如果區利羅此時還活著的話，就很可能被定為一性論異端分子，而不再是聖徒。然而，雖然全體基督教會議可以制定標準，但異端也會咬牙堅持下去，尤其是在東方。正是由於正統教派與異端教派的互不妥協，伊斯蘭教勢力後來才得以大展宏圖。

在義大利，哥德人並沒有盲目地摧毀原來的社會結構。狄奧多里克（西元 526 年去世）保留了原有的行政制度。他在宗教問題上的態度也很溫和，他本人是一個亞流派教徒，似乎也允許一些非基督教因素繼續存在，尤其是在羅馬的貴族家庭中存在。波愛修斯這位新柏拉圖主義者就是狄奧多里克的大臣。然而皇帝查士丁（Justin I）卻是一個堅持狹隘觀念的人，西元 523 年，他宣布亞流為非法教派，這一舉動把狄奧多里克弄得很尷尬，因為他的義大利領地內到處是天主教，而他自己的力量無法與皇帝抗衡。由於擔心自己的支持者搞陰謀，他將波愛修斯關進監獄，並於西元 524 年將他處死。西元 526 年，狄奧多里克去世，次年查士丁去世，查士丁尼（Justinianus I）繼位。正是由於查士丁下旨，偉大的羅馬法大綱、法典和法學彙纂才得以完成。查士丁尼是正統派的堅定擁護者，繼位初期，他下令關閉了雅典的阿卡德米學院。在這之前，阿卡德米一直作為古老傳統的最後一個堡壘，儘管這時它的學說已經被新柏拉圖主義的神祕因素淡化了。西元 523 年，君士坦丁堡開始興建聖索菲亞教堂，在西元 1453 年君士坦丁堡被土耳其人占領之前，該教堂一直是拜占庭教會的中心。

查士丁尼的宗教興趣也影響了皇后（著名的狄奧都拉〔Theodora〕），她的經歷很平常，此外，她還是一位一性論者。查士丁尼正是為了她，才開始了「三個牧師會」的論戰。在卡勒西頓，三個具有聶斯

托留傾向的神父被宣布為正統派。這就觸犯了一性論的觀點。於是查士丁尼釋出敕令，宣稱三人為異端，這一決定使教會內部出現了長期爭論。結果，查士丁尼本人也成了異教徒，他接受了阿法薩托都塞提克的觀點：基督的肉身是不朽的，這正是一性論的必然結果。

在查士丁尼統治時，國家作了最後一次努力，試圖從蠻族首領手中奪回西部各省。西元 535 年，他入侵義大利，在此後將近 18 年的時間裡，這個國家都飽受戰亂之苦，非洲被勉強地重新征服，但整體而言，拜占庭的統治是不是一件幸事卻也值得懷疑。拜占庭的力量並未大到足以收復整個帝國，儘管皇帝得到了教會的支持。西元 565 年，查士丁尼去世。3 年後，義大利又遭到了一次蠻族的入侵。倫巴底入侵者長期占據著北部地區，該地區後來就被稱為倫巴底。他們與拜占庭人爭鬥了 200 年之久，後者由於受到薩拉森人從南面發起的攻擊，最終敗退了。拜占庭在義大利的最後一個堡壘 —— 拉溫那，也於西元 751 年被倫巴底人占領。

在我們所談論的時代，像波愛修斯這樣的人物是十分罕見的。這個時代的特徵並不是哲學上的。不過，我們必須提到後來對中世紀哲學產生了重要影響的兩個發展：一是修道生活在西方的發展，二是教宗勢力與權威的發展，它們分別與本篤[107]（Benedict of Nursia）和葛利果（Gregorius PP. I）的名字有關。

修道生活始於 4 世紀的東羅馬帝國，起初，它與教會並沒有什麼關係，由於亞他那修首先採取了措施，修道運動才最終被教會所控制。前面說過，耶柔米是修道生活方式的偉大推行者。6 世紀期間，高盧和愛爾

---

[107] 努西亞的聖本篤（西元 480 年 -547 年），又譯聖本狄尼克，義大利天主教教士、聖徒，本篤會的建立者。他被譽為西方修道院制度的創立者，於西元 1220 年被封為聖徒。—— 譯者注

蘭開始建立修道院。但西方修道生活的決定性人物卻是本篤，後來的本篤修士會就是因他而得名。本篤於西元 480 年出生於貴族家庭，並且在羅馬貴族安逸奢華的環境中長大。20 歲時，他開始對早年的教養傳統產生了強烈的反感，於是跑到一個洞穴裡隱居了 3 年。西元 520 年，他在卡西諾山建了一座修道院，該院成了本篤修士會的活動中心。它的創立者本篤所制定的教規告誡會員，要發誓保持清貧、順從和貞潔。但本篤並不喜歡東方僧侶們的那種過於刻苦的修行。由於他們（東方僧侶）呆板地理解了基督教關於肉體有罪的觀點，才會互相比試，看誰能達到最高的捨身境界。對於這些有害的怪觀念，本篤教規予以堅決制止。該組織的權力掌握在終身任職的修道院院長手中。後來，本篤修士會又提出了自己的傳統，該傳統與其創立者本篤的意圖多少有些不符。本篤派學者們在卡西諾山蒐集了大量藏書，為維護經久不衰的古典學問傳統做了很多工作。

本篤定居於卡西諾山，直到西元 543 年去世。大約 40 年後，修道院遭到倫巴底人的洗劫，修士會逃亡到了羅馬。卡西諾山在其悠久的歷史中，還遭受過兩次破壞，一次是 9 世紀被薩拉森人毀壞，另一次是在第二次世界大戰期間。所幸的是，它豐富的藏書卻留存了下來，現在，修道院也得到了徹底重建。

葛利果在他的《對話錄》（*Dialogues*）第二冊裡，記載了本篤生平一些細節。其中有相當篇幅講的是超凡的行為及事件，這些傳說揭示了當時有教養人士的普遍思想狀態。必須記住的是，閱讀在當時已經成了極少數人擁有的技能，因此這些作品完全不像今天的超人和科幻小說之類的垃圾，它們不是為容易受騙的文盲大眾寫的。此外，這些《對話錄》還成了我們了解本篤的主要資料來源。

　　《對話錄》的作者葛利果，被譽為西方教會的第四位博士。他生於540年，有羅馬貴族血統，並在富足奢華的環境中長大。他受到了教育，儘管沒有學過希臘文。這一缺憾永遠也未能彌補，即使後來他在宮廷裡住了6年之久。西元573年，他擔任了城市的行政長官。但是不久，他似乎感覺到了神的召喚，於是辭去官職，捨棄財產，當了一名本篤派僧侶。他做出了這一不同尋常的決定之後，苛嚴、節儉的生活便開始了，並長期損害了他的健康。但是，他所過的生活並不是他以前嚮往的那種潛心思索的生活。他的政治才幹也沒有被人忘記，教宗柏拉奇二世（Pelagius PP. II）派他出任君士坦丁堡宮廷的大使（西方仍對君士坦丁堡表示象徵性的忠誠）。西元579年-585年，葛利果雖然住在宮廷裡，卻未能完成他的主要使命，即慫恿皇帝和倫巴底人交戰。由於當時已不是軍事干預的時代，查士丁尼最後幾次軍事干預雖然獲得了暫時的成功，但到頭來仍是一場空。

　　回到羅馬後，葛利果在修道院裡住了5年。西元590年，教宗去世後，更願意當僧侶的葛利果被選為繼承人。這就需要葛利果施展其全部的政治才能，去應付西羅馬政權崩潰後留給國家的不穩定局面。義大利正遭受倫巴底人的踐踏，非洲成了爭鬥的戰場，孱弱的拜占庭政權為摩爾部族所困擾，西哥德人和法蘭克人正在高盧交戰，盎格魯-撒遜入侵者已經把不列顛變成了異教徒之地，異端繼續困擾著教會，道德的普遍淪喪開始損害那些應支配教士生活的基督教原則。聖職交易氾濫，並在事實上失控了近500年之久。葛利果接過了所有這些麻煩，並且竭盡全力加以遏制。但正是席捲西方的極度混亂狀態，才使他能夠在前所未有的、更為牢固的基礎上，建立起教宗的權威。在此之前，羅馬主教從來沒有像葛利果那樣，如此廣泛而成功地行使過權力。葛利果主要是透

過給教士和世俗統治者大量寫信來做到這一點的，在他看來，這些人似乎是未能盡職或者犯了越權辦事的罪過。透過發表《主教法規》一書，他為羅馬在管理一般教會事務中的至上權力打下了基礎。這部綱領性讀物在整個中世紀受到了高度的推崇，甚至還以希臘文譯本傳入了東正教。受葛利果神學教誨的影響，《聖經》的研究轉變成了象徵性的解釋，而忽視了純粹的歷史內容，直到文藝復興時期，人們才開始注意《聖經》的歷史內容。

儘管葛利果為鞏固羅馬天主教的權威做出了堅決的努力，但他仍然是一個墨守成規的人。在政治上，如果皇帝的過分行為也符合他自己的利益，或者當他感到站出來反對會帶來危險時，他就會採取寬容的態度。和安波羅修這樣的人相比，他是一個狡猾的機會主義者。他為擴大本篤修士會的影響做了大量工作，該修士會後來成了修道機構的典範。然而當時的教會對世俗學問不夠尊重，葛利果也是如此。

# 第六章

經院哲學

隨著羅馬中央集權的衰落，西羅馬帝國陷入了一個野蠻時期。在這一時期，歐洲出現了普遍的文化沉淪。所謂的「黑暗時代」，大概是指西元 600 年 -1000 年。當然，任何把歷史劃分成若干個整齊區段的做法都是很勉強的，我們不要指望從這種劃分中有多少收穫，它最多只能提示一下該時期的某些綜合特徵。所以，我們絕不要以為，西元 7 世紀剛一來臨，歐洲就突然一片漆黑，直到 4 個世紀後，它才重新浮現出來。

首先，古典傳統依然在某種程度上存在著，儘管它們的持續性影響不夠穩定，而且受到了限制。在修道院，尤其是在愛爾蘭這樣的偏僻角落，一些學問得到了鼓勵和扶植。但是，稱這些世紀為「黑暗時代」也沒有什麼不妥，尤其是與它們之前和之後的時代相比較的時候。同時，我們必須牢記，用同等的標準來看，東羅馬帝國並沒有遭遇如此普遍的衰敗。拜占庭仍然保持著帝國的控制力，並由此使得學問更加世俗化。而西方要達到這一步則需要花費許多個世紀的時間。同樣，當西方文化日漸衰弱時，年輕而充滿活力的伊斯蘭文明（包括印度、中東、北非和西班牙大部分地區）卻達到了最偉大的巔峰。在更遠的中國，唐朝開創了其文明史上最重要的文學紀元。

要理解為什麼哲學會與教會如此緊密地結合在一起，我們必須描繪出這一時期教宗統治與世俗勢力發展的主要脈絡。教宗們之所以能在西方鞏固其主導地位，主要是因為羅馬皇權消失後留下了政治上的真空。而東方（東羅馬帝國）的大主教們除了更多地為皇權所限制以外，他們對羅馬主教們的傲慢也從未有過好感，最終，他們的東正教教會與羅馬分道揚鑣了。而且，在入侵部族的野蠻影響下，西方的識字程度大為降低，而在羅馬時代，識字卻在整個帝國都得到了普及。那些保留了殘存學問的教士們，逐漸形成了一個會讀寫的特權集團。當幾個世紀的衝突

結束後，歐洲進入了較為穩定的時期，正是這些教士創辦了各種學校。在文藝復興之前，經院哲學一直都是至高無上的。

在 7 世紀、8 世紀的西歐，教宗統治夾在拜占庭皇帝與蠻族君主兩個敵對勢力中間，在一條危險的航道上行進。從某個角度看，與希臘交流總比依附蠻族更可取，至少皇帝的權威建立在正當法律基礎之上，而征服部族的統治者靠的是武力奪權。另外，東羅馬帝國保持著羅馬鼎盛時代的文明尺度，因而也就保持著某種活躍的世界觀，這種世界觀與蠻族的狹隘民族主義是截然不同的。況且，哥德人和倫巴底人在不久前都信奉亞流教，而拜占庭至少還有點正統因素，儘管它不肯屈服於羅馬的教會勢力。

但是，東羅馬帝國的實力已經不足以在西方維持其權威了。西元 739 年，倫巴底人企圖攻占羅馬，但未能得逞。為了與倫巴底人的威脅抗衡，教宗額我略三世（Gregorius PP. III）試圖謀求法蘭克人的幫助。當時，克洛維一世（Clovis Ier）的繼承人，墨洛溫王朝的君主們在法蘭克王國已經喪失了全部實權，真正的統治者是大總監。8 世紀初擔任這一官職的是查理·馬特（Charles Martel），他在西元 732 年的圖爾戰役中阻止了伊斯蘭教的擴張。查理和葛利果都死於西元 741 年，他們的繼承人丕平[108]（Pepin）和教宗斯德望三世（Stephanus PP. III）達成了一項協定：大總監要教宗正式承認其國王身分，以便取代墨洛溫王朝；作為回報，丕平將西元 751 年倫巴底人曾占領過的拉溫納鎮以及東羅馬帝國總督管轄的其他領地送給了教宗。這就導致了他與拜占庭的決裂。

沒有了中央政權的約束，教宗在自己的領域裡就比東正教更有勢

---

[108] 丕平（西元 714 年 -768 年），又稱丕平三世、矮子丕平，是西元 751 至 768 年在位的法蘭克國王，是查理曼大帝的父親，加洛林王朝的建立者。 —— 譯者注

力。當然，拉溫納的贈予絕不是一樁合法交易。為了使這一交易貌似合法，教士們偽造了一份文件，這就是有名的「君士坦丁獻土」。該文件自稱是君士坦丁的一份政令，根據這一政令，原屬西羅馬帝國的全部領土都將移交給羅馬教宗。透過這種伎倆，教宗建立了自己的世俗權力，並且在整個中世紀都得以維持。直到 15 世紀前，這樁文件偽造案都沒有被揭露。

　　倫巴底人試圖抵抗法蘭克的武力干涉，西元 754 年，丕平的兒子查理曼（Charlemagne）翻越阿爾卑斯山，給了倫巴底軍隊致命一擊。查理曼奪取了倫巴底國王的頭銜向羅馬挺進。在羅馬，他兌現了其父於西元 754 年的許諾。教廷對他表示支持，他則為基督教在撒克遜疆域內的傳播不遺餘力，儘管他改變異教徒的信仰不是靠說服，而是武力。在東部邊界，他也征服了大部分日耳曼領土，在南部的西班牙，也試圖逼退阿拉伯人，但卻不大成功。西元 778 年，他的後衛部隊戰敗了，著名的羅蘭傳奇就因此而產生。

　　查理曼的目標並不僅僅是鞏固邊疆，他自視為西羅馬帝國的合法繼承人。西元 800 年的聖誕節，教宗在羅馬為他舉行了皇帝加冕儀式，這象徵著日耳曼民族的神聖羅馬帝國開始了。與拜占庭的決裂起初是由丕平的餽贈引起的，但最終完成卻是因為西羅馬產生了一位新皇帝。查理曼為自己的做法所找的理由是站不住腳的，因為當時伊琳娜女皇（Irene of Athens）還占據著拜占庭的寶座。查理曼辯解說，這是不符合皇室慣例的，因而王位仍然空著。而他認為自己獲得教宗的加冕後，可以作為凱撒的合法繼承人行使權力。同時，教廷也透過這事件與帝國勢力聯合了起來。儘管後來一些獨斷的皇帝為了達到自己的目的而廢黜或擁立教宗，但他們仍然需要得到教宗的加冕來確認其皇帝身分。這樣一來，世

俗勢力與宗教勢力便誰也離不開誰了。當然，分歧是不可避免的，教宗和皇帝為了各自的目的，一直在進行激烈的「拔河」賽。產生衝突的一個主要原因就是主教的任命問題（下文將詳細介紹）。

拿破崙

到了 13 世紀，衝突雙方已經沒有妥協的餘地了。在隨後的爭鬥中，教廷占了上風。但是在文藝復興初期，教宗們日益淪喪的道德水準卻使得他們失去了來之不易的優勢。與此同時，民族君主制在英格蘭、法蘭西和西班牙的興起，導致了新的勢力產生，從而破壞了在教會精神領導下的團結局面。帝國搖搖欲墜地維持著，直到拿破崙[109]征服歐洲；教廷則倖存至今，儘管它至高無上的地位在宗教改革中已經不復存在。

查理曼在世的時候，為教宗們提供了深受歡迎的保護；作為回報，教宗們也謹慎地不去干涉他的意願。查理曼本人不怎麼有學問，對宗教也不虔誠，但他並不敵視別人的學問和虔誠。他鼓勵文學的復興，並且向學者們提供庇護和資助，儘管他自己的娛樂缺乏文化色彩。對於純粹的基督徒行為，他認為這對人民是有益的，但絕不應該過度約束宮廷生活。

[109] 拿破崙·波拿巴（西元 1769 年 -1821 年），原名拿破崙·布宛納巴，人稱奇蹟創造者。他是法國近代資產階級軍事家、政治家，法蘭西共和國第一執政者（西元 1799 年 -1804 年），法蘭西第一帝國皇帝（西元 1804 年 -1814 年），義大利國王，萊茵聯邦保護人，瑞士聯邦仲裁者。曾經征服和占領過西歐和中歐的廣大領土。── 譯者注

　　在查理曼的繼任者統治期間，皇權衰落了，尤其是國土被虔誠者路易（Louis Ier）的三個兒子瓜分的時候。這些事件所產生的矛盾，最終導致了日耳曼人與法蘭西人的對立。當帝國在世俗衝突中喪失力量時，教廷的實力卻大大增強了，但另一方面，羅馬教廷又必須對主教們實施權威。如前所述，主教們已經在各自的地盤上獲得了不同程度的獨立，尤其是當他們遠離權力中央所在地時。在教宗的任命問題上，教宗尼閣一世（Nicholaus PP. I）（西元 858 年 -867 年）基本上成功地保住了羅馬的權威。但是所有的問題不僅在世俗力量中，在教會的內部也仍然是有爭議的。一位聰明、剛毅的主教很可能對教宗毫不退讓，如果後者不怎麼剛毅的話。尼閣死後，教廷的權力終於衰落了。

　　西元 10 世紀，教廷為羅馬當地的貴族所掌握。由於拜占庭、倫巴底和法蘭克軍隊之間的戰爭所造成的多次破壞，羅馬陷入了野蠻、混亂的狀態。在整個西方，由於封建主無力控制各自為政的諸侯，這片土地變得動盪不安。無論是羅馬皇帝還是法蘭西國王，都無法有效地約束那些不守法紀的貴族。匈牙利人突襲了義大利北部，而北歐海盜們的恐怖行為卻在整個歐洲的海岸和河岸蔓延。諾曼人最終在法蘭西得到了一塊狹長的土地，作為回報，他們改信了基督教。來自南部的撒克遜人的威脅從 9 世紀起就日益加強，直到西元 915 年東羅馬在拿坡里附近的加里利亞諾河擊敗了入侵者，這一威脅才得以解除。然而帝國的力量已太弱，已經不可能再像查士丁尼時期那樣試圖去控制西方了。在這種普遍的混亂中，教廷被迫服從於為所欲為的羅馬貴族，不僅喪失了原本在東正教事務中可能存在的殘餘影響，而且當西羅馬帝國的地方主教們再次宣布獨立時，教廷對這些教士的控制能力也在逐漸消失。不過，地方主教們在爭取獨立方面卻並不成功，因為，他們雖然與羅馬教廷的關聯有所減

弱，但是與當地世俗勢力之間的關聯卻加強了。在此期間，聖·彼得寶座下眾多教士的品格，也無法阻止道德和社會解體的洪流。

11 世紀時，民族大變動已經接近尾聲。外來的伊斯蘭教威脅也已得到遏制。從此，西方開始轉守為攻。當希臘文化已經在西方的大部分地區被人們遺忘的時候，卻在愛爾蘭這樣偏僻的角落倖存了下來。整體而言，當西方經歷衰落的時候，愛爾蘭文化卻出現了一派繁榮景象。後來，由於丹麥人的到來，這一小塊文明之地才遭到了破壞。因此，當時最有學問的人是一位愛爾蘭人也就不奇怪了。他就是約翰內斯·司各脫·愛留根納（John Scotus Eriugena）。

這位 9 世紀的哲學家是一位新柏拉圖主義者，也是一位希臘語學者，他在觀點上屬於伯拉糾派，在神學上卻是泛神論者。儘管持有非正統的觀點，但不知為什麼，他竟然沒有受到迫害。當時愛爾蘭文化的活力是由於環境的有趣組合造成的。當高盧開始連續遭到野蠻侵略的時候，大批知識分子紛紛跑到最西部，希望得到保護。然而英格蘭卻沒有那些人的立足之地，因為到處都是盎格魯 - 撒克遜和朱特人這些異教徒。而愛爾蘭卻提供了安全保障，於是許多避難的學者就到了那裡。我們也必須對英格蘭的「黑暗時代」進行某種不同的評價。在盎格魯 - 撒克遜入侵時期，曾經出現過一個文化停頓期，但是阿佛烈大帝（Alfred the Great）統治時期又出現了復甦。因此，「黑暗時代」的開始與結束都提前了 200 年。9 世紀、10 世紀丹麥人的入侵，致使英國的發展出現了一次中斷，也使愛爾蘭的發展出現持續性倒退。這時候，學者們又開始沿著來路往回撤。這一時期，羅馬由於相距太遠，也無法控制愛爾蘭的教會事務。主教的權威並不是至高無上的，修道院的學者們時刻都在為教義爭論不休。約翰內斯的自由觀點如果在別處還有可能產生，在這裡卻將迅速被糾正。至於約翰內斯

的生平，除了他在法蘭西禿頭查理（Charles II le Chauve）的宮廷裡生活的這段時間有據可查之外，別的我們就不清楚了。他似乎生於西元 800 年，死於西元 877 年，但並不能確定。西元 843 年，他應邀到法國宮廷主管宮廷學校。在這裡，他陷入了宿命論與自由意志問題的爭論。約翰內斯支持自由意志說，認為一個人自身對德行的努力是有價值的。招人不快的並不是他的伯拉糾主義本身（儘管這也很糟糕），而是他用一種純哲學的方式來處理這一問題。他說，理性和啟示是真理的兩個獨立的泉源，互不重疊和衝突；但是，假如在某個給定的情況下，看起來好像有衝突的話，那麼首先應該相信理性，而不是啟示。事實上，真正的宗教正好也是真正的哲學，反之亦然。呆板的宮廷教士們並不接受這一觀點，約翰內斯關於這些問題的論文也受到了批判。只是靠了他和國王的私交，才免受懲罰。國王查理和這位愛爾蘭學者都死於西元 877 年。

　　從經院哲學術語的角度看，約翰內斯在哲學上是一位實在論者。搞清楚「實在論」這一術語的用法是十分重要的。它最早源於柏拉圖及蘇格拉底對理念論的闡釋。實在論認為共相即萬物，它們先於個體而存在。它的對立面則建立在亞里斯多德的概念論基礎之上。這一理論被稱做唯名論，它堅持認為共相僅僅是名稱，個體要先於共相而存在。在整個中世紀，實在論者和唯名論者在共相問題上吵得不可開交。直到今天，科學和數學之中還存在著這個問題。由於經院派的實在論與理念論有關，所以現代人也稱它為唯心主義。我們應該把這一切與它們後來的非經院用法區分開來。在適當時候，我們將對此做出解釋。

　　約翰內斯在他的主要哲學著作《論自然的劃分》（*Periphyseon*）中，清晰地展示了他的實在論。他提出了自然的四重劃分法，劃分依據是事物創造或不創造；被創造或未被創造。第一，能夠創造而又不被創造的

顯然是上帝。第二，能夠創造而又被創造的是柏拉圖和蘇格拉底意義上的理念，它們創造個體也依附於個體，其本身又為上帝所創造。第三，不能創造，但可以被創造的一類，就是時空中的諸事物。最後是既不創造也不被創造的東西，在這裡，我們轉了一圈又回到了萬物為之奮鬥的終點——上帝。從這個意義上看，上帝與其目標同一，因此不創造。

到此為止，雖然涉及的都是存在事物，但也包括了自然中不存在的事物。首先，在這些非存在事物中，按照新柏拉圖學派的觀點，普通的物理對象就被排斥在可理喻世界之外。同樣，罪惡被視為一種缺陷或淪喪，一種缺乏神性模式的墮落，因此它屬於不存在的範疇。所有這些最終都回到柏拉圖的理論上去了，前面說過，該理論認為善就是知識。

「上帝與其目標同一」的觀點直接導致了非正統的泛神論神學的出現。上帝的本質，無論對於人，還是對於他自己，都是不可知的，因為他不是一個可知的對象。其邏輯上的理由（儘管約翰內斯沒有明說）就是：上帝就是一切。所以，不可能出現既有知者又有所知對象的情形。約翰內斯的「三位一體」理論與普羅提諾的沒有什麼不同。上帝的存在正是透過萬物的存在來顯示的，其智慧展現於萬物的秩序，其生命展現於萬物的運動。這與聖父、聖子和聖靈相一致。至於在理念的範疇，它們則構成了邏各斯，透過聖靈的作用導致或產生不存在獨立物質性的個體，上帝從虛無中創造了萬物，其含義就是：這種虛無就是上帝本身，因為他超越一切知識，所以就是虛無。於是約翰內斯藉此來反對亞里斯多德允許「個體具有物質性存在」的觀點。另一方面，根據創造和被創造標準做出的前三種劃分，則源自亞里斯多德類似的原動和被動劃分標準。第四種劃分則衍生於狄奧尼西奧斯的新柏拉圖學說。狄奧尼西奧斯這位聖·保羅的雅典弟子，是一篇論文的假定作者，該論文融合了新柏拉圖主義與基督教義。約翰內

斯曾從希臘文中翻譯了該著作，他很可能因此而受到了保護，因為憑著與聖・保羅的關係，這位羅馬的假狄奧尼西奧斯被誤以為是正統人士。

11 世紀，歐洲終於進入了新生時代。諾曼人遏制了來自北方和南方的外來威脅。他們征服英格蘭後，結束了斯堪地那維亞人的侵犯，而他們在西西里的戰爭則使該島徹底擺脫了撒克遜人的統治。修道院改革進展順利，教廷選舉和教會組織的原則也在重新審議。隨著教育狀況的改善，教育程度不僅在教士中間開始提高，而且在一定程度上對貴族也是如此。

聖職買賣和禁慾問題是當時困擾教會的兩大難題。從某種意義上說，兩者都和多年發展起來的教士地位有關。由於教士是宗教奇蹟與權力的執行人，他們就逐漸對世俗事務產生了很大的影響。這種影響要發揮其作用，必須要人們在整體上不懷疑這些權力的真實性。在整個中世紀，人們的這種信念始終是真誠和廣泛的。然而權力總是刺激人的慾望。如果沒有強而有力的道德傳統加以指導，那些地位優越的人很可能就會營私舞弊、中飽私囊。這樣一來，靠授予教職來換取金錢，就成了那些掌握了這種權力的人斂財和加強勢力的一種手段。這些做法最終腐蝕了教會本身，於是人們又不時地向這種邪惡行為宣戰。而在教士禁慾的問題上，效果卻不那麼明顯。這個問題在道德方面從來沒得到最終解決。無論是東正教還是西方後來改良後的宗教，都從未認為禁慾在道德上有多少價值。另外，伊斯蘭教甚至對禁慾問題大加抨擊。但同時，從政治角度出發，當時的種種變革並不是都那麼合理。如果教士結了婚，特別是當其婚姻關係中還有保留財產的經濟動機時，他們就有可能發展為一個世襲的階層。另外，教士應該與其他人有所區別，禁慾就宣揚了這種區別。

修道院改革的中心是建立於西元 910 年的克律尼修道院，一項新的組織原則就是在這裡首次得到了實施。修道院只直接對教宗負責，院長

又對克律尼所屬的機構行使權力。新體制致力於防止走向奢靡和禁慾兩個極端。緊隨其後的其他改革者建起了新的修士會：卡瑪勒多茲修士會建立於西元 1012 年，卡爾圖斯修士會建立於西元 1084 年，而奉行本篤教規的西多修士會則建於希元 1098 年。

對於教廷本身，改革主要是皇帝與教宗爭奪最高權力的結果。為了改革教廷，額我略六世（Gregorius PP. VI）從前任本篤九世（Benedictus PP. IX）手中買下了教宗職位。然而皇帝亨利三世（Heinrich III）（西元 1039 年 -1056 年）雖然也是一位年輕而充滿幹勁的改革者，卻不贊成這一交易，不管額我略的動機有多麼值得稱道。西元 1046 年，22 歲的亨利突然來到羅馬，廢黜了額我略。從此，亨利在任命歷屆教宗時始終非常小心謹慎，如果他們有負期望，就會被免職。在亨利四世（Heinrich IV）（西元 1056 年 -1106 年）年幼的時候，教廷再次恢復了某種程度的獨立。教宗尼閣二世（Nicolaus PP. II）通過了一項教令，讓紅衣主教掌握教廷的實際選舉權，而將皇帝排斥出局。同時，尼閣二世也加強了對大主教的控制。西元 1059 年，他派彼得・達米安[110]（Peter Damian）前往米蘭，以示教廷的權威，並支持當地的改革運動。達米安提出了一種有趣的學說，即上帝不受矛盾律的約束，並且能夠做到「從頭再來」。這個觀點後來遭到了阿奎那的抵制。達米安認為哲學是神學的婢女，他還反對辯證法，認為上帝應該能夠推翻矛盾律，其中的暗示就帶來了萬能概念上的麻煩。例如，如果說上帝是萬能的，他就不能造出一塊連自己也搬不動的石頭；但他又應該能，如果他真是萬能的話。因此，他似乎既能，又不能。「萬能」最後成

---

[110] 一位卡瑪勒多茲學者。教宗額我略七世的著名大主教彼得・達米安的論調 —— 所有世俗科學都是謬論。他是著名的哲學家、基督教思想家，堅決主張古希臘哲學和古希伯來宗教二者不可調和。他們都拒絕理性的絕對統治，認為理性無法解決人深層次的恐懼、絕望、恐懼、墮落等。 —— 譯者注

了一個不可能的概念，除非人們放棄矛盾律。但放棄矛盾律又會使論證無法進行下去。正是由於這個原因，達米安的理論才必然遭到了反對。

　　尼閣二世繼承人的選舉問題，加劇了教宗與皇帝之間的衝突，形勢變得對紅衣主教有利起來。西元 1073 年，索瓦納的希爾德布蘭德（Ildebrando di Soana）被選為新教宗，稱額我略七世（Gregorius PP. VII）。他在任職期間，與皇帝在授職問題上發生了嚴重的衝突，這個問題後來持續了幾百年之久。把戒指和權杖（職位的象徵）授與一位新主教，歷來都是由世俗統治者來做的，為了鞏固教廷權威，額我略七世掌握了這項權力。西元 1075 年，當皇帝任命一位新的米蘭大主教時，矛盾到了白熱化的地步。教宗威脅說要將皇帝廢黜並開除其教籍，皇帝則宣稱自己擁有最高權力，並決定廢黜教宗。作為報復，額我略宣布皇帝和主教已被廢黜，並開除了他們的教籍。起初是教宗占了上風，西元 1077 年，亨利四世來到卡諾薩以苦行贖罪，但是，這只是他走的一步政治棋。雖然他的教宗已經選出了一個取代他的對手，但亨利及時地戰勝了他的反對派，當西元 1080 年額我略最終宣布支持魯道夫（Rudolf of Rheinfelden）稱帝時，則為時已晚了。西元 1084 年，亨利帶著自己挑選的一個偽教宗進入羅馬，並舉行了加冕大典。額我略雖然在西西里諾曼人的幫助下，迫使亨利及其偽教宗倉皇逃離，但他自己也成了其保護者的階下囚，並於次年死去。

　　儘管額我略自己未能成功，但他的策略在後來還是有效的。不久，坎特伯雷大主教安瑟莫[111]（Anselm）等人和額我略一樣，也和世俗權威發生了爭執。安瑟莫因發明了關於上帝存在的本體論而在哲學史上占有

---

[111] 聖・安瑟莫（西元 1033 年 -1109 年），歐洲中世紀經院哲學家、神學家，唯實論的主要代表之一，被稱為「最後一名教父和第一個經院哲學家」。他生於義大利一個貴族家庭，少時在法國畢爾岡底就學。西元 1060 年入本篤會。西元 1078 年任法國諾曼底的柏克隱修院院長，並教授神學。西元 1093 年任英國坎特伯雷大主教，因擁護教宗權益與英王發生爭執，兩次被迫出走。西元 1107 年教宗與英王達成協定，回英國繼任大主教。——譯者注

重要地位。作為思考最大的可能對象，上帝不可能不存在，否則他就不會是最大的思考對象。實際上，這裡的錯誤在於「存在是一種特質（屬性）」的觀點。但許多哲學家卻從此抓住這一爭論不放。

當西方世界被皈依了基督教的蠻族蹂躪的時候，東羅馬帝國逐漸遭到了伊斯蘭教徒的踐踏。儘管伊斯蘭教徒並沒有決意改變被征服民族的宗教信仰，但他們卻允許對那些加入了伊斯蘭教的人免徵貢稅。這個優惠政策也讓絕大多數人從中獲益。穆罕默德的紀元要從「希吉拉」算起，西元 622 年，他從麥加逃到麥地那。

西元 632 年他去世後，阿拉伯人的擴張在短短一個世紀裡就改變了世界。敘利亞、埃及、印度、迦太基、西班牙，分別於西元 634 年 -636 年、西元 642 年、西元 664 年、西元 697 年、西元 711 年 -712 年陷落。西元 732 年的圖爾戰役使局勢發生了逆轉，阿拉伯人退到了西班牙。君士坦丁堡於西元 669 年和西元 716 年 -717 年兩次被圍。拜占庭帝國在日益縮水的領土上維持著，直到西元 1453 年奧斯曼帝國的土耳其人攻占了該城。帝國在這一時期的普遍衰竭，助長了穆斯林活力的爆發。

另外，在許多地方，入侵者還從當地的衝突中找到了可乘之機。尤其是敘利亞和埃及，由於不屬於正統而備受磨難。

從某個角度看，先知穆罕默德所宣稱的新宗教是對《舊約》中嚴格的一神論的回歸。他摒棄了《新約》中新增的神祕內容，和猶太人一樣禁止供奉偶像，所不同的是，他還禁止飲酒。後面這條禁令究竟保持了多大的有效性是值得懷疑的，而前一條則與聶斯托留教徒反對崇拜聖像的態度一致。侵略擴張幾乎成了一種宗教職責，儘管《聖經》裡的人民不應該受到傷害。禁令也影響了基督教徒、猶太教徒和拜火教徒，他們各自遵守著自己神聖經文裡的教義。

　　一開始，阿拉伯人並沒有制定系統性的征服計畫。他們生活在乾旱
貧瘠的土地上，習慣了越境擄掠。但由於沒有遇到強而有力的抵抗，襲擊
者就成了征服者。在很多情況下，這些新主人並沒有觸及和改變原有的管
理模式。阿拉伯帝國的統治者是哈里發，他們是先知的繼任者，也是其權
力的繼承人。雖然最初的哈里發由選舉產生，但沒多久就變成了奧瑪亞統
治下的王朝。這一統治家族遵循先知的教諭，反對狂熱，這麼做並非出於
宗教原因，而是出於政治上的考量。總之，阿拉伯人擴張的宗教因素並不
是很多，他們的動機（正如最初一樣）只是為了奪取物質。正是由於不狂
熱，所以他們儘管人數不占優勢，卻能夠統治廣大的地區，那裡居住著信
仰各異、更文明的人們。但是在波斯，先知的教諭卻根植於昔日的宗教和
思辨傳統已有充分發展的土地上。西元661年，穆罕默德的女婿阿里（Ali
ibn Abi Talib）死後，伊斯蘭教分裂為遜尼派和什葉派。後者是少數派，
忠於阿里，不允許來自奧瑪亞家族的人加入該派。波斯人就屬於這個少數
派，也許正是透過他們的影響，奧瑪亞王朝才被阿拔斯人推翻並取代，首
都也從大馬士革遷到了巴格達。新王朝的政策給了伊斯蘭狂熱教派更多的
自由。不過他們失去了西班牙，從家族覆沒中倖存下來的一個奧瑪亞人在
科爾多瓦建立了一個獨立的哈里發政權。在阿拔斯王朝統治期間，哈倫‧
拉希德使帝國出現了輝煌的局面。拉希德是查理曼的同時代人，因其在
《天方夜譚》（*One Thousand and One Nights*）中出現而聞名於世。由於大
量使用土耳其僱傭軍，他於西元809年去世後，帝國開始深受其害，就像
當初羅馬人招募蠻族兵士一樣。阿拔斯王朝的哈里發政權衰落了，並於西
元1256年隨著蒙古人對巴格達的洗劫而覆滅。

　　穆斯林文化的源頭在敘利亞，但不久其中心就轉移到了波斯和西班
牙。在敘利亞，阿拉伯人繼承了聶斯托留教派所推崇的亞里斯多德傳統，

而當時的新柏拉圖主義者則堅持正統的天主教，但是亞里斯多德的理論與新柏拉圖學說的糅合造成了許多混亂。在波斯，穆斯林逐漸掌握了印度的數學，並且引進了阿拉伯數字（實際上應該稱之為印度數字）。儘管有 13 世紀的蒙古人入侵，波斯文明還是孕育了菲爾多西[112]（Ferdowsi）這樣的詩人，並且保持了其高藝術水準。阿拉伯人是透過聶斯托留的傳統才開始接觸希臘知識的。這些傳統在更早的時期，即西元 481 年拜占庭皇帝芝諾（Flavius Zeno）關閉埃德撒學院[113]之後，就已經傳到了波斯。穆斯林思想家們從這兩個來源中學習了亞里斯多德的邏輯學、哲學及古代的科學遺產。

阿維森納

[112] 菲爾多西（約生於西元 941 年），是《列王紀》（*Shahnameh*）的作者，凡讀過他的作品的人，都說他與荷馬相匹敵。 —— 譯者注
[113] 西元 489 年，美索不達米亞的埃德撒基督教學院關閉以後，該院的教授大多進入伊朗，繼續講學。 —— 譯者注

　　波斯最偉大的伊斯蘭哲學家是阿維森納（Avicenna）（西元 980 年 -1037 年）。他出生在波卡拉省，後來在伊斯巴罕講授哲學和醫學，最後定居於德黑蘭。由於持非正統觀點，他遭到了神學家們的敵視。他的著作被翻譯成拉丁文，在西方世界產生了不小的影響。他主要關心的一個哲學問題就是長期爭論不休的共相問題，這一問題後來還成了經院哲學的中心問題。阿維森納的解決辦法就是試圖把柏拉圖與亞里斯多德調和起來。他最早提出「形式」的普遍性產生於思維，阿威羅伊（Aver-roes）及後來的艾爾伯圖斯‧麥格努斯[114]（Albertus Magnus）也提出過這一亞里斯多德式的觀點。但阿維森納對其觀點作了進一步限定。共相同時存在於萬物之前、萬物之中和萬物之後。當上帝按某種模式創造萬物時，它已存在於上帝心中，即萬物之前；當萬物屬於外部世界時，它存在於萬物之中；當人們透過經驗來辨別模式時，它存在於人的思維之中，即萬物之後。

　　西班牙也孕育出一位傑出的伊斯蘭哲學家，他就是阿威羅伊（西元 1126 年 -1198 年）。他出生於科爾多瓦一個民事法官家庭。除了其他知識，他還學過法律，曾任塞維利亞的民事法官，後來又在科爾多瓦任職。西元 1184 年，他當了一名宮廷醫生，但最終由於堅持哲學觀點、不滿足於自己的信仰而被流放到摩洛哥。他的主要貢獻就是把亞里斯多德研究從新柏拉圖主義的扭曲中解放了出來。就像後來的阿奎那一樣，他認為只能在理性的基礎上去證明上帝的存在。關於靈魂，他堅持亞里斯多德的觀點，認為靈魂並非不朽，儘管「奴斯（即理性、智慧）」是不朽的。由於這種抽象的理性和智力是一元的，其存在並不意味著個人的不朽，基督教哲學家們自然不肯接受這些觀點。透過拉丁文譯本，阿威羅

---

[114] 阿奎那的老師。——譯者注

伊不僅影響了經院哲學，而且也受到了後來被稱為「阿威羅伊派」的自由思想家的普遍推崇，這些人也反對靈魂不朽的說法。

在額我略七世去世的時候（西元 1085 年），他的政策似乎已經從教廷手中奪回了他在帝國事務中的權力和影響。但結果說明，世俗勢力與宗教勢力之間的爭鬥遠沒有結束。事實上，教廷還沒有達到其政治生涯的巔峰。同時，由於有了倫巴底各個新興城市的支持，教宗在宗教事務方面的權威得到了提高，十字軍 [115] 則最先增強了他的威信。

教宗烏爾巴諾二世（Urbanus PP. II）（西元 1088 年 -1099 年）重新挑起了授職問題的爭端，因為他再次奪取了這項權力。西元 1093 年，康拉德（Konrad II）起來反對其父皇亨利四世，他尋求並得到了烏爾巴諾的支持。北方各城傾向於支持教宗，於是整個倫巴底被輕易地征服了。法蘭西國王腓力一世（Philippe Ier）也於西元 1094 年被招安了。這樣一來，烏爾巴諾就可以作一次穿越倫巴底和法蘭西的勝利巡遊了。在第二年的克萊芒會議上，他煽動了第一次十字軍東征 [116]。烏爾巴諾的繼任者巴斯加二世（Paschalis PP. II）成功地延續了由教廷授職的政策，一直到亨利四世去世（西元 1106 年）。而新皇帝亨利五世（Heinrich V）至少在日耳曼土地上占有優勢。教宗建議皇帝不要干預授職，並以教士們放棄世俗財產權作為交換條件。但是教士們對世俗世界的感情要比這個虛偽提議所設想的堅定得多。因此，建議的條款一公布，日耳曼的教士們便

---

[115] 土耳其人在小亞細亞占領有價值的土地，給予拜占庭極大的壓力。西元 1095 年，為了回應來自拜占庭皇帝請求協助的要求，教宗烏爾巴諾號召了由基督教士兵所組成的十字軍，企圖從穆斯林手中重新奪回巴勒斯坦。—— 譯者注

[116] 第一次十字軍東征（西元 1096 年 -1099 年），約有 10 萬人參加。西元 1097 年，十字軍由君士坦丁堡附近渡海進入小亞細亞，攻占塞爾柱人國都尼凱亞，西元 1098 年，又攻占埃德薩和安條克，建立起埃德薩伯國、安條克公國等十字軍國家。西元 1099 年 7 月，十字軍攻占耶路撒冷，建立耶路撒冷王國。十字軍在東方建立的其他國家，均附屬於耶路撒冷王國。為控制十字軍征服的土地和人民，建立了聖殿騎士團和醫院騎士團。—— 譯者注

驚呼大禍臨頭了。當時亨利五世正在羅馬，他威逼教宗屈服，並為自己舉行了皇帝加冕大典。但他的勝利是暫時的，11 年後，也就是西元 1122 年，教宗加理多二世（Callistus PP. II）根據沃姆斯宗教協定，重新獲得了授職權。

　　在皇帝紅鬍子腓特烈（Federico Barbarossa）統治期間，爭鬥進入了新的階段。西元 1154 年，英格蘭人亞得里安四世（Hadrianus PP. IV）當選為教宗。最初，教宗和皇帝聯合起來對付公然藐視他們的羅馬人。羅馬人在布雷西亞的阿諾德（Arnaldo da Brescia）的領導下，展開了獨立運動。阿諾德是一位勇敢的異端分子，他激烈地抨擊了教士們世俗的榮華富貴。他堅持認為，教會人士如果擁有世俗財富，就不能進天堂。教會的「王侯們」自然不會接受這一觀點，阿諾德也因其「異端邪說」而受到了激烈的攻擊。其實早在前任教宗時期，這些麻煩就已經開始了，只不過在亞得里安當選教宗後才達到了白熱化地步。亞得里安以內亂為由懲罰了羅馬人，他下令剝奪了他們的教權。結果，羅馬人的獨立精神瓦解了，同意流放他們的異端領袖。阿諾德躲了起來，但後來落到了腓特烈軍隊手中，並被立即燒死。西元 1155 年，皇帝加冕登基，自然又對在現場示威的群眾進行了一番血腥鎮壓。但是，2 年之後，教宗與皇帝決裂了，接下來就是兩股勢力長達 20 年的戰爭。與其說倫巴底聯盟是為教宗而戰，不如說是為了反對皇帝。戰爭局面變化莫測，西元 1162 年，米蘭被徹底摧毀。同一年晚些時候，腓特烈和他的偽教宗遇到了一場災難，在他們向羅馬進軍的途中，軍隊由於瘟疫而嚴重減員。西元 1176 年，腓特烈在萊尼亞諾戰役中被打敗，他瓦解教宗權力的最後一次企圖終於落空了。雙方達成了

一個並不可靠的和約。皇帝參加了第三次十字軍東征[117]，西元 1190 年死於安納托力亞。

　　教會與帝國之間的頻繁爭鬥，最終導致兩敗俱傷。北部義大利的一些城邦開始發展新的勢力。只要他們的獨立受到皇帝的威脅，他們就轉而支持教宗；當這種威脅消失了的時候，他們就根據自身的利益發展出一種有別於教會的世俗文化。雖然在名義上還是信仰基督教，但他們卻提出了一種十分自由的觀點，這一點很像 17 世紀以後新教組織的傾向。在十字軍東征期間，北部義大利的沿海城市作為艦船和給養的供給地，重要性日益明顯。宗教狂熱也許曾是十字軍運動的原動力之一，但在當時發揮作用的還有強烈的經濟動機。東方提供了掠奪財富的希望，而且這種希望還能以道德與神聖的名義去實現。而近在眼前的歐洲猶太人則成了他們發洩宗教義憤的最方便的對象。起初，基督教騎士們並沒有明顯意識到，自己是在穆斯林世界裡，與一種比自身文化更優越的文化發生對抗。

　　作為一種運動，經院哲學以「結論先於事件」而區別於古典哲學。它必須在正統軌道內發揮作用。經院哲學最高的古代典範是亞里斯多德，他的影響逐漸取代了柏拉圖。在方法上，經院哲學遵循亞里斯多德的分類法，運用了辯證的論證，卻忽視了事實。其中最重要的問題之一就是共相問題，這個問題將哲學世界分成了兩個對立的陣營。實在論者從柏拉圖的觀點及其理念論出發，主張共相就是萬物；唯名論者正相反，

[117] 第三次十字軍東征（西元 1189 年 -1192 年）是在「神聖羅馬帝國」皇帝腓特烈一世、法國國王奧古斯都、腓力二世和英國國王獅心王理查一世統率下進行的。腓特烈率軍沿第二次東征路線從陸路穿越拜占庭前進。法、英兩國十字軍由海路向巴勒斯坦挺進，途中占領西西里島。各國十字軍之間矛盾重重，此次東征也沒有達到目的。腓特烈一世在橫渡薩列夫河時溺水死亡，其軍隊瓦解。腓力占領阿卡港後，於西元 1191 年率部分十字軍返回法國。理查在敘利亞獲得一定戰果，攻占了塞普勒斯，並建立塞普勒斯王國。──譯者注

他們藉助亞里斯多德的權威，堅持認為共相只不過是一些名稱。

通常，經院哲學從羅塞林（Roscellinus）算起，他是一位法蘭西教士，還是阿伯拉爾（Pierre Abélard）的老師，其生平不詳。他的哲學思想主要記載於安瑟莫和阿伯拉爾的著作中。羅塞林是一位唯名論者，按照安瑟莫的說法，羅塞林認為共相僅僅是聲音的輕微流動。他不僅否定了共相的實在性，而且還進一步否定了「共相高於個別」的觀點，這一觀點必然導致一種呆板的邏輯性原子論。該理論與三位一體觀點一連結，很自然地產生了異端的觀點，西元 1092 年，他被迫在萊姆斯宣布放棄這些觀點。

阿伯拉爾生於西元 1079 年，是一位更重要的思想家。他在巴黎求學和講學時，曾一度研究過神學，但在西元 1113 年又重返教壇。在這一時期，他和埃洛伊斯（Héloïse）談起了戀愛，沒想到卻激怒了女友的叔叔。叔叔閹割了這位莽撞的情人，並把兩個人分別送進了教士收容所。阿伯拉爾活到了西元 1142 年。並繼續以教書而獲得了極大的聲譽。他是一位唯名論者，但比羅塞林更為明確地指出，在人們判斷某個詞的屬性時，所根據的並不是它的存在，而是它是否具有意義。共相的確產生了事物間的類似性，而類似性本身並不像唯實論者錯誤設想的那樣，也是某一事物。

13 世紀，經院哲學運動達到了頂峰，教宗與皇帝之間的爭鬥也同樣達到了頂峰。在很多方面，這一時期都可以算是歐洲中世紀的高潮。在後來的世紀裡，即從 15 世紀義大利的文藝復興到 17 世紀科學與哲學的再次興起，各種新勢力紛紛登臺。

從政治上說，最偉大的教宗是依諾增爵三世（Innocentius PP. III）（西元 1198 年 -1216 年），在他的治理下，教廷的權威達到了前無古人、

後無來者的高度。腓特烈的兒子亨利六世（Henry VI）已經征服了西西里，並娶了該島羅曼王室的後裔科斯坦察女王（Constance）為妻。亨利死於西元 1197 年，其子腓特烈二世（Friedrich II）繼位時才兩歲。教宗依諾增爵三世就職後，小皇帝被母后置於教宗的監護之下，教宗表示尊重腓特烈二世的權力。作為回報，皇帝也承認教宗的地位至高無上。教宗獲得了大多數歐洲統治者類似的承認。但是在第四次十字軍東征中，教宗的計畫卻毀在了威尼斯人手裡，威尼斯人為了實現自己的目的而強迫教宗攻取君士坦丁堡。不過，他對阿勒比占西斯派採取的冒險行動卻大獲全勝。在這次行動中，法蘭西南部的異教被徹底摧毀和清除。在德意志，皇帝鄂圖（Otto）被廢黜[118]，腓特烈二世此時已經完全長大成人，於是被選中繼位。這樣一來，依諾增爵三世就真正地控制了皇帝和各地王侯。在教會內部，羅馬教廷獲得了更大的權力。然而從另一個角度看，教廷在世俗方面的成功恰恰預示了它的沒落。因為教廷對現世的控制越牢固，它在來世問題上的權威就越小，正是這種情形導致了後來的宗教改革。

　　腓特烈二世雖然在教廷的支持下被選中繼位，但也付出了承認教宗地位至高無上的代價。除非迫不得已，年輕的皇帝是不願意信守這些承諾的。這位年輕的西西里人有著日耳曼及諾曼血統，在他成長的社會裡，正在形成一種新的文化。穆斯林、拜占庭、日耳曼和義大利的影響在此匯聚，並產生了一種現代文明，這一文明為義大利文藝復興注入了原動力。由於深受這些傳統的影響，腓特烈才能夠贏得東西方同樣的推

---

[118] 教宗依諾增爵三世和德意志皇帝鄂圖發生了爭執，因而號召日耳曼人廢黜鄂圖。他們執行了他的指示，並且又按著他的提議選立了剛成年的腓特烈二世。然而為了支持腓特烈，他卻勒索腓特烈答應付出一筆驚人的代價——然而，腓特烈已決心盡快地背棄這項諾言。——譯者注

崇。他的觀點遠遠超越了他所處的時代，他的政治改革也頗具現代色彩。同時，他還喜歡獨立思考，做事雷厲風行。其強而有力的建設性政策使他獲得了「人間奇才」的盛名。

　　依諾增爵三世和日耳曼前皇帝鄂圖（敗給了腓特烈）在 2 年內先後去世。和諾理三世（Honorius PP. III）繼承了教宗一職，年輕的皇帝很快就和他鬧僵了。熟悉阿拉伯文化的腓特烈不同意進行十字軍東征。另外，倫巴底也出現了麻煩，因為日耳曼文化在那裡普遍不受歡迎，而教宗卻得到了倫巴底各個城市的支持，這就進一步加劇了皇帝與教宗的衝突。西元 1227 年，和諾理三世去世，額我略九世（Gregorius PP. IX）繼任後立刻開除了腓特烈的教籍，理由是後者沒有進行十字軍東征。然而皇帝並沒有對此感到惶恐不安，因為他已經娶了耶路撒冷諾曼王的女兒為妻。西元 1228 年，他前往巴勒斯坦。他雖然被逐出了教會，但卻在那裡透過協商，解決了與穆斯林之間的問題。耶路撒冷的策略價值雖然不大，但基督教徒卻對它有著很深的宗教依戀感。於是聖城便按條約的規定交了出來，腓特烈被加冕為耶路撒冷之王。

　　按照教宗的想法，這種解決糾紛的方式實在太理性了，但是在成功面前，他又不得不於西元 1231 年與皇帝講和。隨後就進入了一改革時期，其間西西里王國有了一套現代管理模式和一部新法典。國內所有關稅壁壘的取消刺激了商貿的發展，拿坡里大學的建立推動了教育的進步。西元 1237 年，倫巴底再次出現了敵對情緒，於是腓特烈又忙於和歷任教宗進行持久戰，直到西元 1250 年去世。爭鬥的殘酷性掩蓋了他早期開明時代的光輝。

　　對異教的清除進行得很投入，儘管並不是完全成功。阿勒比占西斯派（法蘭西南部的一個摩尼教派）的確在西元 1209 年被十字軍全部清除

了，但其他的異教運動仍然存在著。西元 1233 年創立的宗教裁判所從未徹底消滅過西班牙和葡萄牙的猶太教徒。12 世紀後期，瓦勒度教派 [119] 掀起了一場運動，這預示了宗教的改革。該派在彼得·瓦勒度（Peter Waldo）的率領下，從里昂流亡到了阿爾卑斯山的丕德蒙特河谷，該河谷位於杜林的西面。他們在那裡作為新教徒和講法語的社群一直存在到了今天。從這類事件中，人們也許會認為後世的人已經懂得，採取政治迫害的手段是不可能輕易扼殺思想的，但是歷史卻似乎顯示，這類教訓並沒有被人吸取。

13 世紀的宗教儘管處於極有影響的地位，但也不是高不可及的。即使在純教會領域，如果現有的教會未能與其創立者的宗旨保持基本一致，那麼它的內部就會產生兩個修士會。剛開始，它們還發揮了一些平衡作用，早期的道明會和法蘭西斯修士會都遵循創立者聖道明（Saint Dominic）（西元 1170 年 -1221 年）和聖方濟各（San Francesco d'Assisi）（亞西西人，西元 1181 年 -1226 年）的戒律。這些修士會最初都堅持托缽化緣，但安於清貧的誓約卻並沒有束縛他們多久。道明和法蘭西斯這兩個修士會都以處理宗教裁判所的事務而著稱，所幸的是，宗教裁判所從來沒有傳到英格蘭和斯堪地那維亞。也許曾經有人一度認為，塵世間的暫時苦痛能夠拯救靈魂，使其免受永恆的詛咒，因此宗教裁判所施加的酷刑正是為受刑者的未來著想。然而毫無疑問，實用方面的考量往往也

---

[119] 彼得·瓦勒度創立的教派。瓦勒度是一個狂信者，他在西元 1170 年發動了一次遵守基督律令的十字軍運動。他把所有財產都接濟了窮人，並創立一個名為「里昂窮人」的社團，安貧樂道。由於對僧侶的不道德斥責有些過分，後遭到維羅納宗教會議的譴責。密爾頓時代中，他們在丕德蒙特遭受迫害時，曾激發詩人寫出「噢，上帝，為遭受屠殺的眾聖徒復仇吧」的詩句。至今在偏僻的阿爾卑斯山谷和美國還有該派的信徒。—— 譯者注

增強了法官們的虛偽。於是英格蘭人眼睜睜地看著聖女貞德[120]（Jeanne d'Arc）被酷刑處死，卻不敢提出任何反對意見。而道明和法蘭西斯修士會卻背離了其創立者的初衷，逐漸致力於追求學問。艾爾伯圖斯・麥格努斯及其學生阿奎那屬於道明會，而羅傑・培根（Roger Bacon）、鄧斯・司各脫（Duns Scotus）和奧卡姆・威廉（William of Ockham）則是法蘭西斯修士會的成員。他們對當時的文化所做的真正有價值的貢獻是在哲學方面。

　　如果說教士們主要是從新柏拉圖主義的泉源中找到了自己的哲學靈感，那麼 13 世紀他們則目睹了亞里斯多德思想的勝利。多瑪斯・阿奎那[121]試圖在亞里斯多德哲學的基礎上建立天主教教義。運用純粹的哲學方法，究竟能使這一事業獲得多大程度的成功，這確實是令人懷疑的。首先，亞里斯多德的神學與基督教認可的上帝概念是完全不同的。但毫無疑問，作為教會內部的一種哲學影響，多瑪斯的亞里斯多德主義得到了完整而持久的堅持。多瑪斯主義成了羅馬教會的官方教義，並按原樣在教會所有的學校裡講授。除了辯證唯物主義（馬克思主義的官方學說），今天已經沒有任何其他哲學能夠享有如此顯赫的地位和強大的後盾了。誠然，多瑪斯的哲學也並不是在他的時代一下子就達到了這種特權地位的。但隨著他的權威日益牢固，哲學的主流再一次走向了世俗道路，並恢復了獨立精神，這種精神滲透了整個古代哲學。

---

[120] 聖女貞德（西元 1412 年 -1431 年），被稱為「奧爾良的少女」，是法國的民族英雄、軍事家，天主教會的聖女，法國人心中的自由女神。英法百年戰爭（西元 1337 年 -1453 年）時，她帶領法國軍隊對抗英軍的入侵，支持法查理七世加冕，為法國勝利做出貢獻。最終被俘，被宗教裁判所以異端和女巫罪判處火刑。 —— 譯者注

[121] 多瑪斯・阿奎那（約西元 1225 年 -1274 年），中世紀經院哲學的哲學家和神學家，他把理性引進神學，用「自然法則」來論證「君權神聖」說。死後也被封為天使博士（天使聖師）或全能博士。他是自然神學最早的提倡者之一，也是多瑪斯哲學學派的創立者，成為天主教長期以來研究哲學的重要根據。他所撰寫的最知名著作是《神學大全》。天主教教會認為他是歷史上最偉大的神學家，將其評為 33 位教會聖師之一。 —— 譯者注

多瑪斯來自離卡西諾山不遠的阿奎那村的一個伯爵家庭，並在那裡開始了他的探索。他在拿坡里大學待了 6 年之後，於西元 1244 年加入了道明會，並在科隆的艾爾伯圖斯‧麥格努斯門下繼續研究。麥格努斯是當時道明會一流的教師和亞里斯多德派學者。在科隆和巴黎住了一段時間之後，多瑪斯於西元 1259 年回到了義大利，並在其後的 5 年裡埋頭撰寫《駁異大全》（*Summa Contra Gentiles*），這是他最重要的著作。

西元 1266 年，他開始寫他的另一部主要著作《神學大全》（*Summa Theologica*）。在這期間，他還為亞里斯多德的許多作品撰寫了評注，他的朋友為他提供了來自希臘原著的直接譯本。西元 1269 年，他再次動身去了巴黎，並在那裡住了 3 年。當時的巴黎大學對道明會的亞里斯多德學說懷有敵意，因為後者含有與當地阿威羅伊派的某種關聯。關於靈魂的不朽，前面說過，阿威羅伊派的觀點更接近於亞里斯多德派，而不是基督教義。這對亞里斯多德派來說是十分危險的，於是多瑪斯絞盡腦汁把阿威羅伊的觀點逐出了自己的領域。他在這一方向上的努力是十分成功的，這一勝利也為基督教神學拯救了亞里斯多德，儘管這意味著多瑪斯要捨棄自己的部分原文。西元 1272 年，多瑪斯回到了義大利，2 年後在前往里昂出席會議的途中去世。

多瑪斯的哲學體系很快就獲得了承認。西元 1309 年，它被宣布為道明會的官方教義，西元 1323 年又被確定為經典。也許多瑪斯體系的哲學意義並不像其歷史影響那麼重要，基督教義事先就毫不客氣地把結論強加給了這一體系，這一事實損害了它的哲學意義。蘇格拉底和柏拉圖允許論證不受約束地進行，但是在這裡，我們卻看不到這種公正和超然了。但在另一方面，偉大的《神學大全》體系卻是腦力勞動的豐碑，對立的觀點被闡述得清晰而完整。在對亞里斯多德著作的評注中，多瑪斯

表現得彷彿是這位斯塔基拉人聰明的學生。這一點是他所有的前輩，包括他的老師，都不可能做到的。他那個時代的人們稱其為「天使博士」。對羅馬教會而言，他是一位真正的使者和導師。

　　早期新柏拉圖主義神學家把理性與啟示的二元論排斥在了體系之外。而多瑪斯主義則提出了與之對立的學說。在存在領域，新柏拉圖主義有一種二元論，如共相與個別。更確切地說，他們可能有一種表示存在級別的等級，這種等級開始於「太一」，並透過理念下達到個別，即最低的存在級別。而邏各斯就是共相與個別之間鴻溝的橋梁。用更現實的話來說，邏各斯完全是一種可以感知的觀點，因為詞語雖然具有普遍含義，但也可以用來特指個別事物。除了這種存在二元論，我們還有一種認識一元論，即智力或理性具有一種本質上屬於辯證的認識方式。多瑪斯的立場正好相反。在此，按照亞里斯多德的方式，存在只有在個體中才能看到，並由此推導出上帝的存在。在個體被看成原材料的限度上，這一觀點是經驗主義的，它與試圖演繹出個體的理性主義形成了對比。另一方面，多瑪斯主義者雖然堅持存在一元論，卻又發明了一種認識領域的二元論。它假設了兩種知識來源。首先，正如前面所說，我們有理性，理性從感知經驗中為我們的思考提供食糧。經院哲學有一個著名的原則，就是如果理性在感知經驗裡不是第一位的，那麼在這種理性裡就一無所有。此外，啟示也是知識的一個獨立來源。在理性產生理性知識的地方，啟示則賦予人信仰。有些東西看上去完全超出了理性的範圍，如果它們還能夠被掌握的話，那麼就必須藉助於啟示。宗教教義的一些具體觀點，如超出理解範圍的信仰條款，就屬於這一類。比如上帝「三位一體」的本質，復活以及基督教研究死亡、末日審判、天堂、地獄等的「末世學」。上帝的存在雖然可以透過啟示為人所接受，但也可以建立

在辯證的理性基礎之上。為了達到這一目的，人們做出了種種努力，以求證明這一命題。因此，在宗教準則禁得起理性論證的範圍內，我們就能與非信仰者進行辯論。至於其他方面，啟示則是通向大徹大悟的唯一途徑。總之，實際上多瑪斯主義並沒有完全站在同一立足點上來論述這兩種認識來源。似乎在能夠探詢理性知識之前，人們就必須先有信仰，也就是說，人們必須先相信，再推理。因為雖然理性真理都是自主的，但要探求它們，則全靠啟示（啟示賦予人們信仰）。這種說法還是具有某種危險性的，因為透過啟示獲得的真理具有很大的隨意性。儘管多瑪斯認為理性與啟示之間、哲學與神學之間都沒有任何對立，但在事實上，其中一方總是在暗中損害和削弱另一方。在理性能夠應付的地方，啟示就是多餘的，反之亦然。

我們必須記住，神學實際上可分為兩類。一是所謂的自然神學，它透過分析造物主、第一推動力之類的話題來論述上帝。這也就是亞里斯多德所說的神學，它可以歸於形上學。但作為基督徒，多瑪斯還提出了教條神學，它所涉及的問題只能透過啟示來掌握。在這個問題上，湯瑪斯求助於早期的基督教作家們，主要是奧古斯丁。整體來看，他似乎認同奧古斯丁的「感恩禱告」及「靈魂獲救」觀點，這些問題的確是不能以理性的方式來理解的。教條神學與古代哲學精神自然是完全不相容的，在亞里斯多德那裡，我們看不到一點這樣的因素。

多瑪斯的形上學正是因為其神學因素，才在某個重要方面超越了亞里斯多德。我們可以回顧一下，亞里斯多德的上帝是一位超然的建築師，他並不認為必須把存在賦予個別事物，有些個別事物本來就存在著，其構成原料也是如此，而另一方面，對多瑪斯來說，上帝是一切存在的根源，他認為一個有限事物只有存在的可能性，並沒有邏輯上的必

然性，其存在與否直接或間接取決於某個必然存在物，也就是上帝。在經院哲學的語言裡，這是用本質和存在的術語來表達的。某物的本質大體上是指它的一種性質，或者說該物是什麼；而存在術語則用來表示某物存在的事實，該物正是藉助於它而存在的，從兩者都不是獨立的這個意義上看，本質和存在這兩個術語確實都是抽象的。一個具體事物總是同時兼有本質和存在的。但一些語言事實卻使人覺得這裡面還有某種差異。當弗雷格對含義和所指對象進行區分時，準確地暗示了這一點。一個詞的含義是一回事，是否真的有與之對應的對象則是另一回事。因此有限物就具有可以區分的存在和本質，儘管不是什麼可以分割的特徵。只有在上帝的本質和存在之間才沒有客觀上的區別，在這裡，關於有限存在的存在依賴性的形上學理論，產生了《神學大全》中論證上帝存在的五項證明中的第三項。從日常經驗的事實中入手，萬物的自生自滅說明它們的存在並不是必要的（單就這一意義而言），於是我們就可以進而論證說，這類事物實際上在某個時刻並不存在。但這樣一來，又會出現一個不存在任何事物的時間，那麼現在就可能什麼也沒有，因為有限物是不可能把自己的存在授予自己的。所以必須有一些必然存在的東西，即上帝。

也許有必要對這一論證稍加評注。首先，它理所當然地認為，任何事物的存在都必須得到證明或解釋。這是多瑪斯主義者形上學的一個基點。如果不堅持這一觀點（亞里斯多德實際上就沒有這樣做），那麼論證就無法進行下去。但如果為了討論而事先承認前提，那麼論證就會由於這一內在缺陷而失去說服力。從有限物有時並不存在的事實中，我們並不能推導出有一個不存在任何事物的時間。

多瑪斯藉助亞里斯多德的潛在性及現實性理論，鞏固了本質和存在

術語。本質完全是潛在的，而存在則是現實的，因此有限物中總是包含了本質和存在的一種混合物。要存在，就必須參與某種活動，對任何有限物來說，這種活動必須來自於別的什麼東西。

實際上，關於上帝存在的前兩項證明是與亞里斯多德派相符的。多瑪斯的論點是，有一種本身不被推動的推動力和一個沒有起因的原因。在任何情況下他都認為，推動力和原因的無限循環是不可接受的。但這簡直就等於推翻了論證的前提。以第二項論證為例，假如每個原因本身還有一個更深的原因，那我們就不能同時說，有一個沒有起因的原因。這完全是矛盾的。然而應該提到的是，多瑪斯論述的並不是時間上的因果鏈，而是一個關於原因序列的問題。這裡所說的原因序列是指一個原因取決於另一個原因，這很像懸掛在天花板鉤子上的一根由鏈條組成的鏈環。天花板就是最初的原因，或者說是沒有起因的原因，因為它並不是掛在任何別的東西上的一個鏈環扣。只要循環不導致矛盾，我們就沒有充分的理由來否定循環。大於 0 而小於且等於 1 的有理數序列是無限的，它沒有初始數字。拿運動來說，循環問題甚至都不必產生。相互圍繞旋轉的兩團有重力的粒子，如太陽和行星，將繼續這樣無限地運動下去。

關於上帝存在的第四項證明，是從承認有限物的種種完善程度開始的，也就是說，事先設定存在著某種十全十美的事物。第五項論證指出，自然界的非生命體似乎要顧及某個目的，即讓世界充滿某種秩序。這種觀點是說一個外在智力的目的要如此來獲得滿足，因為非生命體不可能具有自己的目的，該論證被稱為目的論證或設計論證。它假設必須對秩序加以解釋，這樣的假設當然是沒有邏輯根據的，因為我們同樣也可以說，無序也需要解釋，那麼論證也就走上了歧途。多瑪斯否定了

聖‧安瑟莫的本體論，但奇怪的是，他並不是從邏輯上否定，而是從實用角度否定它。既然被創造的（因此也是有限的）心靈不能理解上帝的本質，那麼上帝的存在（隱含於本質）實際上就永遠也不可能這樣推導出來。

新柏拉圖主義的上帝似乎與世界一樣廣闊而悠久，而多瑪斯的上帝則是一種處於被創造世界之上的無形的天父，並且具有無限多的、一切肯定性質。這一點是從上帝存在的空洞事實中推出來的，儘管我們否定這一問題的答案。多瑪斯認為，有限的心靈不能做出肯定的定義。

正是由於多瑪斯的描述和改編，亞里斯多德學說才能主導文藝復興前的哲學界。但是在文藝復興時期遭到拒絕的也並不全是亞里斯多德和多瑪斯的教導，更多的只是某些愚昧的形上學思辨習慣。羅傑‧培根反對的就是這種形上學思辨，他強調了經驗研究的重要性。培根是一位法蘭西斯派學者，由於他們的影響，中世紀的思考方式開始瓦解。培根與多瑪斯是同時代人，但他從未反對過神學。在為後來的研究路線奠定基礎時，他也無意去破壞教會在宗教事務中的權威。事實上，13 世紀後期和 14 世紀初期的法蘭西斯派思想家也大多如此，不過，他們對信仰與理性問題的態度和觀點，卻加快了中世紀的崩潰。

前面說過，多瑪斯主義認為理性與啟示可以重疊。法蘭西斯派學者們重新研究了這一問題，並尋求兩者之間更準確的定義。透過對智慧領域和信仰領域的明確劃分，他們試圖讓純粹的神學擺脫對古典哲學的依賴。但同時，哲學也由此割斷了它對神學目的的從屬關係。隨著對哲學思辨的自主追求，科學研究開始了。尤其是法蘭西斯派再次強調了鼓勵數學研究的新柏拉圖主義的作用。理性探索被嚴格排除在信仰領域之外，這就要求科學與哲學不要再對信仰條款吹毛求疵。同時，信仰也不

得隨便宣布教義，必須讓理性的科學和哲學能夠堅持己見。和以前相比，這種情形導致了更尖銳的衝突。因為，如果信仰的執行者對某件事發號施令，卻又發現事實上這是錯的，那麼接著他們就得收回成命，否則就要在自己沒有資格的領域進行論爭。啟示要想保持自己的獨立性，唯一的辦法就是不加入辯證法的論爭。用這種方式，人們才能在獻身於科學研究的同時，還能堅持對上帝的信仰。多瑪斯主義者試圖證明上帝的存在，但這種論證不僅本身沒有獲得成功，而且還削弱了他們的神學地位。從宗教信仰的角度看，這意味著理性標準根本不適用，在某種意義上，靈魂可以自由、忠誠地對待它所喜愛的一切。

羅傑·培根大約生於西元 1214 年，死於西元 1294 年，不過這兩個年分都不很確切。他在牛津和巴黎求學期間，全面地掌握了所有學問分支的淵博知識，這有點像過去的阿拉伯哲學家。他在反對多瑪斯主義時是直言不諱的。多瑪斯在不能直接閱讀原著的情況下，竟然只根據譯本寫出了關於亞里斯多德的權威評注，這一點似乎令他很吃驚。譯文是不可靠也不可信的，更何況，亞里斯多德雖然很重要，但還有其他同樣重要的東西，尤其是多瑪斯主義者不大懂數學。要獲得新知識，我們必須依靠實驗，而不是權威。培根並沒有批判經院辯證法的演繹法本身，但他堅持認為，僅僅推導結論是不夠的，要使人信服，則必須禁得起實驗的驗證。

這種新穎的觀點自然會引起正統派的反感。西元 1257 年，培根被逐出牛津，並流亡到巴黎。西元 1265 年，吉·富爾克斯（Gui Foulques）（前教廷駐英格蘭使節）當上了教宗，即克萊孟四世。教宗對這位英國學者很感興趣，就請他寫一篇自己的哲學綱要。西元 1268 年，培根不顧法蘭西斯派的禁令，提交了這份綱要。他的學說得到了教宗的支持，於是

獲准返回了牛津。但教宗當年就去世了，這時的培根仍然沒有學會圓滑的處世之道。西元 1277 年，大規模的定罪討伐運動發生了，培根和別的許多人都被召去解釋自己的觀點。不知道是根據哪一條來認定他有罪的，總之他坐了 15 年的牢，西元 1292 年才獲釋，兩年後他就去世了。

鄧斯‧司各脫（約西元 1270 年 -1308 年）對哲學的興趣更大，我們從他的姓氏可以看出，他是蘇格蘭人，也是法蘭西斯修士會成員。他是在牛津上學，23 歲時成了牛津的一名教師。後來他到巴黎和科隆執教，最後在科隆去世。鄧斯‧司各脫更為明確地指出了信仰與理性之間的分離。一方面，理性的範圍在逐漸縮小，另一方面，上帝恢復了完全的自由和獨立。涉及上帝的神學，不再是一種理性學科，而是一種為啟示所激發的有用信仰。正是憑著這種精神，鄧斯拒絕接受多瑪斯主義者關於上帝存在的種種論證，因為他們所依賴的是感知經驗。同樣，他也拒絕接受奧古斯丁的論證，因為它們在某種程度上要藉助於神的啟發。既然論證與證明屬於哲學，而神學又與哲學互相排斥，因而他就不能接受奧古斯丁的證明。另一方面，他並不反對將一種概念性證明建立在第一個無起因存在的觀點之上，這多少有點傾向於阿維森納。這實際上是安瑟莫本體論 [122] 的一個變種。然而關於上帝的知識是不可能透過被創造的事物來獲得的，因為它們的存在只是偶然的，而且取決於上帝的意志，實際上，萬物的存在與本質是一致的。不妨回顧一下，多瑪斯認為這種同一性有助於對上帝進行定義。知識源於本質，所以它們與上帝心中的理念不同，因為我們不能認識上帝。既然本質與存在相一致，那麼使個體得以存在的東西就不可能是物質，而必須是形式，這和多瑪斯的觀點是

---

[122] 安瑟莫被稱做「經院哲學之父」，首先提出本體論論證。就理性與信仰的關係而言，他認為理性的思考必須符合信仰的原則。「我絕不是理解了才能信仰，而是信仰了才能理解。因為我相信，除非我信仰了，否則我絕不會理解。」── 譯者注

相對立的。儘管鄧斯認為形式是實質性的，但也並不贊同徹底的柏拉圖實在論。在個體中就可能存在著各式各樣的形式，由於它們只是在形式上有所不同，所以它們不可能獨立存在。

正如上帝的意志產生了至高無上的力量一樣，鄧斯認為在人的靈魂中，正是人的意志左右著人的智力，是意志的力量給了人們自由，而智力則受其所指對象的限制。我們從這一點就可以得出結論，意志只能掌握有限的事物，因為無限物的存在是必然的，因此就取消了自由。自由學說是符合奧古斯丁傳統的，它透過法蘭西斯派的學者之手，極大地影響了懷疑主義。假如上帝不受世界永恆法則的約束，那麼我們可以相信上帝什麼？這點也就令人懷疑了。一種更為激進的經驗主義出現在奧卡姆·威廉的著作中。奧卡姆是法蘭西斯派學者中最偉大的一位，他大約在西元 1290 年 -1300 年之間的某個時候，生於薩里郡的奧坎。他在牛津求過學，也授過課，後來又去了巴黎。由於他的學說不大合乎正統，西元 1324 年，他奉命去亞維農晉見教宗。4 年後，他再一次與教宗若望二十二世（Ioannes PP. XXII）發生了爭執。唯靈派 [123] 堅持清貧的苦行生活，曾引起教宗的不快。教宗在形式上擁有修士會產權的協定已經實行了一段時間，現在卻被取消了，於是許多修士會成員公然蔑視教廷的權威。由於奧卡姆、巴都阿的馬西哥利歐、西塞納的米覬爾（修士會會長）站在反叛者一邊，因此在西元 1328 年被教宗開除了教籍，所幸的是，他們逃離了亞維農，並在慕尼黑路易皇帝（Ludwig IV der Bayern）的宮廷中受到了保護。

在兩股力量的爭鬥中，教宗扶持了另一位偽皇帝，並開除了路易的教籍。路易針鋒相對，也在一次全教會議上以異端的罪名指控了教宗。

---

[123] 法蘭西斯修士會的一個極端教派。 —— 譯者注

　　為了報答皇帝的保護，奧卡姆自願充當了皇帝發行的咄咄逼人的小冊子的撰稿人，對教宗口誅筆伐，猛烈抨擊其插手世俗事務的行為。西元1338年，路易去世，而奧卡姆仍然留在慕尼黑，直到西元1349年去世。

　　巴都阿的馬西哥利歐（西元1270年-1342年）是奧卡姆的朋友和難友。他也同樣反對教宗，並且對世俗與宗教勢力的組織、職能提出了十分現代的觀點。在這兩方面，最終的統治權都應當屬於大多數人民，全教會議也應透過全民選舉形成，只有這樣的會議才有權開除人的教籍。全教會議可以獨立制定正統標準，但教會不得干預國事。雖然奧卡姆的政治思想並不都是如此極端，但也深受馬西哥利歐的影響。

　　在哲學方面，奧卡姆比其他任何一位法蘭西斯派的學者都更接近於經驗主義。鄧斯·司各脫儘管把上帝請出了理性思考的領域，但仍保留著一定程度的傳統形上學，而奧卡姆則全面地反對形上學。按照奧卡姆的觀點，柏拉圖、亞里斯多德及其追隨者所堅持的一般本體論，是根本不能成立的。實在性隸屬於個別、單一的東西，只有它們才可能成為經驗的對象，並產生直接而明確的知識。這就是說，亞里斯多德苦心經營的形上學體系是完全多餘的，它無法解釋存在。我們應該在這個意義上來解釋奧卡姆的如下論斷：「能簡則簡，繁複無益。」這句話為另一句更有名的格言提供了基礎，即「如非必要，勿增實體」。雖然這句格言不在奧卡姆的著作裡，卻作為「奧坎剃刀」而聞名遐邇。當然，這裡所說的實體是指傳統形上學中的形式和實質之類的東西。然而那些主要對科學方法感興趣的後世思想家們，卻對這一準則作了完全不同的曲解。當他們解釋現象時，「奧坎剃刀」成了一種通用的節省原則。如果簡單的解釋說得過去，就不必尋求複雜的解釋。當奧卡姆這樣堅持存在屬於個體時，他也允許在詞語的邏輯領域出現字義的普遍知識。這並非一個直接

理解的問題（針對個體），而是一個抽象的問題；另外，它也不保證這樣得出的東西就會作為某物存在。因此，奧卡姆是一位道道地地的唯名論者。在嚴格的亞里斯多德派意義上，邏輯必須被視為一種語言工具，它涉及的是術語的含義。在這一點上，奧卡姆發展了 11 世紀早期唯名論者的觀點。事實上，波愛修斯很早就堅決主張亞里斯多德的範疇論是關於詞語的。

　　論述和交談中使用的概念或術語完全是思想的產物。在沒有用詞語表達它們之前，它們被稱為自然的共相或符號，與此形成對照的是約定俗成的符號。為了避免出現可笑的錯誤，必須仔細地將事物的陳述和詞語的陳述區分開來。當我們談及事物時，所使用的術語就叫第一概念；如果我們談到的是詞語，所用的術語則被稱為第二概念，在論證過程中，保證所有使用的術語具有同一的概念是至關重要的。運用這些定義，就可以這樣來表達唯名論者的觀點：「共相」這個術語屬於第二概念。實在論者認為共相具有第一概念是錯誤的。多瑪斯主義不僅贊同奧卡姆拒絕把共相概念看做事物的觀點，他們還進一步同意允許共相先於事物而存在，猶如上帝心中的理念。前面說過，這一準則的源頭要追溯到阿維森納。然而，多瑪斯認為這是一個得到了理性支持的形上學真理，而奧卡姆則把它看做一個神學命題，因此脫離了理性的領域。在奧卡姆眼裡，神學是一個純粹的信仰問題，上帝的存在是不能用邏輯證明來確立的。他在這一點上比鄧斯·司各脫走得更遠，他不僅拒絕了多瑪斯，而且拒絕了安瑟莫。他認為，不能透過感知經驗來認識上帝，也不能透過理性方式來確立關於他的任何東西，是否相信上帝及上帝的種種屬性，完全取決於我們有沒有這種信仰。關於三位一體、靈魂不朽、創世紀之類的全部教義體系同樣如此。

　　於是，奧卡姆在這個意義上被說成了一個懷疑論者，但如果我們認為他是個異教徒，那就錯了。透過對理性範圍的限定，並使邏輯學擺脫形上學與神學的約束，奧卡姆為促進科學研究的復興做了大量工作；同時，信仰領域也向所有喜歡自由的人敞開了大門。因此，奧卡姆學說導致了一場在許多方面回歸了新柏拉圖傳統的懷疑主義運動，也就不奇怪了。這一運動最有名的代表人物是艾克哈特大師（Meister Eckhart）（西元 1260 年 -1327 年），他是多米尼克教派[124]成員，其理論完全不考慮正統的要求。在現有的教會看來，一個神祕主義者的危險性，即使不超過一個自由思想家，也會和後者一樣。西元 1329 年，艾克哈特的學說被教廷宣布為異端。

　　中世紀最傑出的思想家也許就是但丁（Dante Alighieri）（西元 1265 年 -1321 年），他是中世紀思想的集大成者。的確，他創作《神曲》（Divine Comedy）的時候，中世紀已經開始解體。那麼我們就有了一個經歷過全盛期的世界概觀。我們可以回顧一下多瑪斯時代偉大的亞里斯多德派復興以及充斥義大利城邦的派系之爭（圭爾夫派與吉伯林派[125]）。但丁顯然曾經讀過「天使博士」多瑪斯·阿奎那的著作，同樣，他還熟悉當時普遍的文化活動，通曉當時所知的希臘、羅馬的古典文化。《神曲》記述了一次經過地獄、煉獄而升入天堂的旅行，但在旅途中，作者實際上透過隱喻向我們提供了一個中世紀思想的概要。西元 1302 年，但丁在故鄉佛羅倫斯遭到了放逐。當時的對立派系之間出現了長期的內部紛爭，最後黑黨圭爾夫派終於上了臺。而但丁家族卻是白黨圭爾夫派的支持者，他本人也堅持帝國職能觀點。大量的這類政治鬥爭和引發這些

---

[124] 這個教派致力於改造亞里斯多德哲學，積極嘗試，使其為論證神學服務。——譯者注
[125] 圭爾夫派擁護教宗，吉伯林派擁護皇帝。——譯者注

事件的近期歷史，都在《神曲》中有所表現。在本質上，但丁屬於吉伯林派，他尊崇皇帝腓特烈二世（Friedrich II）。皇帝具有廣博的見識和閱歷，這正是詩人心目中理想皇帝的典範。

　　但丁這個名字是西方文學史上少數幾個最偉大的名字之一，但這並不是使他聲名卓著的唯一頭銜。首先，他把通俗的大眾語言錘鍊成了一種普遍的文字工具，從而第一次確立了一種超越各地方言的標準。在此之前，只有拉丁文曾發揮過這種作用，而現在義大利文則成了文字表達的工具。作為一種語言，義大利文至今也沒有什麼變化。皮卻‧德拉‧維格納也許是最早用義大利文寫詩的人，他是腓特烈二世的大臣。但丁從許多方言中吸納了自認為最好的部分，並在自己母語（托斯卡語）的基礎上創立了現代義大利的文學語言。大約在同一時期，通俗語言也在法蘭西、日耳曼和英格蘭發展起來。喬叟[126]（Geoffrey Chaucer）生活的年代就在但丁之後不久。然而用拉丁文來進行學術研究的習慣仍然保持了很長的時間。首次用母語寫作的哲學家是笛卡兒，不過他那時也只是偶爾為之。拉丁文逐漸走向了衰落，直到 19 世紀初，它作為表達思想的工具，才徹底為那些學問家所拋棄。從 17 世紀到 20 世紀，法語充當了這種普遍交流的工具，而今天，則是英語正在取代法語。

　　在政治觀念方面，當帝國原有的影響快要喪失殆盡之際，但丁仍是帝國強權的鬥士。法蘭西和英格蘭的民族國家在一天天發展壯大，而世界帝國的觀念卻不怎麼受人歡迎。與但丁的中世紀觀念相一致的是，這種政治重心的變化並沒有引起他的特別關切。假如他能夠看到這種變化

---

[126] 傑弗雷‧喬叟（約西元 1343 年 -1400 年），英國詩人。十幾歲起進入宮廷當差，與宮廷往來密切，當過廷臣、關稅督察、肯特郡的治安法官、郡下議院議員。他到過比利時、法國、義大利等國，有機會遇見薄伽丘與佩脫拉克。喬叟在庇護者失寵期間，被剝奪了官位和年金，經濟拮据。他曾寫過打油詩〈致空囊〉給剛登基的亨利四世，申訴自己的貧窮。西元 1400 年喬叟逝世，他被安葬在倫敦西敏寺的「詩人之角」。——譯者注

的話，那麼義大利就完全有可能提早發展為一個現代化的國家，但這並不是說，一個複雜的帝國的古老傳統並沒有多少可以支持這種發展的內容，只是時機還沒有成熟罷了。這一結果使得但丁的政治理論在實際政治領域中始終沒有發揮多大的作用。

對我們來說，《神曲》中那些關於古人地位的古怪問題似乎是無關緊要的。我們當然不能僅僅因為他們不信基督教，就認為昔日偉大的古典哲學家們應該受到永遠的詛咒，特別是「智慧大師」亞里斯多德肯定是值得我們頌揚的；更何況，由於沒有受洗，這些思想家當然就不能算基督教徒。於是但丁想出了一個折中的辦法。作為非基督徒，古代哲學家們應該下地獄，我們也的確在地獄的章節中發現了他們，不過但丁在地獄中為他們留了一個特殊的角落 —— 凶險環境中的一塊天堂聖地。當時教條的約束力是如此強大，以至於讓人覺得如何安置過去那些非基督教的偉大思想家都成了問題。

儘管中世紀的生活存在著恐怖與迷信，但大體上還是有序的。一個人的身分地位取決於其出身，並且要效忠於他的封建領主。政治體制有著恰當的劃分，等級十分森嚴。馬西哥利歐和奧卡姆批判了政治理論領域的這一傳統。宗教勢力曾經是壓制人們恐怖行徑的主犯，但是，當人們一旦覺得宗教教義可有可無時，它的影響力就開始減弱了。這不會是奧卡姆的意願，但肯定是奧卡姆學說逐漸對改革派產生作用的結果。馬丁‧路德認為，奧卡姆是經院派最重要的學者。不過但丁的著作沒有預示這些動盪和變革，他反對教宗並不是出於任何背叛正統的目的，而是認為教會干預了本應屬於皇帝許可權的事務。然而，在但丁的時代，一位日耳曼皇帝已經不可能在義大利維持其權威了，儘管那時的教廷勢力已大為減弱。西元 1309 年，教廷移到了亞維農，從此，教宗實際上成了

法蘭西國王的一件工具，教宗與皇帝之間的爭鬥也由此成了法蘭西與日耳曼的爭鬥，英格蘭站在帝國一邊。西元 1308 年，當盧森堡的亨利七世（Heinrich VII）成為皇帝時，帝國看起來似乎有可能再次恢復元氣，但丁也欣喜地把他當成了救世主。然而亨利的成功並不徹底，而且十分短暫。儘管他突然襲擊了義大利，並於西元 1312 年在羅馬加冕稱王，但在征討拿坡里和佛羅倫斯時，卻未能堅持到底。亨利於次年去世，西元 1321 年，但丁在流亡拉溫納時去世。

　　隨著各種通俗語言的興起，教會在科學與哲學的智力活動中喪失了部分控制權。與此同時，世俗文學得到了很大的發展（起於義大利，並逐漸向北蔓延）。探索範圍的擴大，加上某種程度的懷疑主義（源於信仰與理性之間的鴻溝），使得人們不再關心非現世的事物，而是學會了盡力改善（或者多少改變一下）自己的命運。所有這些趨向都始於 14 世紀上半葉。但丁未能預見到這些情況，他基本上還在緬懷腓特烈二世的時代。從整體上看，中世紀世界是中央集權的，文藝復興的種種新生力量試圖摧毀中世紀社會牢固的結構。然而在我們這個時代，由於各種不同的原因，似乎還有可能再次出現統治世界的思想。

　　到了 14 世紀，教廷勢力在迅速衰落。儘管在與皇帝的鬥爭中，教廷證明了自己的強大，然而要想動輒以威脅開除教籍來控制基督徒，已經不再那麼容易了。人們開始勇於獨立思考關於上帝的問題，教廷已經在道德和宗教方面失去了對思想家及學者的約束力，而國王和民眾也同樣對教宗的使者征斂鉅額錢財十分不滿。所有這些因素正在開始形成，儘管在世紀之交尚未發展成公開的衝突。是的，教宗波尼法爵八世（Bonifacius PP. VIII）在「一致神聖」的訓令中強調了教廷的至高無上，他的強硬甚至超過了依諾增爵三世。他宣布西元 1300 年為大赦年，所有前往

羅馬朝聖的教徒都將予以大赦。這不僅可以突出教宗的宗教權威，而且也是聚斂錢財的好機會，同時也能使羅馬人富起來，因為他們的生計與為朝聖者提供臨時服務緊密相關。大赦年辦得如此成功，以至於後來改為 50 年一次，繼而又改為 25 年一次，以取代原定的 100 年一次。

　　無論表面上看來是多麼至高無上，波尼法爵八世的權力基礎還是脆弱的。作為人，他對金錢的熱愛超過了做教會之王；即使是在信仰問題上，他也不能算正統派的榜樣。他在任職期間，不是和法蘭西主教們，就是和法蘭西國王腓力四世（Philippe IV）發生衝突。在這場爭執中，法蘭西國王成了勝利者。西元 1305 年當選的下一任教宗是克萊孟五世（Clemens PP. V），他是法蘭西人，於西元 1309 年在亞維農上任。在任期內，在他的縱容和默許下，腓力四世鎮壓了聖殿騎士團。這種掠奪性的做法靠的是莫須有的異端罪名。

　　一般說來，從此以後的教廷爭端往往是損害了自身的權威。若望二十二世與法蘭西斯派的分歧招致了奧卡姆的批駁。由於教宗在亞維農而不是羅馬，因此在柯拉·迪·里恩佐（Cola di Rienzo）的領導下，羅馬出現了短暫的分裂。起初，里恩佐這位羅馬公民只是反對腐敗貴族，最後公然蔑視起教宗和皇帝來，並聲稱羅馬應該像過去一樣成為宗主國。西元 1352 年，里恩佐被教宗克萊孟六世（Clemens PP. VI）抓獲，直到兩年後教宗去世，他才被釋放。雖然他又重新在羅馬掌了權，但幾個月之後卻被暴民殺害了。

　　由於流亡法蘭西，教廷的威望大打折扣：為了彌補這一損失，額我略十一世於西元 1377 年回到了羅馬，但他第二年就去世了。繼任者烏爾巴諾六世（Urbanus PP. VI）（義大利人）又和法蘭西大主教們發生了爭執。大主教們選舉日內瓦的羅伯特（Robert of Geneva）（法蘭西人）為他

們的教宗，稱之為克萊孟七世（Antipope Clement VII），並重新住在亞維農。由此產生的宗教分裂一直持續到了康士坦斯大公會議。法蘭西人擁護他們的亞維農教宗，而帝國只承認在羅馬的教宗。由於兩個教宗都任命了各自的大主教，而這些主教們又都選舉了教宗的接班人，因此裂痕便到了無法彌合的地步。為了打破這一僵局，西元 1409 年在比薩召開的大公會議決定廢黜兩位現有的教宗，並在會上選出了一位新教宗。但是被廢黜的教宗都不肯退位，於是就有了三位教宗，而不是過去的兩位。西元 1414 年召開的康士坦斯大公會議終於恢復了某些秩序。新當選的教宗被廢黜，羅馬的教宗被勸退，亞維農的教宗則由於缺乏在法蘭西得勢的英格蘭人的支持，最終失敗。西元 1417 年，大公會議任命瑪爾定五世（Martinus PP. V）為教宗，這才算結束了宗教大分裂。然而教會自身的內部改革並不成功，教宗透過反對會議運動，進一步削弱了教廷原本可以贏得的威信。

在英格蘭，約翰·威克里夫（John Wycliffe）（約西元 1320 年 -1384 年）進一步展開了對羅馬的抵制。威克里夫是約克郡人，也是牛津的學者和教師。值得一提的是，英格蘭和歐洲大陸相比，長期以來就不大順從於羅馬。征服者威廉（William the Conqueror）早就有規定，在他的疆域內，未經國王同意，不得任命主教。威克里夫是一位世俗的教士，他的純哲學著作不如法蘭西斯派的重要。他放棄了奧卡姆的唯名論，傾向於更接近柏拉圖的某種形式的實在論。奧卡姆賦予了上帝絕對的自由和權力，而威克里夫則認為上帝的律法是必需的，而且這種約束對上帝本身也有效。世界不可能超越它存在的樣子，這個觀點明顯受到了新柏拉圖學說的啟示，並於 17 世紀在史賓諾沙的哲學中再次出現。威克里夫晚年漸漸開始反對教會，首先是因為教宗和主教們沉醉於奢靡的世俗生活

之中，而廣大信眾卻十分貧困。西元 1376 年，他在牛津的一次演說中提出了一種世俗統治的新觀點，即只有正直、正義的人才有權獲得財產和權威。教士們迄今為止都未能承受住這種考驗，這就意味著他們放棄了財產，財產問題應當由國家來決定。無論如何，財產都是弊端的根源：如果基督及其門徒原本一無所有，那麼今天的教士們也不應該擁有任何財產。有財產的教士們自然不喜歡這樣的觀點，但正準備停止向教宗進貢的英國政府卻很支持。教宗額我略十一世發現威克里夫與巴都阿的馬西哥利歐有著同樣的異端見解，於是就下令審判他，但審判卻為倫敦市民們所否定。另外，牛津大學也堅持自己有服從國王的學術自由，而否定了教宗將其教師送上法庭的權力。

　　宗教大分裂之後，威克里夫甚至聲稱教宗是反基督分子。他和一些朋友一起出版了《聖經》的英譯本，並建立了一個清貧教士的世俗修士會，會員都是為窮人服務的巡迴傳教士。最後，他還譴責了「化體論」觀點，後來的宗教改革領袖們也痛斥了這一觀點。威克里夫在西元 1381 年的農民起義中採取了中立，儘管他以前曾是起義的同情者。西元 1384 年，他在拉特沃思去世。他生前逃脫了迫害，死後卻被康士坦斯大公會議鞭屍洩憤，他的英格蘭追隨者（羅拉德派）也遭到了無情的消滅。而在波希米亞，威克里夫的學說卻啟發了胡斯運動，該運動一直持續到宗教改革。

　　如果我們問自己，希臘思想和中世紀思想的主要區別是什麼？那我們就完全可以說，希臘思想中缺乏原罪意識[127]。希臘人似乎並不為遺傳

---

[127] 原罪一詞來自基督教的傳說，它是指人類生而俱來的、洗脫不掉的「罪行」。聖經中講：人有兩種罪 —— 原罪與本罪，原罪是始祖犯罪所遺留的罪性與惡根，本罪是各人今生所犯的罪。原罪，與生俱來的罪之宿命。原罪的重點，不是叫人贖罪，而是叫人明白自身的不足，所以又稱原罪意識。 —— 譯者注

下來的個人罪孽負擔感到苦惱。也許他們的確注意到了現世生活是朝不保夕的，隨時可能因為神靈的心血來潮而毀滅。但他們絕不會認為這是對過去罪孽的一種正義的報應。由此可見，希臘人心靈裡沒有贖罪或靈魂獲救這種觀念。因此，整體上看，希臘人的倫理思想完全不是形上學的。在希臘化時代，尤其是隨著斯多葛主義的興起，某種忍受苦難的特性悄然潛入了倫理學，後來又傳給了早期的基督教各派。然而說到底，希臘哲學並沒有遭遇過神學問題，因而始終是徹底世俗的。

當西方世界為基督教所控制的時候，倫理問題的形勢便發生了劇烈的變化。對基督教徒而言，今生是在為更好的來世做準備，一個人的各種苦難是其必須經歷的考驗，是為了消除其原罪負擔。但是，從字面上理解，這似乎是超人才能完成的任務。為了成功地承受住考驗，人需要神的幫助，而神則可能願意，也可能不願意提供幫助。在希臘人眼裡，德行是對自己的獎賞，而基督徒則認為行善是因為上帝有此要求。雖然僅靠遵循嚴格的德行原則並不能確保靈魂獲救，但無論如何這也是一個先決條件，其中的一些信條當然要深信不疑，這正是神的幫助首先介入的地方。由於人必須透過對神的皈依來獲得信仰，因而就得尊重信仰的各種條款。那些連第一步都做不到的人就只能無可救藥地被詛咒了。

正是上述背景使得哲學逐漸具有了某種宗教功能。雖說信仰超越理性，但信仰者還是可以盡量利用理性來展示其信仰，從而增強自己抵制疑惑的意志，於是，哲學在中世紀就成了神學的婢女。只要這種觀點還盛行，基督教哲學家也就必然是教會成員。迄今為止，所有的世俗學問都是教士們和某些大修士會成員所創辦的學校（或後來的大學）保留下來的。這些思想家所使用的有效哲學方法可以追溯到柏拉圖和亞里斯多德時期，尤其是亞里斯多德派還在 13 世紀占據了主導地位。不難理解

為什麼亞里斯多德比柏拉圖更容易被基督教神學採納。用經院派語言來說，我們可以這樣來解釋這一點：在對事物的處理上，實在論者的理論沒有給神權留下絲毫發揮關鍵作用的餘地，而唯名論卻在這方面提供了更廣闊的空間。儘管猶太教與基督教的上帝並不等於亞里斯多德的神靈，但無論如何，亞里斯多德學說也確實比柏拉圖學說更適合基督教方案。柏拉圖的學說很容易激發出泛神論觀點，正如我們下文將介紹的那樣，史賓諾沙就是一個例子，儘管他的泛神論特徵完全是邏輯性的。只要承認理性在一定程度上支持信仰，那麼哲學與神學之間的這種融洽就會持續下去。自從 14 世紀的法蘭西斯派學者否定了這種可能性，並堅持認為理性與信仰互不相干後，中世紀觀念就逐漸從舞臺上消失了，神學領域不再繼續使用哲學。奧卡姆使信仰徹底擺脫了與理性探索的關聯，從而使哲學回到了現世主義的老路上。16 世紀以後，教會就不再在哲學領域占主導地位了。

　　這次宗教大分裂，還使人們能夠把自己的理性活動與宗教活動嚴格區分開來。如果認為這是一種虛偽，那就完全錯了。無論過去、現在還是將來，總有很多人不願讓自己的實際信仰干預宗教信仰。相反，可以十分肯定地說，只有透過這種方式，宗教才能保持獨立性，使自己免遭懷疑的襲擊。因為只要神學進入了辯證法領域，就必須遵循理性討論的規則。

　　而當人們必須相信某個不符合經驗探索結果的命題時，又會走進另一個無法擺脫的困境。拿地球的年齡來說，《舊約》的猜想是 5,750 年左右，這是正統派必須相信的數字；而另一方面，地質學家們卻拿出了種種證據，認為地球的年齡在 40 億年以上。這樣一來，其中的一個信念就必須加以糾正，除非具有宗教思想的探索者打算在星期日堅持一個觀

點，而在其餘幾天則堅持另一個觀點。這裡的重要意義在於，在宗教原則與探索結果出現衝突的地方，宗教總是處於防守地位，並且不得不改變其立場，因為從本質上看，信仰絕不應該和理性發生衝突，既然這樣的衝突在理性辯證法的領域之內，那麼宗教就總是不得不敗下陣來。但是在這種情況下退卻之後的宗教，卻能夠維持自己獨特而獨立的地位。

　　經院派哲學家們在試圖盡量合理地解釋宗教教義時，常常顯示出他們過人的獨創性和巧妙思維，這些實踐的長遠影響錘鍊了後來中世紀思想家們所繼承的語言工具。這或許就是經院派所完成的最有價值的工作。它的缺陷在於對經驗探索不夠重視，這個缺陷一直到了法蘭西斯派學者那裡，才引起了重視。在一個關心上帝和來世甚於今生的時代，如此輕視經驗探索的結果，也是很自然的。文藝復興思想家們再次強調了以人為中心，在這個思潮中，人的活動應該因其自身價值而受到重視，由此，科學探索的步伐也開始以驚人的速度向前邁進。

　　在近三、四百年裡，一種重視活動的倫理觀不僅改變了西方世界，而且也改變了世界其他地方。由於世界已經為西方的技術所征服，所以其倫理觀也隨之在一定程度上產生了新的影響。

# 哲學簡史——蘇格拉底之前至經院哲學：

## 古希臘思想起源至中世紀演變，羅素的西方哲學史

作　　者：[英]伯特蘭·羅素 (Bertrand Russell)

譯　　者：伯庸

發 行 人：黃振庭

出 版 者：崧燁文化事業有限公司

發 行 者：崧燁文化事業有限公司

E - m a i l：sonbookservice@gmail.com

粉 絲 頁：https://www.facebook.com/sonbookss/

網　　址：https://sonbook.net/

地　　址：台北市中正區重慶南路一段61號8樓
8F., No.61, Sec. 1, Chongqing S. Rd., Zhongzheng Dist., Taipei City 100, Taiwan

電　　話：(02)2370-3310

傳　　真：(02)2388-1990

印　　刷：京峯數位服務有限公司

律師顧問：廣華律師事務所 張珮琦律師

定　　價：350元

發行日期：2024年07月第一版

◎本書以 POD 印製

Design Assets from Freepik.com

### 國家圖書館出版品預行編目資料

哲學簡史——蘇格拉底之前至經院哲學：古希臘思想起源至中世紀演變，羅素的西方哲學史 / [英]伯特蘭·羅素（Bertrand Russell）著，伯庸 譯 . -- 第一版 . -- 臺北市：崧燁文化事業有限公司, 2024.07
面；　公分
POD 版
ISBN 978-626-394-528-9( 平裝 )
1.CST: 西洋哲學史
140.9　　113009879

電子書購買

爽讀 APP

臉書